U0067376

表演藝術在十二年國教課程之應用：創新教學及跨域實踐

Applied Performing Arts to Other Subjects for Creating Teaching in Twelve-year Basic Education

李其昌・邱鈺鈞　著

目錄

作者簡介

李其昌

現任國立臺灣藝術大學藝術與人文教學研究所專任副教授，The Australian National University 哲學博士／專研表演藝術教育與表導演理論。曾執教於戲劇學系、幼兒教育學系與兒童文學研究所。為十二年國民基本教育藝術領域課綱研修之核心委員、《臺灣藝術教育年鑒》之戲劇研究員；2009 至 2015 年相繼受新加坡教育部之邀擔任青少年華文戲

劇評審，並受新加坡藝術劇場邀請擔任講師及經國家藝術理事會補助於 Drama Centre Black Box 執導《選擇》（教育劇場），亦於 2018 年執行教育部「有教無界、未來無限」之臺藝大師資生南進新加坡教育見習計畫。2014 年起相繼受北京、福州、廈門、濰坊、張家港、珠海、武義等地教育單位邀請擔任戲劇教育相關工作坊之講師。

目前為藝術教育研究學會理事、教育部師藝司「跨領域美感教育卓越領航計畫」及「藝術教育法研修計畫」協同主持人、國教署課程與教學輔導群藝術領域常務委員、技術型高中一般科目暨藝術群科中心委員、臺北市及新北市國民小學藝術領域輔導團指導教授。

授課領域：表演藝術、國民小學藝術領域教材教法、戲劇教育趨勢專題研究、
　　　　　　藝術與人文教學理論研究、導演方法、表演方法
研究專長：表演藝術教育、表導演、兒童劇場、創作性戲劇、戲劇教育史

經　　歷：（一）教育部文藝創作獎：戲劇劇本項評審委員

（二）教育部 107 年度人文及社會科學博士論文改寫專書暨編纂主
題論文集計畫主持人

（三）教育部國際及兩岸教育司「強化聯繫境外臺校實施計畫」主
持人

（四）教育部國民及學前教育署教學正常化委員

（五）教育部國民及學前教育署小學學生學習成就素養導向標準本
位評量研究發展小組委員

（六）科技部人文社會科學研究中心「補助經典研讀班」主持人

（七）《藝術教育研究》期刊第 32 期主編

（八）中華戲劇學會第 14 屆常務監事

獲　　獎：2016 年榮獲第十屆華文戲劇節青年優秀論文獎

邱鈺鈞

英國 Exeter University 教育碩士／成功大學藝術研究所碩士。現任教育部藝術領域輔導群中央諮詢教師，為教育部第六屆藝術教育會委員、夢的 N 次方國中小表演組授課教師、桃園市 108 至 109 學年度精進國民中學及國民小學教師教學專業與課程品質計畫推動小組委員、國教院亞太地區美感教育研究室中小學美感素養命題研究命題人員、106 至 109 年度藝術領域教科圖書審定會委員。

授課領域：國小藝術領域

研究專長：表演藝術教育、視覺藝術領域、漢傳佛教音樂

獲　　獎：（一）桃園市 103 學年度特殊優良教師

　　　　　（二）教育部第二屆藝術教育貢獻獎教學傑出類得主

　　　　　（三）「Best Education-KDP 2019 全國學校經營與教學創新 KDP 國際認證獎」藝文組標竿獎

　　　　　（四）「Best Education-KDP 2019 全國學校經營與教學創新 KDP 國際認證獎」學生多元學習組標竿獎

　　　　　（五）「Best Education-KDP 2017 全國學校經營與教學創新 KDP 國際認證獎」藝文組特優獎

　　　　　（六）「Best Education-KDP 2015 全國學校經營與教學創新 KDP 國際認證獎」藝文組標竿獎

（七）「Greateach-KDP 2014 全國創意教學 KDP 國際認證獎」藝文組標竿獎、國語文特優獎

（八）2019 年親子天下雜誌教育創新一百入選教師方案：DJES 美感五吸力

（九）桃園市 104 學年度教學觀摩比賽特優、105 學年度閱讀教學設計比賽特優

（十）桃園市 106 學年度桃園市國教輔導團員傑出貢獻獎

（十一）桃園市 109 年師鐸獎得主

作者序

　　本書緣起於兩位作者在藝術領域教學及競賽場合的相遇，再加上多年來交互在演講臺及觀眾席上互望對方、彼此惺惺相惜，雖君子之交淡如水，目標卻一致地期待表演藝術能多方展示，讓華人社會了解她的美好。

　　多年前邱鈺鈞在國小經營跨校表演藝術教學社群時，邀請李其昌到社群中分享教學方法，其昌說演表藝，場場將研習老師捲入情境之中；同時，其昌也在教學競賽中，場場見證鈺鈞不是主任也沒有任何行政頭銜，竟可召集同校或跨校的老師運用表演藝術協作教學的功力，如同「太極用意不用力，自始至終，綿綿不斷，周而復始，循環無窮」。

　　兩位作者均對表演藝術教育充滿熱情，因此「藝拍即合」，希望能為華人的孩子們爭取更多表演藝術教學落實的機會。於是決定大學與小學合作，一點點理論，加上最新的教育時局、更多的實作示例，期待國小階段的老師能夠翻頁瞧瞧，並在教室內實作看看。

　　表演藝術進小學課程，在臺灣已逾二十春秋，目前國小表演師資仍嚴重缺乏，我倆均質疑大部分學校沒有按照課綱進行排課、或是有排課但校內沒有表演藝術專長教師。他們究竟是怎麼上課的？在科科等值的學習時代，學習的品質要如何維持呢？幸好在九年一貫課綱的時代，張曉華教授與郭香妹老師等出版的《表演藝術 120 節戲劇活動課：九年一貫藝術與人文領域表演藝術教學現場執教手冊》及《教育戲劇跨領域統整教學：課程設計與實務》兩冊書籍，提供了許多現場教師教學實作示例。

　　目前進入十二年國民基本教育，感謝心理出版社林敬堯總編輯對我們持續推廣表演藝術教學理念的支持，及高碧嶸執編細心地校對；我們學習前輩的用心，一棒接一棒，秉持著過往藝術教育改革的理想，期待在藝術領域於 110 學年度（2021 年 8 月）從小學三年級實施之前，繼續強調國小實施表演藝術教學

的重要性，也提供符合國際的教學方式與需求，以表演藝術協助藝術領域內跨科及非藝術領域外跨領域教學。

本書經常強調「跨域契機」，提出的概念是當教師們準備教材或在上課時，起心動念「跨增」班級的學習氛圍、「跨培」學生的創造思維，或「跨統」課程的生活連結等，因表演藝術本質具有「身體、情緒、對話、扮演」的全人薈美融合的特性，可援助教師在班級經營、創造力養成與跨域統整學習中，擔綱強而有力的觸媒轉化媒介。

「舉一隅不以三隅反，則不『復』也！」，學生在教室內無法舉一反三是經常的，但是孔夫子鼓勵老師試著不重「復」同樣的教法，即可增加學生舉一反三的觸類旁通。掌握本書的概念，期待不僅能促使老師嘗試以表演藝術達成新課綱的「溝通互動」，也能在教學現場即興地變成一位表藝專家教師，擁有大家所謂的「教學也是一門藝術」，也就是大膽地運用表演藝術，巧妙又具創造力地將十二年國教所強調的跨領域探究呈現於自己的教學之中。

很感謝師長、家長與書中學生的參與及支持，尤其是分別在我倆家中的采潔及思穎兩位美麗支柱，對家庭無私的照護，讓我們行有餘力將自己的拙見分享給所有的學習夥伴。期待這本書能讓現今表演藝術教學發展得更順利，讓孩子臉上充滿更多的笑容！

書中自有顏如玉，然書中亦有疏失處，敬請不吝指教，期待能有再版予以一一斧正！

李其昌、邱鈺鈞　敬上

二〇二一年四月四日

導言

加入表藝必定創新，因為您在扮演中加入了參與者（師生）的創意！

第一個要點

本書的第一個要點是談「如何創新課程」，在此先試著簡要回答：創新的核心在於應用表演藝術在課程裡，自然能統合學生想法與各科內涵，形成跨領域課程符合十二年國民基本教育的理念。

第二個要點

這個回覆可能對某部分的教學者不是問題，但是延伸下去的第二個要點，「該如何創新課程符合 2019 年施行的新課綱？什麼是新課綱？為什麼新課綱沒有『能力指標』了？那麼我該如何規劃教學方案呢？」可能就較令人費解了，本書將提出方向供您參考。

第三個要點

第三個要點是，一旦課程運用了表演藝術，也符合新課綱意旨：國民小學以「領域教學」為主，國民中學除實施「領域教學」外，亦得實施分科教學。此外，班級經營又是一個頭疼的問題，教師們一帶起活動，學生不是坐著，而大多是站著互動，怎麼讓學生學到課程內容，而不是鬧哄哄（但有時有秩序的鬧哄哄是我們設計的狀況）？老師可以掌握學生的學習狀況，本書將先聚焦於國小階段施行包班制的導師部分，提示導師怎麼利用戲劇情境控制教室秩序，以及怎麼利用舞蹈讓學生更有班級團體動力。

大、小學教師社群合作

此外，本書的特色不是教授一個人的高談闊論，而是邀請連續多年獲得教案比賽最高榮譽標竿獎的國小實務教師一同合作撰寫。本書已籌劃多年，期待與出版社編輯團隊合作討論修改，呈現最新的教育部藝術領綱內容與國教院的教案格式準則，藉由本書的出版，讓大家清楚國家的教育政策，以及表演藝術教育進入課堂的實務面、理論面與應用面。

理論、實務與工具兼備

最後，我們希望書末能夠附錄臺灣所有研習增能的方式，希望它就像是一冊學習地圖，務必放在書架上，想創新教案可以閱讀、想了解課綱可以閱讀、想增進帶班技巧可以閱讀、想自我參與增能研習可以閱讀。因為集合了上述四個閱讀，對於大學端師培生必修的「表演藝術」課來說也是本獨特的教材，因為我們不是只有戲劇或舞蹈，而是融通兩者，形塑出臺灣十二年國民基本教育中獨特的表演藝術教育課程。

教師進修成長管道示意圖

第一章
我倆的對話

　　表演藝術是表演者面對他人在同一空間與時間進行具有美感的表演。其昌與鈺鈞老師撰寫本書前，效法 Heathcote 與 Bolton 對話模式，期待彼此了解對方，也像共同備課一樣，相互交心，偕同創新，期許讀者也能進入此情境，更易了解本書內容。

其昌老師： 小學老師在學子的心目中，就像是「孫悟空」一樣，各個學科樣樣精通、變化多端，從國語文到健康與體育等各領域課程都能教。看起來在小學端，最適合推廣領域內跨科或與其他領域的跨領域統整性學習，因為小學老師的養成過程就是包班制的，在十二年國民基本教育強調創新教學的風潮下，一般老師是如何進行教學創新？

鈺鈞老師： 首先老師們必須認同「創新」這件事是必須的。這是老師要下決心去改變的。當然我們可以找到許多理由來支持這個想法，但最重要的理由就是學生的知能是「與時俱進」的。如果不這樣做，老師的教學就沒有吸引力。

　　加上之前自我的學習經驗，每位教導我的老師都具有創新教學的能力，因此我在耳濡目染下也認知到了必須創新學生才會進步。如果用一成不變的方法教，不但教學沒有吸引力，久了之後也會對自己的教學失去信心，會覺得自己就好像只會這些，也會喪失學習的動機。所以創新教學對老師本身也很重要，對自己好，對學生好，對環境也好。

　　肯定自己有這樣的需求之後，就必須回到教學現場，去思考你的現場需要怎樣來執行創新教學。**創新的發生是有環境的限制**。像

是考量自己本身的能力是什麼？例如：自己過去所有的教學經驗、學習經驗；再來思索你的環境限制是什麼？例如：學生的年紀，學校的硬體設施，或學校容許的創新程度。了解自己受限的前提後，就必須進行各種可能性思考。如此一來，創新教學就好像一鍋有料的湯，自然而然混合就出來了！

　　其次，善用表演藝術來融合各項藝術教學創新。表演藝術的教學很擅長提供授課單元銜接時內在的「故事線」。許多的創意或是創新教學單元，若要能讓學生自然吸收、理解，並非只是單純的創新就好。學生很有可能會問：「我為什麼需要學習這個單元？」因此，教師們若能善用表演藝術教學提供吸引孩子們的學習情境，則可使教學效益如虎添翼，教學過程一氣呵成。

其昌老師：「與時俱進」的觀念我相當認同。時代在改變，所有事物不斷地推陳出新，當一位老師無法順利教學時，不能單單責怪「現代的孩子怎麼和我那個時代不一樣」或是「學生一屆比一屆難教」，因為當老師在教學上遇到困境時，則「不復也」（換新的方式來教）；也就是孔子所云：「不憤不啟，不悱不發。舉一隅不以三隅反，則不復也。」「復」這個字就是說，因為學生是一代不同於一代，當學生用這個教學方式無法舉一反三，那麼我們就應該不再「硬用」這樣的方式，而是建議「應用」另一個教學方式來教學。

鈺鈞老師：沒錯！學生的反應最直接，喜歡與不喜歡上課的神情，老師在教學中最容易發現。我們老師需要具備「不復也」的能力來「活用」師培時所學的素養，也就是創新教學的能力。

其昌老師：創新教學能從許多方式來奠定基礎，「合作學習」、「學習共同體」或「翻轉教室」都能夠幫助老師，但這些都是教學技巧。我相信寓教於樂的「樂」字是上述教學方式裡面缺乏的，如果我們能從小學端裡，在八大領域課程內抽出一堂「表演藝術」課，除了在那一堂課裡好好學習表演藝術的內涵，在其他課程領域的教學裡，也能「應

用」表演藝術這個教學工具，融入各領域的課程教學中，那麼外層的表演藝術活動類似糖衣，中間的教學內容是個課程，核心端是學生應具備的人格或是品德教育，如此一來課程就能活動化，活動也就能使教學創意化（參見圖1-1）。

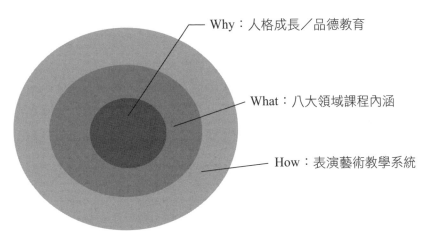

　　　　　　　　　　Why：人格成長／品德教育

　　　　　　　　　　What：八大領域課程內涵

　　　　　　　　　　How：表演藝術教學系統

圖1-1　表演藝術教育核心圖

鈺鈞老師：在這裡所提及的重點是表演藝術融入各科的教學，在英國是教育戲劇（drama in education）的理念與教學模式。

其昌老師：是的，前者我所提及的重點再重複一次：

1. 在藝術領域的表演藝術課程裡，建議以創作性戲劇（creative drama）和創造性舞蹈（creative dance）來教學，影像拍攝為輔。

2. 其他領域的課程教學則建議利用表演藝術教育課程慣用的習式（conventions），係因根據各科的教學需求，視情況來融入習式，所以除了教育戲劇外，只要適合的表演藝術習式，包含戲劇與舞蹈技巧，都可以運用。

3. 表演藝術教育的習式就是「慣用的教學方式」，就像太極拳一樣，雖有招式，其實又無招，融入學科中，讓學生渾然不覺，就像扮家家酒（make believe）一樣，可以情境式教學，也可以運用學生

　　的肢體律動具象化所學的內容；例如用肢體擺出「A」這個字母，在外國語文課程教學裡就可以運用。[1]

鈺鈞老師：老師請一個或兩個學生以肢體「雕塑」一個英文字，這就是表演藝術教育的「習式」之一。我們這樣解釋，讓小學老師來看這本書，也就不會恐懼。另外還有一點值得一提的是，在十二年國教《總綱》[2] 中有規定：

在符合教育部教學正常化之相關規定及領域學習節數之原則下，學校得彈性調整或重組部定課程之領域學習節數，實施各種學習型式的跨領域統整課程。跨領域統整課程最多佔領域學習課程總節數五分之一，其學習節數得分開計入相關學習領域，並可進行協同教學。

主題、跨領域式的教學在過去單科教學屬於創新課程，但於今已是社會的共識，勢必成為新課綱中教學的常態，表演藝術教育的「習式」運用在這方面，可以說給了老師們很有效的工具，來進行現場的教學工作。

其昌老師：是啊！不僅對現職老師有幫助，對師培生而言，也因為有實際的教學例子而獲益匪淺。這本書邀請曾獲得 Great Teach 卓越獎教案（現已改稱 Best Education-KDP）得主的領導教師邱鈺鈞老師一起來參與，就能彌補我們大學師培老師的不足，您能看到的小學場域實際面以及小學老師現下所發生的問題，就是我們出這本書最大的目的：讓老師「好好教」（easy to teach），讓學生「好好（ㄏㄠˋ）學」（like to learn）。所以，可否也請您談一談現在小學場域的問題？

1　Overby, L. Y., Post, B. C., & Newman, D., 2008: 4-6.
2　教育部，2014。

鈺鈞老師：以我在小學十幾年來的教學生涯，我發現與整理出下列兩個問題：

一、針對導師與配課教師方面

　　表演藝術課在 2001 年起的九年一貫教育改革時，已經在臺灣的國民教育課程綱要中取得了一個正式學科的位置。然而，因為過往的師資培育體系如師範大學或師範學院中並沒有戲劇或舞蹈科系，所以當新的課程上路時，現有職場上專業師資的缺乏，就一直是一個相當大的問題。再加上近年來臺灣少子化問題日趨嚴重，不論在國中或國小，校園師資的新陳代謝趨緩，專業藝術老師要進入國民教育實在不容易。所以在不得已的情況下，在國民中學就會以非專長的配課老師來教授表演藝術課；在國小就會由導師或其他藝術專長老師（如音樂或美術）來進行表演藝術教學。尤其在國小部分，臺灣大多數的國小校園是以中、小型學校居多，在包班制度的設計下，專業的科任老師只有在大型學校裡才有可能出現。故現階段表演藝術教育的推展，「導師」的角色可說是非常重要。

　　但是這些表演藝術的非專長老師是否真的有「能力」、有「時間」來教授表演藝術呢？本書的作者們就是希望提供一些方式，讓非專長老師對課程上手。讓這些老師快速轉化自己的能力，融入自己已經在教授的各個領域時數裡，使學生自然而然地習得表演藝術相關技術與概念。

　　另外，對非專長老師來說，他們關心的並非表演藝術是否成功推展，平日的行政業務、班級經營與主要學科的學習狀況可能是他們更為擔心的。因為在國中小學裡一個學期二十週，扣除定期評量兩週，實際教學週數約十八週。在十八週裡還需配合運動會或親職教育日的活動，一旦學校有固定的教科書選購，第一線的老師勢必會有趕課壓力。這也無怪乎非專長老師大多並不在乎藝術教育是否落實。

　　可惜的是，這些表演藝術非專長老師並不知道藝術教育中，表演藝術的應用其實幫助了他們的班級經營與主科的有效學習。以榮獲師鐸獎的萬芳高中蕭文文老師為例，因為她的表演藝術課程深受學生喜愛，她就與其他學科老師建立默契，異口同聲跟學生約定：如果沒有在所有學科好好學習，就受限制參加表演藝術期末展演。這幾年來，無形中就促進了蕭老師的學生整體領域學習的專心度。

　　對於國中小的導師狀況也是一樣的，有趣的表演藝術課程提供了學生在平日嚴格要求下的抒發管道，學生會對老師又敬又愛。許多老師管教的過程只注重壓抑學生不良行為，卻忽略了學生本來就精力十足、想像力豐富、創造力旺盛。所以如果少了表演藝術課程來放鬆、虛擬地體驗生活（讓學生有作怪的機會），學生必然會在現實世界找發洩的出口。這種內在精力的疏導正是許多藝術科目的強項。特別是運用肢體與大量想像力的創造性舞蹈與創作性戲劇，從而消弭的學生內在壓力，讓學生重新面對心理的衝突與矛盾，[3] 也對當前的教育環境有積極且深刻的意義。[4]

　　雖然表演藝術確實可以融入各領域教學之中，但這並不表示表演藝術在國家義務教育裡不應該成為一門獨立的學科。因為如果在課程綱要中排除了表演藝術，在現實的世界裡，創造性戲劇教學和創造性舞蹈教學的種種創新教學技巧，又馬上會被忽略。對於下一代學子的創造力會是一種嚴重的抹殺。再者，近幾年來，國內各地小劇團、青年劇團、社區劇團如雨後春筍般不斷湧現，青年世代們對劇場對表演的需求是熱切又急迫的。各地劇團的出現也常伴隨著許多公民運動與社會關懷，並共同交織於臺灣社會中。這種情況也正符合十二年國教所要求的核心素養價值：「自主行動」、「溝通

3　李宗芹，2002：9。
4　張曉華，2007：52。

互動」、「社會參與」。我們可以這樣說：表演藝術課程的落實會更進一步促成十二年國教的健全發展。

二、為什麼我想要將表演藝術教育用於課堂？手機已成「鴉片」，教學一定要比手機還要有趣

　　時下智慧手機的發達與氾濫已經是人盡皆知的事實。在實際的課堂上常常見到許多孩子們分心使用手機的狀況，網際網路的發達讓孩子們可以輕易在網路上找到比上課更有趣的事物，像是著迷於網紅或網路實況主。同時網路的發達也讓孩子們輕易地在網上找到更有趣的課程與老師，美國有可汗學院[5]的出現，在臺灣也有均一教育平臺。[6]但是網路上的課程有其限制，特別是在人與人互動這一塊。學生所渴望的真誠的關懷與貼近心靈的成長，應該只在真實面對老師與同學時才能發生。

　　所以老師們不應該妄自菲薄，但更不能劃地自限。只要本著關懷學生的心，好好地讓每一堂課都生動、真誠又有趣，3C產品的誘惑就不是問題。在這個議題中，表演藝術有其優勢，它是所有科目中相當強調「人與人互動」的學科。因為戲劇或舞蹈常常都不是單靠一個人所能完成呈現的。就算是一個人跳舞或一個人演戲，也必須與觀眾互動，或和協助表演發生的所有人員互動。也因此將表演藝術融入於各領域教學中，「人與人互動」將很自然地在課堂中產生。而在互動時，課程所產生的吸引力與趣味性，也會很自然地使學生專注於學習這件事情上。在所有的「有效教學」課堂中，第一步就是要學生能被吸引入課程活動之中。教學活動一旦與肢體有關，學生若不投入教學活動，那麼課程進行基本上就會有所停頓，教師也能立即感受到學生是否真的有在學習。也就是說，當創作性戲劇

5　Khan, 2013.
6　白詩瑜，2014。

或創作性舞蹈教學在發生時，如果學生沒有自主地發揮創意、運用創意乃至實踐及參與創意，許多遊戲課程根本玩不下去，也無法成立。其原因在於創作性戲劇或創作性舞蹈教學課在本質上就是一種結構式的即興活動。老師負責安排結構，而學生則在其中盡情地探索。等學生逐步學會老師所建構的學科邏輯，學生們馬上可以自己安排和籌劃完整的表演，舉凡一齣戲、一段舞乃至劇展和舞展都不成問題。

學生在學習過程中，必定會發現表演藝術是仰賴「合作」的藝術呈現過程。演員或舞者之間若不能合作，抑或合作默契不足，是完全上不了檯面的。表演藝術重視合作的特色正可符合目前教育部推動的「合作教學」。教師們若能將表演藝術課程的暖身或種種授課技巧融入於其他領域中，則合作教學就不會落入紙上談兵的理想；[7]反之，出現的將是感動學生的互動學習課程。簡單來說，運用表演藝術課教學技巧就是讓孩子自然學會「自發」、「互動」和「共好」。表演藝術課讓十二年國教所要求的核心素養：「自主行動」、「溝通互動」、「社會參與」自然而然地展現。而這樣的核心價值可以無時無刻浮現於使用表演藝術課教學技巧的課程與課堂之中。

最後我還要再次強調一件事，那就是十二年國教強調的核心素養教學，往往是需要多堂課統整出主題探索、專題探究或議題討論形式的教學單元。不論是主題、專題或議題形式的教學模組，表演藝術都能使其如魚得水般有效運作。因為像是「專家的外衣」或「教師入戲」等教育劇場的技術，在國外早已發展完備。對於刺激學生自主學習、引導學生關注學習焦點，一向都能扮演關鍵的作用。此外，這些習式更可調和鼎鑊，讓課室裡的氣氛更符合學生學習需求。

藝術是相當重要的，或許在未來AI人工智慧與機器人應用的技

7　胡寶林，1994：82。

術會一日千里，但是和不會犯錯的機器相處，只會讓人們感到冷酷、無情，更會讓許多「藝術」中的趣味蕩然無存。因為藝術的趣味就是人味，而人和人之間直接相處的不確定性就是人性的所在。在強調「合作」的表演藝術教學裡，將會讓學生更深切感受到人的存在感與人心的力量。

現今孩子是手機滑世代，因為缺少合作機會，不但說話詞彙短缺、詞不達意，更缺乏同理心。因此，他們最需要的課程必然是表演藝術課。表演課常常用到劇本，劇本的閱讀會豐富學生的詞彙理解，提升學習者語文能力。教師若是能更進一步與學生討論到劇本的創作，則更能兼顧文字寫作的能力發展。另外，學生演繹劇情時，需要思索人與人之間的關係，以及彼此相處時的種種微妙情境。更不用說的是，表演藝術課程的最後，總要進行成果的發表與展演，孩子們只要涉及展演，「合作」的能力就會備受考驗。學校若不斷磨練學生「合作」的能力，學生「合作」的心態與學生「合作」的效能一定會大幅度增長。

其昌老師：是的。合作這件事太重要了！我曾在央團 [8] 網站發表一篇〈國際教育現況：PISA 測驗中的五個表藝素養〉，內文提及：

國際上最重要的 **PISA**（The Programme for International Student Assessment）國際學生能力評量計畫，除了閱讀、科學與數學三科之外，又加測「**合作問題解決能力**」（Collaborative Problem Solving Competencies，簡稱 CPS）。

一、CPS 要求扮演能力

「合作問題解決能力」就「如同在扮演」（representation），兩人以上的學生代表，在假定的任務中共同分享所學所知，以解決問

題，他們在網絡聊天室內互動的動作（action）與對談的訊息，均是評分的依據。由此可見，除了先備知識外，扮演素養對臺灣的中小學學生將是必備的核心能力之一（參見圖 1-2）。

扮演的能力在 PISA 測驗中受重視，施測的對象又是十五歲的國中生，代表著重視表演藝術教育不再是趨勢，而是國際教育現況，其課程務必落實。其實臺灣早在 1997 年 2 月 25 日即經立法院三讀通過《藝術教育法》（總統府於同年 3 月 12 日發布；2015 年 12 月 30 日修正），明訂藝術教育的類別第一項即為表演藝術教育，在在顯示政府已對表演藝術非常重視；其中表演藝術包含音樂、舞蹈與戲劇，因為原來的國民教育已有音樂課程，所以另起一科「表演藝術」，從九年一貫到現今的十二年國民基本教育中，強調表演者與觀眾「同地同時」（here and now）的舞蹈與戲劇藝術。

PISA 在「合作問題解決能力」的施測，於網路聊天室中，看似沒有「同地」處理問題，其實是在同一個虛擬視窗中（參見圖 1-3），「你」（you）與其他受試者（例如 Abby）是「同時」也「同地」在電腦裡處理問題，符應表演藝術的虛擬性。輔以〈PISA 2015：合作性問題解決草案〉（PISA 2015: Collaborative Problem Solving Framework）內文裡的題目為例：以「假設有一個水族箱在你學校」，讓學生扮演角色進入一個虛構的情境與其他角色（roles）合作，面對同一個任務，共同找出最適合魚類生長的水族箱條件；在這測驗中，若「你」無法融入角色與他人一起採取對應行動以解決問題，對於自己，失分事小，無法成為「世界人」事大；更大的問題是對於國際名聲，我們國家教育的競爭力排名也會下降。

二、PISA 排名的重要性

僅舉一例來說明 PISA 排名對於一個國家的重要性。往年澳洲的課綱是各州與特別行政區各自為政，共有八套不同課綱，2009 年

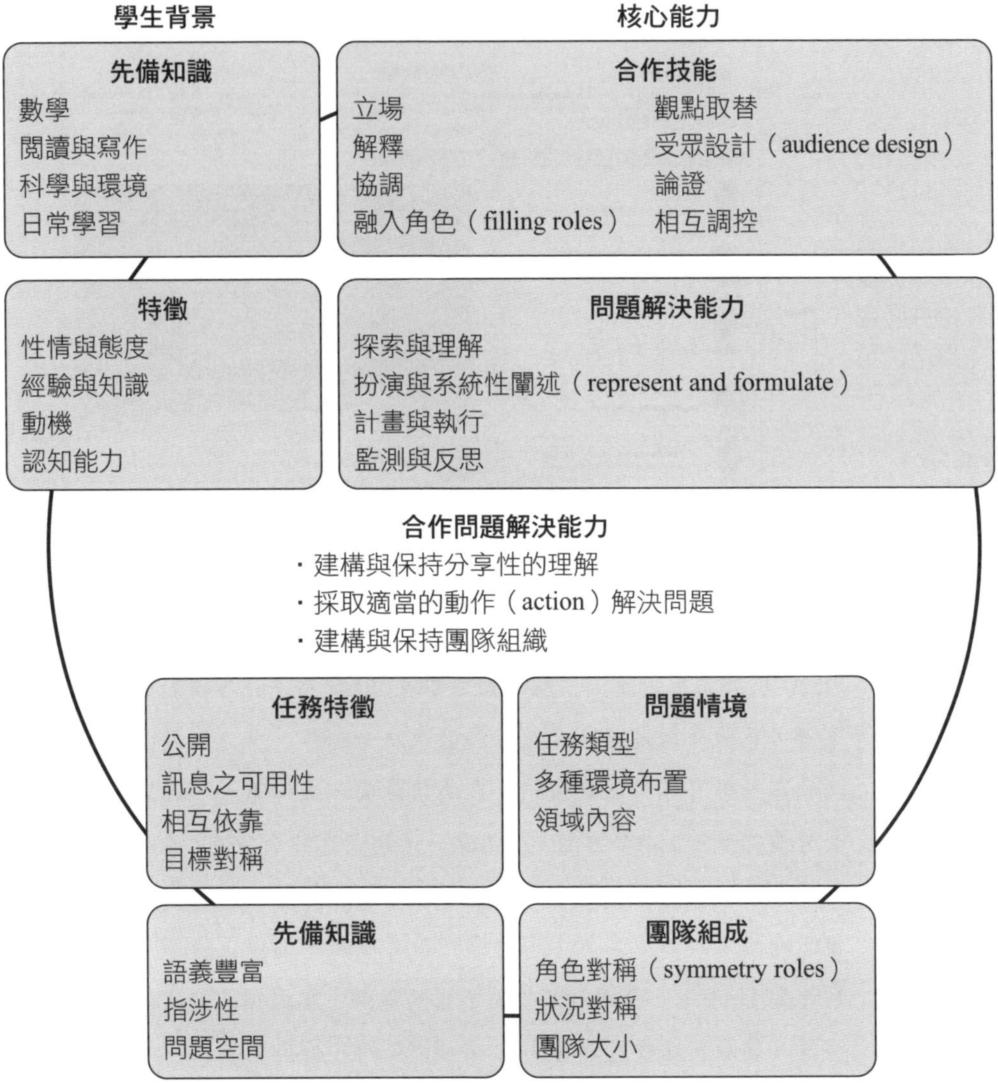

學生背景　　　　　　　　　　　　核心能力

先備知識

數學
閱讀與寫作
科學與環境
日常學習

合作技能

立場　　　　　　　　觀點取替
解釋　　　　　　　　受眾設計（audience design）
協調　　　　　　　　論證
融入角色（filling roles）　相互調控

特徵

性情與態度
經驗與知識
動機
認知能力

問題解決能力

探索與理解
扮演與系統性闡述（represent and formulate）
計畫與執行
監測與反思

合作問題解決能力

・建構與保持分享性的理解
・採取適當的動作（action）解決問題
・建構與保持團隊組織

任務特徵

公開
訊息之可用性
相互依靠
目標對稱

問題情境

任務類型
多種環境布置
領域內容

先備知識

語義豐富
指涉性
問題空間

團隊組成

角色對稱（symmetry roles）
狀況對稱
團隊大小

圖 1-2　PISA 合作問題解決要素與過程綜述（2015）

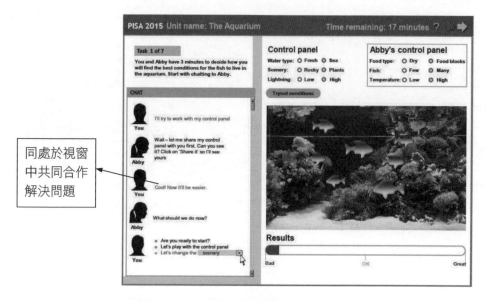

圖 1-3　PISA 聊天室虛擬視窗（2015）

PISA 值公布後，澳洲了解該國原本在 2000 年優於各國的成績逐年下滑，已被多國超越，是故推動教改統一課綱，原先對教改意見分歧的各州教育領袖看到成績〔在閱讀方面，上海第一，澳洲第九，臺灣第二十三；數學方面，上海第一，澳洲落於十名後，臺灣第五；科學方面，上海仍是第一，澳洲第十，臺灣第十二（2012 年的 PISA 值澳洲排名退步更多）〕，意識到教育警訊，遂停止紛爭，終於順利於 2011 年統一全國八個參差不齊的課綱，並逐年於網站公布課程標準，期待新課程能改善 2015 年 PISA 的各項排名。

反觀臺灣在 2012 年 PISA 的閱讀與數學排名雖有進步，在科學方面卻退步一名，2015 年又新測「合作問題解決能力」一科，這不僅是對先備知識的考驗，也是對表演藝術課程進入中小學課堂十五年來的檢視。期待國民基本教育能落實表藝教學，以達到 PISA 所要求的表藝課程中的五個要素。

三、CPS 的五個表演藝術要素

歸納「合作問題解決能力」的過程要素圖中，關於表演藝術教育方面學生應具備下列五個素養，簡述如下：

- 融入角色（filling roles）：歸屬於核心能力（core skills）中的「合作技能」（collaborative skills）當中；學生在表演藝術課程中可以在規定情境中練習扮演一個角色，就像扮家家酒一樣即興表演，引發學習動機；當學生習慣扮演了，老師或學生可以給予一個衝突的主題，例如地震來了，或是旱災快到了，讓學生習慣融入角色情境中分組與討論怎麼去處理困境。

- 受眾設計（audience design）：歸於核心能力中的「合作技能」項目裡。受眾設計是鼓勵學生能為觀眾著想，而改變自己的表演方式，在中小學的表藝課程裡，建議觀眾限制在兩個層次就好，一個是把自己當觀眾，讓學生能為自己的表演負責；第二個是校內師生，學習能為了他人做一場「好」（good）的演出。除非學生主動要求，否則不用到校外演出，避免過大的學習壓力。

- 扮演與系統性闡述（represent and formulate）：歸在「問題解決能力」（problem solving skills）的項目當中，學生能達到第一個融入角色的要素練習後，建議多嘗試 Aristotle[9]「開始、中間、結束」的完整劇情之建議，體驗表演藝術中不是開始後馬上結束，而是著重對「中間」（過程）的觀察與闡述。再接續先前的例子，如果說旱災來了，學生可以在情境中扮演「氣象達人」或「環保人士」深入討論，除了沒有下雨外，是否人們浪費水源或是水庫淤積過於嚴重等等，都能在教室內依主題讓學生表演與討論；由於扮演於情境中，就像體驗旱災一樣，這樣的戲劇氛圍將有助於

9　Aristotle 為古希臘哲學家，其作品《詩學》（*Poetics*）的悲劇理論，影響後世的戲劇理論顏深。

更深入或系統性的辨證與闡述。

- 「角色對稱」（symmetry roles）：歸於團隊組成（team composition）的項目之內，強調受試者在接受任務時，彼此肩負的工作角色是對等的。這雖然是強調受試的公平性，不過在中小學的表演藝術課程裡，學生一開始嘗試表演，盡量先依照自己喜愛扮演的天性，順勢去玩扮家家酒遊戲；再來進展到有角色的分配，建議遵循 Constantin Stanislavsky[10] 的建言：「沒有小角色，只有小演員。」這句話的意思是，在舞臺上的角色無分大小，每一個角色都很重要，學生可能在一開始的戲份較少，可是在此劇場道德與紀律的要求下，全力以赴去扮演，成為習慣後，接受 PISA 的測驗，無論角色是否對稱均較容易接受挑戰。

- 採取適當的動作解決問題（taking appropriate action to solve the problem）：此中的 action 一詞就 Aristotle[11] 的解釋：「悲劇為表現一個動作，動作必包含『動作之人』，而『動作之人』當有思想與性格之特殊品質，由此特殊品質乃造成動作之各種特殊性質。」換言之，當受試者面對PISA規定的「建立水族箱在學校會客室」之任務時，他們必須扮演一個樂觀進取（性格）的角色，貢獻己身的想法（思想）採取行動協助團隊克服難關。因此，在學校內的表演藝術教學活動，倘若能賦予學生多樣化的困境，當學生願意去克服時，將激化他們做出解決問題的動作。無論他們是否參加PISA測驗，這些課堂的情境練習，在假定的情境中學習真經驗，均有助於他們未來在社會中生存。

眼下PISA增考「合作問題解決能力」一科，凸顯現今的國際教育現況是：中小學行政單位與教師需提供學生角色扮演的機會，

---

10 Constantin Stanislavsky 為蘇俄戲劇大師，其對演員修養與建立角色的著作，貢獻良多。
11 Aristotle, 1986: 67.

讓學生進入不同的角色中與他人共同合作解決問題，並且能夠預設觀眾的喜好來調整自己的表演，在假定中學習真經驗，以適應社會多元且多變的環境。

　　為此，各縣市教育局處要能順應這股教育趨勢，不單是健全表演藝術課程而已，對於教師表演能力的培養亦是刻不容緩。這也驗證 Tony Townsend 與 Richard Bates[12] 於《師資教育手冊》（*Handbook of Teacher Education*）之論述，提升教師的專業品質是培養學生學習力與教育進步的重要因素之一。若在教室能有結構性的以「遊戲」為基礎教學，帶有「假裝」[13] 的性質不僅可以讓學生在活潑的氣氛下學習，也可以鼓勵學生們在「假裝、扮演」的開放情境中，一起分組互動討論，而教師也能夠利用「玩」的氛圍與機會培育學生的藝術才能，這方面與 Plato[14] 於《理想國》（*The Republic*）中推廣的教育觀點相似，他認為「遊戲」是學習中的必修項目。這也是我十多年來所致力推廣的教學方式。[15]

所以鈺鈞老師，本書除了能幫忙師培生了解現職教師的工作外，你覺得我們這本書的特色會在哪裡？

鈺鈞老師：我個人覺得我們提供的資料有以下幾個特色：

第一，方便現職非表演藝術專長教師快速上手、直接使用。

第二，提出表演藝術領域十二年國教可以進行的方式，並對藝術跨領域教學提出一些可能性。

第三，更深入地剖析各種常用的表演藝術習式之原理原則，並且提供我們的創新。

其昌老師：希望我們的努力，能成為大家真實的助益！

12　Townsend, T., & Bates, R., 2007: 3.

13　Barblett, 2010.

14　Plato, 1974.

15　Li, C. C., 2006, 2007.

第二章
十二年國教核心素養與表演藝術及其於跨領域教學中的輔助潛力

一、核心素養能力

　　十二年國民基本教育《總綱》發布後，許多變革也正如火如荼進行中。例如 108 學年度（2019 年 8 月 1 日）起，全國近二十萬名中小學校長及教師，每學年至少公開授課一次；其中因自然與科技分作自然領域和科技領域（科技領域之授課時數將在國中時期正式出現於學生的課表中），總領域由七大領域轉成八大領域；藝術與人文學習領域更名為「藝術領域」。但是最關鍵的改變應該是核心素養能力（key competences）的出現，將延續過去九年一貫所主張的十大基本能力，成為嶄新的課程改革代名詞。

　　核心素養主要培育「人」成為一位終身學習者，換言之，七歲孩童進入國民小學開始，一路就學至高中或高職畢業，其「基本教育」之成果就是了解如何「終身學習」。十二年學習之後，他們運用「終身學習」的素養能夠運用在職場上「工作中學習」、升學到大學「繼續學習」，其知識與帶著走的能力，再加上對人、事、物的良好態度，皆是一位「終身學習者」所應具備的內在條件，可稱為一位術德兼修的準大人。

　　是以，學校不僅需擔負起教育的功能，也需要讓學生有練習與體驗的機會，此時「表演藝術」的扮演、行動及其兼具跨領域的生成特性，就可以賦予師生在「假定的情境」中，練習與應用所學，讓所學作為社會實踐的準備；這部分

容後再闡述。

（一）三面達目標、九項承三面

　　我們先延續談論在《總綱》中，核心素養的目標是如何培育學生成為一位「終身學習者」，其所支持的三大面向及衍生的九大項目為何。所謂三大面向分別以代號 A 表示「自主行動」（spontaneity）、B 表示「溝通互動」（communication and interaction）與 C 表示「社會參與」（social participation）；九大項目係指：

　　1. 身心素質與自我精進（A1）、
　　2. 系統思考與解決問題（A2）、
　　3. 規劃執行與創新應變（A3）；
　　4. 符號運用與溝通表達（B1）、
　　5. 科技資訊與媒體素養（B2）、
　　6. 藝術涵養與美感素養（B3）；
　　7. 道德實踐與公民意識（C1）、
　　8. 人際關係與團隊合作（C2）、
　　9. 多元文化與國際理解（C3）。

　　前三大項是屬於「自主行動」（A），其次三項為「溝通互動」（B）的範圍，最後三項則歸在「社會參與」（C）（參見圖 2-1）。

　　新課綱的核心素養是延續九年一貫課綱的十大基本能力之內涵。核心素養的作用就如總綱 [1] 中所言：「為落實十二年國民基本教育課程的理念與目標，茲以『核心素養』作為課程發展之主軸，以裨益各教育階段間的連貫以及各領域／科目間的統整。」三面九項之核心素養與各科課綱是屬於雙軌並行制，也

1　教育部，2014。

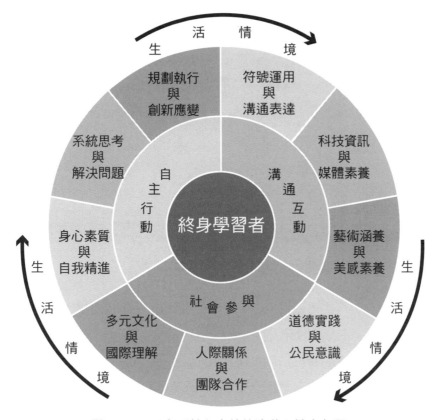

圖 2-1　三面九項核心素養的滾動圓輪意象圖 2

就是說，教師於各領域的課程教學，除了要滿足各領域課綱的要求外，更要在課堂中一併達成三面九項的要求，以達到「自發」（taking the initiative）、「互動」（engaging the public）、「共好」（seeking the common good）的理念（參見圖 2-2）。

　　所以三面九項不是口號而已，而是要真正改變教師的授課方式，讓學生在每一堂課都學到「自主行動」、「溝通互動」與「社會參與」。要做到上述理想課程設計時，需整合知識、技能與態度，也就是所謂的「A・S・K」，「A」是態度（attitude）、「S」是技能（skill）、「K」是知識（knowl-

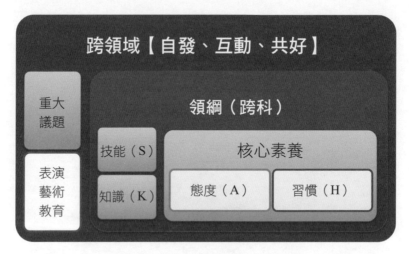

圖 2-2　核心素養雙軌並行於課程

edge）。除此之外，尚重視情境化、脈絡化的學習；強調學習歷程、方法及策略；並要求學生於生活中實踐力行，成為「H」習慣（habit）。因此，三大面向是達成終身學習者之目標的法則；而九項則是承接三面的法則，延伸其要點，讓十二年國民基本教育的素養教學理念得以清楚呈現。

（二）新式教學法的推波助瀾

也因為如此，目前民間教育改革所重視的翻轉教學、合作學習、學習共同體、學思達等新式教學法，這些以學生為主體的教學方式，都是未來教師在教學現場所必須展現的教學型態；這些新式的教學法，對於新課綱有推波助瀾之功。而教師在面對學生個別化、多元化的需求時，若無法在教學上共同合作，勢必會感到左支右絀。故教師專業學習社群（professional learning community，簡稱 PLC）的建立，發展共同備課、協同教學、一起成長的教學團隊已是當務之急。更關鍵的是，若一個學校中沒有堅強的教師專業學習社群，教師會因為過分依賴教科書，而對核心素養之教學淺薄帶過。因此，建議校內自主組成堅強的教師社群，才能有開發課程的能力。

有了課程開發的能力，教師們自然會觀照到核心素養中所需要的操作細節。類似主題性、專題性與議題性的課程，目前看來是比較容易落實核心素養型態教學，而這樣設計縝密的教學探究活動，在實務上更需要社群教師來一起承擔。單單一個教師的努力常常不能夠架構良好，更何況教師們在學校還需負擔班級大小事與行政工作。說實話，缺少了社群同伴的支持，一般教師只好教得淺、簡單帶過了。我們應該要認清一個事實！那就是再好的課程、再詳盡的教案撰寫，如果缺乏一個有熱情的教師來擔任教學，則所有的努力都是枉然！教師研發課程的能力在十二年國教之中依然是相當重要的。若非如此，則臺灣這次的教育改革，很可能重蹈「九年一貫」覆轍——在校內課程發展委員會（簡稱課發會）上便宜行事，因循舊規，進行表面上文字的改革，將課程的專業完全倚賴書商，教學本質甚少改變。因此本書在之後幾個篇章不單有教學的分享，也介紹了教師社群的組織經驗。本書著重於許多創意點子的分享，並非一個個教案的呈現，目的就在於喚起教師們的興趣與思索，並留給教師們自由創新教學的空間。

三面九項中，未來最有挑戰的可能是「社會參與」的部分，這部分更需要教師專業社群之力來努力促成。雖然對於每一個年齡層與學習階段，「社會參與」都有不同的意涵，但是涵養學生具有積極的公民意識、相互關懷每一個身邊的人是所有的基礎，這也說明了各項學科學習是為了使我們所處的世界更美好，才更具有意義。其實目前有些學校的教學，已經達到這樣的目標。以苗栗縣蕉埔國小為例，學生學習了樂器後，會利用假日時間組團為社會弱勢演奏。孩子們希望透過音樂來陪伴社會上遭遇不幸的人，這種實踐就別具意義且深刻感人。

最後，我們還可以在《總綱》的核心素養的滾動圓輪意象圖中發現，「三面九項」不是獨立於生活情境之外的。每一個核心素養不是單獨的分開學習，反之，每一個素養的建構是在生活情境裡層層交疊、互相支持的。所以只想靠一本教科書執教一輩子的時代早已遠離，現今的教師必須要懂得團隊合作，並且用適當的生活主題引導學生成為一個樂於求知的終身學習者。教師們更要以

身作則展現出終身學習的習慣。也唯有這樣，十二年國教所立下的願景「成就每一個孩子——適性揚才、終身學習」才有達成的可能。十二年國教目前將課程分作「部訂課程」與「校訂課程」兩大區塊，尤其在校訂課程的部分，若無教師專業團隊的支持，校訂課程再精彩也是曇花一現。因為由校長與行政團隊主導的課程，常常隨著臺灣校長的任期而自然消亡。讓教師們真心喜愛教學專業上的學習，才是教育改革的根本。

　　十二年國教中核心素養的最終目標是在培養國民「終身學習」的習慣，強調「自發」、「互動」、「共好」的學習歷程，而這正是表演藝術本來就具備的，此一歷程更是美好的。透過表演藝術，學生可一面享受學習，同時間也享受美。在「自發」上，表演藝術課程中的創造性戲劇教學法與創造性舞蹈教學法，可提供遊戲式的探索機會，持續刺激自動自發的學習；在「互動」上，絕大部分的戲劇與舞蹈皆須合作來完成，學生將很自然地體會互助的快樂與必要性；在「共好」上，作品完成後的分享，可帶給校園與社區嶄新的活力，是美善的傳達，更是美感的散播。表演藝術課其實提供了絕佳的平臺，讓師、生一起共學，一同成長，許多技術也很適合運用於跨領域教學之中。相信通達表演藝術教學方法，在未來十二年國教的變動中，定會增加教師們的適應力。[3]

二、國民基本教育中的「表演藝術」

　　表演藝術為「人」面對「他人」同地同時（here and now）表演具有美感的作品，若以「人」本身的身體、聲音與情緒為素材，約可分為扮演、跳舞、唱歌等基本表演方式，故其內容對應為戲劇、舞蹈與音樂等三大藝術類別。[4] 根據《藝術教育法》[5] 第二條明文規定，藝術教育之五大類別為：表演藝術教育、視覺藝術教育、音像藝術教育、藝術行政教育與其他有關之藝術與美感教育。表演藝術應含括京劇、地方戲曲（例如：歌仔戲、布袋戲等）、相聲、舞臺劇、

3　邱鈺鈞，2016b。
4　Billington, M., 1989.
5　總統府，2015。

默劇、歌劇、音樂劇、音樂會、現代舞蹈、古典舞蹈、民俗藝陣與街頭表演等類型。常有人詢問，為何國民基本教育的表演藝術沒有音樂？我們將於下文解釋其原由。

　　在大專院校亦依此歸類學系，例如國立臺灣藝術大學表演藝術學院，裡面所包含的科系有戲劇學系、舞蹈學系、音樂學系與中國音樂學系，明顯地將表演藝術區分為戲劇、舞蹈與音樂等三大科系，其特性為演出者必須面對觀眾進行表演，始能完成藝術作品；那麼現行的國民基本教育為何將音樂獨立出「表演藝術」呢？蓋因在臺灣，「表演藝術」是二十世紀末才開始籌劃的新增藝術教育課程，而既然音樂課程早已是必修，表演藝術課程就僅包含戲劇與舞蹈（參見圖2-3）。

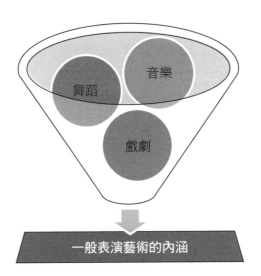

圖 2-3　專業表演藝術的三內涵

（一）表演藝術教育之核心為戲劇與舞蹈

　　本書即以戲劇與舞蹈（參見圖2-4）為核心，輔以班級學生參與活動與影視攝影為主體，期望不僅能協助採包班式教學的級任導師，也能分享如何執教表

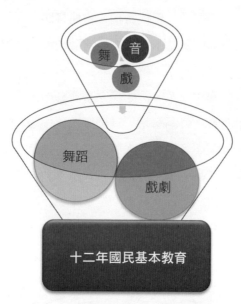

圖 2-4　表演藝術教育：舞蹈與戲劇

演藝術課程及應用表演藝術的統整特質的心得，呈現如何以表演藝術為教學媒介（learning media），輔助教師創新其他學科的教學。

（二）表演藝術的發生

　　表演藝術怎麼教？延伸本章首段的涵義，在學校只要有老師或學生在教室內彼此面對面表演一個或一連串賞心悅目的「定像」（still image）[6]或「動作」（Action），就堪稱為表演藝術教育的發生。那麼如何應用表演藝術來教其他學科？例如運用「讀者劇場」[7]（readers theatre）來教英語、改編國語課文為課本劇、「教師入戲」（teacher in role）為「老闆」來教數學等皆可達到活化課程的目的。為什麼表演藝術可以被廣泛應用？其訣竅在於，舞蹈與戲劇一定要仰賴

6　still image 可翻譯為定影、定格、定鏡、靜像與定像等。
7　讀者劇場為一至八位學生拿著劇本，盡量融入角色面對同學唸出劇本臺詞，增加學習興趣與效果。

「人」為載體來表演，因為所有的學科皆是人類的智慧結晶，這些學科皆可被當成主題或背景，由「人」扮演產生動作，把美的感受帶給自己與他人。

（三）對表演藝術教育的描述

根據張曉華[8]對表演藝術的定義：「凡以人的動作過程，美的原則，能表達出某種思想、感情和事物，並於當時能給予人以美的感受者，謂之『表演藝術』。」因此，師生表演的內容需具備美感，換言之，在表演過程中給自己與他人擁有美的感受，具備假定性的扮演（fiction represented），就可稱為表演藝術。舉例來說，如果學生在教室中表演原住民射箭的英勇畫面，彼此參與及欣賞，就屬於表演藝術的教學活動；但倘若做出令人嫌惡的耍寶動作，在教室內亂跑，而不是按劇情或舞步來演、來跳，這種不尊重老師與同學的脫序行為，雖自稱「表演」（performing）[9]，但在現實環境中不尊重他人的表現，不屬於「表演」。此外，因無法給人美的感受，也不可算是「藝術」，兩者合不起來就不能稱為「表演藝術」（performing arts）。

在此所稱的「動作」一詞，在 Aristotle（384-322 B.C.）《詩學》（*Poetics*）第六、七章的解釋較為清楚，他闡釋：

悲劇為表現一個動作必包含「動作之人」，而「動作之人」當具有性格與思想之特殊品質，由此特殊品質乃造成動作之各種特殊性質。衡諸常理，人之動作有思想與性格兩因素，此二因素為造成人們的成敗的緣由。今者戲劇中所完成之「動作」係透過故事或情節來具現。……此一動作其本身係屬完整，完整中且具某種長度；蓋有種完整係缺乏長度者。所謂完整乃

8　張曉華，2009：9-26。

9　performing 所翻譯的「表演」，含括扮演（acting）、跳舞（dancing）、唱歌（singing）等對他人呈現的意涵。acting 雖然在中文也譯為「表演」，為免混淆，特在此解釋，並請讀者了解其歸於 performing 之內。

指有開始、中間與結束。[10]

　　所以，「動作」（action）具有內涵，內涵來自於劇中人物（character）的想法，因而產生動作。人物的思想與性格造就劇情的變化，例如：機警的人面對火警，能居安思危，及時處理；懶散的人面對火警，將漫不經心，恐釀大禍。同樣是火警，不同的人會以不同的「動作」來處理，導致成功或失敗。由於情節從「因」得「果」或從「果」推「因」，「因」與「果」就如同「開始」與「結束」。怎麼開始造成怎麼結束，例如玩鞭炮導致火災；上述的「因」與「果」雖然符合邏輯，卻不完整，因為有人玩鞭炮卻不會造成火災，那麼「中間」是如何處理才釀成火警呢？這「中間」曲折即為情節的重點，也是表演藝術有內涵之處，老師可以試著詢問學生下面所列的問題，學生的答案肯定會有千百種，諸如：沖天炮射向瓦斯桶，或是處於沒有預備好消防器材的環境等；得到這些答案後，可以在教室內分組表演看看，肯定能達到寓教於樂與消防教育的效果。

（四）表演藝術的「動作」

　　「動作」一詞亦可用《詩經》中的〈毛詩序〉來解釋舞蹈的重要性，序中言道：

> 詩者，志之所之也，在心為志，發言為詩，情動於中而形於言，言之不足，故嗟嘆之，嗟嘆之不足，故詠歌之，詠歌之不足，不知手之舞之足之蹈之也。[11]

10　Aristotle, 1986: 67-79.
11　詩經：毛詩序，2015，from http://www.chinapage.com/poem/shijing/gb/1.htm。

上引文的「志」由人心而發，符合 Aristotle 所說的性格與思想，因為古希臘悲劇也是以詩體所作。有趣的是，從外顯的詩歌，係經由情緒、言語、嗟嘆、詠歌，到最後為手舞足蹈；據此可以理解，舞蹈的動作，也跟戲劇一樣具備意涵，不是單純的移動（movement）。舉吳素君的研究為例，[12]《尚書・益稷》「擊石拊石、百獸率舞」，為「人們敲擊著石製的樂器，跳著模仿鳥獸的舞蹈」；因此舞蹈與戲劇一樣，皆是以「人」為載體來模仿所見所聞或是歡樂期待之事，而模仿的功能性，就是讓我們不僅用「觀看」來學習，也能依樣畫葫蘆「實際操作」一次，除了感謝上天賜予食物，也因人類天生愛學樣，[13]其「鏡像神經元」（mirror neuron）自主驅動，透過體驗鳥獸的動作來學習比自身更美麗的動作。

（五）表演藝術動作：增進學習的快感與綜合其他藝術元素

誠如李其昌[14]推論從模仿中所感受的三個「獲得快感」的因子：

1. 學生自己表演一個角色。例如獨自一人扮演獅子，自得其樂（例如玩扮家家酒）。
2. 學生觀看別人扮演角色。單純當個觀眾，觀賞別人的模仿，獲得愉悅。
3. 學生自己表演並被別人觀看。自己扮演獅子，又有人觀看，這裡強調被觀看的快感。

這三個「獲得快感」的因子，無論學生是當演員或觀眾，自己表演或被別人觀看，均是操之在己，因為表演藝術特殊之處在於：表演者所表演的媒介完全是「自己的身體」；換言之，演員不僅是藝術家，也是藝術品；不像繪畫的媒介之一是畫筆畫布、音樂的媒介是樂器（除了聲樂〔的人聲〕之外）。[15]

---

12 吳素君，2008：115-152。
13 Iacoboni, 2009.
14. 李其昌，2012b：74。
15 李其昌，2012b：73-78。

　　因此，無論是演員或舞者，都可以藉由表演藝術課程抒發學生的想法，並藉由他們的身體表演動作，試圖創作藝術性的作品；另外，在八大藝術：戲劇、舞蹈、音樂、繪畫、文學、雕塑、建築與電影，在正式的展演方面，戲劇、舞蹈與音樂必得在觀眾的面前直接演出，然而繪畫可以仰賴畫布，文學可以仰賴文字，雕塑可以仰賴塑像，電影則可以仰賴銀幕，讓觀眾們間接欣賞藝術家的想法。因此，表演藝術揉和了至少以下八個特色：

1. 戲劇：學生聲肢與情緒的扮演。
2. 舞蹈：學生身體與動作的韻律。
3. 文學：學生說話與臺詞的文庫。
4. 音樂：學生人聲與詞句的節奏。
5. 繪畫：學生人身與穿著的配搭。
6. 雕塑：學生動作與定格的意涵。
7. 建築：學生創作與配搭的舞臺。
8. 電影：學生表演與創作的影像。

　　這八個特色從第一到六項都可以用學生自己的身體來表現，第七項建築，是人與環境的利用，第八項則是運用電影來拍攝、製作與播放學生的表演創作。此一特色也更說明了表演藝術的教學進行，可以有效地與音樂教學及視覺藝術教學進行完美的編織。

（六）臺灣的舞蹈教育

　　再深入談表演藝術中的「舞蹈」，她是身體動作情緒的表達、是思想的釋放。國民政府遷臺後至今，經歷政治與社會變遷並影響臺灣歷史上的發展，對於此經由多次教育政策的修訂，修訂如何將「舞蹈」定義為體育項目之一，在教育當中「舞蹈」早就列為體育科項目之一，因此過去在臺灣，舞蹈一直附屬於體育課程當中，直到 1964 年由中國文化大學（前身文化學院）首創五年制舞

蹈科，成為我國教育史上的一大創舉，之後影響國人改變舊思維，認為「舞蹈是可以既體育又藝術」。[16] 因此於九年一貫課程後來的修訂上，對表演藝術有著不同的改變，重視舞蹈對於教育上的貢獻，可以增添學生欣賞、表現、審美、啟發心靈及開發創作能力。

如前所述，表演藝術教育從 1997 年被列入《藝術教育法》到 2008 年頒布於 100 學年度（2011 年）實施的「九七課綱」，將近二十年來於課綱中的變化，[17] 從法條到《總綱》（1998）、從《總綱》到暫行綱要（2000）、再從暫綱到正式課綱，修改於九年一貫時期，更於四個階段（國小一至二年級、國小三至四年級、國小五至六年級、國中一至三年級）中明列出其教學指引，表演藝術課程於國民義務教育可謂已站穩了腳步。

如今，〈十二年國民基本教育課程綱要總綱〉於 2014 年頒布，而 2018 年 10 月 23 日所頒布的〈藝術領域課綱〉，高中階段表演藝術課程仍位於「藝術生活」科之下，在銜接國中小課程產生斷層，有待下一次研修課綱予以解決。慶幸的是，於高中加深加廣課程，首列「表演創作」一科，顯出教育單位對於表演藝術的重視，對於學子銜接大學的學習歷程檔案與職涯發展，將多有助益。

三、表演藝術融入學科之跨領域教學潛力

戴君安[18] 在其《遊戲舞蹈教學研究》中，提出了許多結合國小語文、數學、社會、自然的遊戲舞蹈課程。而江翠國小陳書悉[19] 翻譯的《兒童愛演戲》中也

---

16 張中煖，2007：27。

17 這二十三年來（1997-2020），1998 年 9 月頒布〈國民教育階段九年一貫課程總綱綱要〉、2000 年 9 月頒布〈國民教育階段九年一貫課程暫行綱要〉（簡稱「八九暫綱」，2001 年 8 月實施）、2003 年 1 月 15 日頒布〈國民中小學九年一貫藝術與人文學習領域課程綱要〉（簡稱「九二正綱」）、2008 年 5 月 23 日頒布〈國民中小學九年一貫課綱〉（簡稱「九七課綱」，2011 年 8 月實施）、2014 年 11 月 28 日頒布〈十二年國民基本教育課程綱要總綱〉（〈藝術領域課綱〉於 2018 年 10 月 23 日頒布，2019 年 8 月正式實施）。

18 戴君安，2003。

19 Ackroyd, & Boulton, 2006.

詳列每個單元與各議題或領域的結合。此外，劉淑英 [20] 也翻譯了美國 Overby、Post 與 Newman 合著的《舞蹈與統整性課程設計》。另外在國內，張中煖 [21] 更在《打通九年一貫舞蹈教學之經脈》的第七章中，提示了創作性舞蹈與其他學科揉和的切入點，並在《腳步：臺灣舞蹈教育在找路》（2016）中，揭示舞蹈教育於 20 世紀前歸屬於體育，而 21 世紀也進入藝術領域。類似的觀點也出現在《創造性兒童戲劇進階》一書的第五章中，Barbara Sailsbury Wills[22] 也提示出創作性戲劇與其他學科的關聯性。此外，由張曉華、郭香妹 [23] 策劃的《教育戲劇跨領域統整教學》（2014）一書，也依據各領域可以進行的議題來進行戲劇統整教學。由過往文獻在在證明，表演藝術融入其他科目教學已經是發生已久的事實。

　　雖然過去已有不少前人的努力提供許多很好的工具書來幫助職場的老師。然而對其他學科教師而言，要讓表演藝術融入各科教學，不只要有趣、更要「在地」，要能「有效率」地幫助其他科目學習，對廣大的老師們才有落實的可能。當前學科多元，各領域都希望在學校授課時數中爭取到更多時間，再加上校園裡教師自編的統整式及協同教學仍佔少數，因此當前表演藝術要融入各科教學策略可以有二：第一、更精準地配合各科單元研發，易上手又有彼此成就。第二、讓表演藝術教學法成為多元評量裡的一項工具。

（一）配合各科單元設計的表演藝術教學法

　　如同本書一開始所強調，由於表演藝術師資的缺乏，再加上臺灣少子化的影響，非專長教師教授表演藝術課程是必然的現象。未來除了使專長藝術師資在校園中能夠專長任教之外，使表演藝術普及於每個基層學校中，並讓所有教

20　Overby, Y., Post, & Newman, 2008.
21　張中煖，2007。
22　Wills, 2010.
23　張曉華總校閱、郭香妹策劃，2014。

師都能教授表演藝術，是務實世界中不得不努力的目標。也因為如此，開發出「雙贏」的教案與教學法自是吾輩之責。但如果我們更進一步思考，跨領域的課程設計不單是讓師生在教學與學習上得到「雙贏」，這種模式的課程也會讓學生了解到各種知識領域之間是息息相關的，於是乎「全人」教育的理想也才有發展的空間，[24] 未來的下一代也將更有創意、更知道舉一反三。

　　本書的做法是讓非表演藝術專長教師先熟悉簡便跨領域的課程教材，然後漸漸也習慣跨領域的課程設計，教師之間開放教室與協同教學的風氣也會慢慢提升。如此一來，也是間接鼓勵教師專業發展社群的成立，讓在職場上的教師們能有更開放的嶄新心胸，彼此對話且彼此學習。

（二）表演藝術教學法也可成為多元評量裡的一項工具

　　由於表演藝術重視實作，許多表演藝術的教學法不只能加深學生學習的成效，表演藝術有時也是教師們在進行多元評量時另類的評量工具。尤其在閱讀理解教育，學生必須有真實的理解後，再用肢體再現或轉化出意義。國立彰化師範大學美術學系鄭明憲[25] 在面對藝術評量時，特別指出評量作為課程一部分的必要性（assessment as curriculum）。好的教學評量會以類似教學活動的形式出現，減少斧鑿的痕跡，並以類似教學活動的方式來呈現。畢竟在有限的教學時數下，過多繁複的檢覈評量表未必會使學生感受到教學目標的重要，教師也未必能有時間做出補救的教學。尤其是在藝術教育中，學習的經驗就如同美感的經驗，應該是愉悅的。失去對美感的體驗，藝術就只會走向枯槁。所以不如藉由表演藝術的方式來發現學生到底學會了沒有。在要求學生表演的過程中，也將學習的意願及責任交還給學生，這正是十二年國教所強調「自發」的學習。

　　當學生真心想達成目標時，一旦發現不懂的地方，他們都會迅速詢問老師或同學。表演藝術能大大提升學生學習的意願，因為表演課強調實作中學習，

24　張曉華，2007：56。
25　鄭明憲，2014。

比起其他學科較為有趣，且學生一定要對所學習的課題有深刻的理解與推理詮釋，才能生動地演活一段情節，甚至一個劇本。除了學習表演藝術能夠寓教於樂外，尚能合乎十二年國教的精神，以表演藝術協助其他科目與領域的「溝通互動」，達到跨科與跨領域的學習。因此，本書中，將介紹的創意讀書教學法，也適合作為語文科檢視學生閱讀理解之工具；此外，若是遇到了故事性長篇文章，建議使用「定像」的技巧，能測出學生對文意及文句理解的程度。而在數學科中，利用身體表演「對稱」形體或式樣的概念，也是確認學生是否理解的好方法。在自然科學裡，請孩子們用身體排出不同的葉脈長相，更是直接的反映出學生對「平行脈」、「網狀脈」、「叉狀脈」和「放射脈」四大類的概念，抑或是植物葉序裡「對生」、「互生」、「輪生」與「叢生」的觀念。[26] 而在社會領域裡，臺灣五大地形——山地、盆地、丘陵、平原和臺地等，用身體來呈現也會比單純以文字描述更加直覺與清晰。

　　值得一提的是，教師在檢核學生學習的過程裡，係為一邊「測試」一邊上課。由於學生們是以合作的形態一起實作學習（參見圖2-5），所以補救教學也透過同學間互相討論的歷程反應（就像以考試檢核一樣），讓教師從學生的實作反應中，更加清楚地關照學生的個別需求，同時間還在進行上課。這樣的教

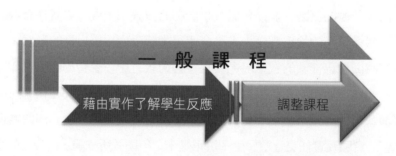

一　般　課　程

藉由實作了解學生反應　　　　　調整課程

圖 2-5　一邊上課、藉實作一邊檢測與調整課程

---

26 關於「葉序」的概念可參考中央研究院植物研究所網站 http://taiwanplants.ndap.org.tw/leaf06.htm。

學評量方式才不至於「頭上安頭」，[27] 又要額外花費時間測驗，徒增第一線教師的困擾，也減輕其教學負擔。

　　教師們一定要認知到，若單純進行評量造成學生們放棄了學習，或是對於所學科目產生無比的恐懼，那還不如不做評量的好。一旦學生對課程失去興趣，學生們只會離「終身學習者」的理念越來越遠，更遑論要學生持續保持「自主學習」的動力。失敗的評量，或是為評量而測驗的考試，只會讓學生離核心素養的教學更遠而已。

四、小結

　　表演藝術的課程係「以學生為中心」，其評量的向度絕對無法單一，必定以「多元」的方式（或稱核心素養導向）為本位在學期內進行評量；其模式係以三面九項的內涵出發，衍生出學習重點，視其含括之學習內容進行教學，將對應其學習表現之規準進行評量的向度。

　　再者，表演藝術的教師無論是舞蹈、戲劇或影視類科畢業，其專門課程的養成，均是理論與實務並重，無論在劇場空間或影片拍攝，均符合「做中學」的培訓過程。教師傾向珍惜與每一位孩子相處的時間與場域，其於新課綱中有其獨特的重要性，因為表演藝術生成就是跨領域，它來自於各學門匯聚於一身，正似「人」的四肢百節匯聚於一體，唯獨不同在於運用藝術的假定性，來建構一堂既有趣、又有主題的課堂內容。

　　跨領域也是如此，表演藝術不僅易於跨科與音樂及視覺藝術協同，也易於跨其他七個領域來進行教學，達成三面之「溝通互動」與九項之「藝術涵養與美感素養」。師長可以適時適切地使用表演藝術教學於各領域的課堂中，不僅符合《總綱》的跨領域教學，也能提升學生的學習動力，增進學生的學習成效！

---

27 比喻事務重複，疊床架屋。

第三章
表演藝術應用於班經實例

　　班級經營在校園中是相當重要的議題，幾乎是所有老師的必備技能。不論是在包班制的小學或是分科授課的國中，沒有一個老師不需要班級經營的。班級經營是老師與學生之間的默契，先有好的班級經營，才能確保授課的品質與學習的效果。但是，許多老師並不知道表演藝術其實提供了許多策略和遊戲，可使班級經營更為順暢。一個班級要成為一個有榮譽感、能共同合作的班級，**表演藝術應用於班級經營是相當有效的，**[1] 更是教師「情意」教學的利器。例如王娟的《肢體密碼——戲劇輔導手冊》[2] 一書中就提供了許多教師要面對的校園挑戰，並且提供許多戲劇活動來作為挑戰解決的方法。

　　本書將依照教師職務角色需求，將班級經營可用的表演藝術教學法分三方面說明。一是協助科任教師的表演藝術活動；其次是協助導師班級經營的表演藝術活動；最後是利用表演藝術的教學技巧來協助導師進行品格教育及防治霸凌。

一、協助科任教師[3]的表演藝術活動

　　對於跑班的老師來說，因為教授的班級數眾多，時常能發現不同的班級有其不同的學習氣氛和態度。有些班級很容易投入教師安排的課程中，而有些班

1　O'Toole, & Dunn, 2005: 72.

2　王娟，2001。

3　科任教師為專科教師的通稱，俗稱「跑班老師」；例如一位表演藝術教師沒有擔任班級導師工作，他到各班級執教表演藝術課程，一學期大約二十堂課，一週就需要至二十個不同班級授課。相對於級任導師，因為擔任班級導師減授鐘點，在國小減授大約四小時，國中則大約六小時。

級則讓人感到頭痛。雖然有時候班級學習氣氛和班級組成有關，例如學生原生家庭的社經地位，但是對於教師自己來說，教學的成功與否端賴於自己的班級經營方式，是不能完全推卸責任給學生和家長的。

　　對任何一個班級的老師而言，學生上課時「專心」課堂上的相互「合作」十分重要。而「專心」與「合作」這兩種能力也正是初階創作性戲劇所必須進行的項目。[4]因此，在「專心」方面，筆者在課堂教學時，都會以三個觀察指標來告訴學生他們是否達到：分別是「眼到」、「耳到」、「身體不要亂動」（動作是按導演或老師的指示才動的）。而「合作」方面，筆者亦訂出「傾聽」、「做好自己的事」及「不批評、不抱怨」三項標準來要求學生。建立指標的原因是方便學生自我檢核。將檢核指標帶入戲劇遊戲，也能更快使學生們感受到戲劇遊戲進行時背後的教育意義。此外，在引導學生遊戲時，若有競賽性質，為了提醒學生「相互尊重」這種人與人相處的核心價值，並遵守應有的禮貌，筆者常和他們說《論語・八佾》中的文字：「子曰：『君子無所爭，必也射乎！揖讓而升，下而飲，其爭也君子。』」意思是君子沒有可爭的事情，要爭的話，就只有射箭比賽：賽前互相行禮，賽後互相致敬。這樣的競爭，才具有君子風度。」所有的表演藝術遊戲都應有發乎情、止乎禮的內在涵養，才能讓表演藝術中的美、善力量真正發揮效果。

（一）「專心力」養成遊戲

　　不可否認戲劇教學中本來就有很多破冰遊戲就是用來訓練學生專心和合作，而專注力甚至是創作性戲劇活動成功與否的關鍵。[5]這些專注力遊戲可以提供教師了解學生是否已具備好投入課程的身心質量，因此教師們不論教授哪一科都需要培養操作「專注力」遊戲的技能。

4　張曉華，2007：146-172。
5　Salisbury, 1994: 18.

舉例來說，「快問快答」就是一個放在課程開頭的好遊戲。老師可以準備一些符合學生程度的問題，在兩分鐘內連續提問，並要求學生直覺又快速地一起大聲回答。漸漸地，在幾堂課後，老師所準備的問題可以一起加入這學期上過的重點，讓學生在快速提振精神之餘也能有簡單的複習。除了「快問快答」，「音效點名」也是一個能很快吸引學生注意力的好方法，老師可以藉著點名，要求學生發出特別的聲音回應。例如，請學生發出貓叫聲、狗吠聲或是一種機器的聲音等。「音效點名」一方面可以聚集學生的注意力，另一方面也可以是一種聲音的暖身，[6] 可以接續引導出多種主題學習遊戲。

另外本書介紹的「**名字遊戲**」也是協助專心的好方法，[7] 還有像是「**團體報數**」類型的遊戲也很容易使學生感覺到專心的重要。首先，老師可準備一個雙人報數遊戲，甲、乙兩位同學，一起反覆並接力式地喊出「一、二、三、四、五」（依此循環）。因為人數是雙數，而要報的數字是單數的，所以第二輪後他們念的數字會交換，若不夠專心很容易就接錯數字（例如有人說「六」）。

而在團隊的活動上，可以先簡單圍成圈並依序報數，學生們可以視班級人數依序喊出固定的數目字，如 1 到 30，之後大家再挑戰一氣呵成的速度。學生會發現只有足夠的「專心」和「合作」，團體的表現才能越來越好，完成任務的速度才能越來越快。**互相責怪加上漫不經心只會讓團體的表現更糟糕**。在固定報數之後，可以請學生挑戰隨機報數。規則是學生不報自己班級座號，也不依照圍成圈的隊形報數。每個人可以在自己覺得合適的時機向前一步，報出號碼，但若是有兩個人以上都在同一時間報數，則遊戲就重新啟動。遊戲結束在每一個人都報數之後。

上述遊戲不只可以訓練學生專注，更可以讓他們學會「傾聽」每個人潛在的個性與情緒。更進一步的遊戲可進入「**朗讀接力賽**」，[8] 也就是使用既有的課

6　詳見本書第五章讀者劇場練習部分。

7　可請學生坐成一圓圈，圈內表演者一人或是數人一組，以肢體之動作，表現他正使用某件東西或做某些事情，讓大家猜。每人或某組做一項，讓全班猜，輪流實施至完畢止。

8　萬琦霞，2004：47。

文或劇本讓學生接力讀出來，老師可隨時更換朗讀者，而每一位參與者必須接得天衣無縫，一點都不能遲疑或吃螺絲。其他相關遊戲還可參閱《劇場遊戲指導手冊》一書中所介紹的「連珠砲」。[9] 當孩子們熟悉「專心」與「合作」的態度後，就可以更進一步去探索不同感官的專心遊戲。

　　舉凡視覺觀察、聲音與觸覺專注遊戲都可以讓學生更全面運用在生活中。[10] 在視覺專注力的活動上，可以使用「殺手遊戲」[11] 或是《戲法學校》中介紹的遊戲「三個改變」[12]，或者《上課好好玩》裡的「衣夾在哪裡」[13] 和《戲劇遊戲指導手冊》中的「一條龍」。[14] 若是比較大的孩子，則可以進行「舞臺定點專注力」與「移動式專注力」練習。[15]

　　而聲音的專注力遊戲可以選用傳統的「一、二、三木頭人」系列遊戲，如《表演藝術120節戲劇活動課》裡的「123什麼人？」單元即是其中之一，[16] 或《戲劇遊戲指導手冊》中的「街頭巷尾」。至於在聲音與肢體的專注遊戲，可以先利用「指揮」的概念來設計遊戲，[17] 如《表演藝術大公開》介紹的「『聲音大』和『聲音小』」遊戲。[18] 之後延續「指揮」的概念，訓練學生為同學「傳球」來配音，首先選出兩位相互傳球的同學，並且給這兩位同學一個如排球大小的塑膠瑜珈球，接著要求兩位同學相距約六公尺，儘量以不同模式傳接球。而班上其他同學則可發給不同的樂器，越多種樂器越好。當兩位同學在傳球時，其他同學必須以手上的樂器來為他們的傳接球配音。配音的音量、音色、速度必須符合中間傳接球同學的身體動作和球的速度。遊戲到一個段落，同學可以交換樂器，場中傳接球的任務也可以換人試試看。

9　Spolin, 1998: 26.
10　張曉華，2007：142-155。
11　廖順約，2005。
12　趙自強、徐琬瑩，2002b。
13　Koehler-Pentacoff, 2003: 12.
14　Spolin, V., 1998: 60.
15　洪曉芬，2005：108-116。
16　張曉華、郭香妹、康瑛倫、陳俊憲、陳惠芬、陳鳳桂、張雪莉，2008：144。
17　黃金桂，2009：126-128。
18　葛琦霞，2004：46。

（二）「合作力」養成遊戲 [19]

　　除了「專注力」遊戲，訓練學生「合作力」的遊戲也是不可少的。在訓練合作之前，教師可以使用一些「破冰遊戲」與「信任遊戲」作為合作遊戲的暖身，像是「信任不倒翁」或是「猜猜我是誰」[20] 等。而仔細探究學生班級課堂所需的「合作」，又可以分為雙人的合作和多人的合作，上述兩種合作方式都是學生必須體驗的。

　　除了信任遊戲，筆者更推薦一個「我也是！」的遊戲以作為兩種合作模式的基礎。「我也是！」的遊戲能幫助學生了解到溝通與協商就是要找到雙方彼此都贊同的做事方法，也就是雙贏的策略。有了這樣的概念，會使學生在進行群體合作時更加順利完成任務。教師先將班上隨機分組，約每四人為一組，接著請同學們每組進行討論。討論主題為「本組每一個人都喜歡做的三件事情」，為了使討論有效率，當組內有人提出自己也喜歡的事情時，要即時大聲地說「Me too! Me too!」同時雙手高舉，雙手的食指與中指輕輕勾兩下，做出英文中引號的手勢。

　　在每組都完成後，請各組派一員發表結論，在發表的同時，聽眾只要聽到與自己一致的想法或興趣，也要毫不猶豫地配合手勢喊出「Me too! Me too!」等大家都發表完後，老師要提示合作溝通就像在找共同都喜歡的事，每一個人遇到難題要以團隊任務為重，不要太堅持己見，要去找出共同都喜歡的做事步驟。這個遊戲可以在許多分組工作活動前先進行一次，讓「找到雙贏」成為孩子們在共同工作時的習慣。

（三）「雙人合作」養成遊戲

　　《戲法學校》裡的「盲人與狗」[21] 單元就是一個典型的雙人合作遊戲，這

19　邱鈺鈞，2016a。
20　趙自強、徐琬瑩，2002b：36。
21　趙自強、徐琬瑩，2002b：108。

類遊戲的核心價值就是學會「跟隨」。「跟隨
型遊戲」可以有許多種變化，如「折紙遊戲」
（paper bold）[22]、「鏡子遊戲」（mirror game）
與「鏡子說話篇」[23]都是好的示例。

圖 3-1　握手跟隨遊戲

　　其他簡單的方式如「**手手牽引**」（圖 3-1），
其操作方法如下：兩人面對面且不許說話，教師
要求雙方都張開雙眼後，兩人的右手如打招呼一
般地握好。其中一人當領導者，而另一個人則扮演跟隨者，但領導者與跟隨者
必須保持握手的姿勢不變。領導者輕柔地、體貼地移動自己的腳步，移動時需
改變自己的高、中、低水平位置。而跟隨者需要用手「傾聽」領導者的意圖，
隨著領導者在舞臺上進行的空間移動。

　　除了握手之外，遊戲也可以改為領導者以單隻手掌貼住跟隨者的背部，並
且規定兩人之間的身體接觸是不能脫離的。後方的領導者可以用手掌接觸的輕
重與位置，來暗示前方跟隨者的移動方向和速度，或者請學生兩兩以食指接觸
麥克筆來進行「牽引」活動。使用麥克筆當道具，必須要求學生們在動作時不
可以讓筆墜地，兩人身體其他部位也不可以碰觸到筆。

　　最後「手手牽引」也可以進階到「跟隨遊戲」。在「跟隨遊戲」中被領導
的一方變成完全的跟隨與複製，不管領導者在前方做什麼，領導者身後的跟隨
者都要完全重複一次。這個遊戲在對學生實施時，要提醒學生動作要有段落性，
如八秒停一次，以方便後面的跟隨者有機會記憶和學習。場地的選擇也以專業
的舞蹈教室為佳，因為跟隨者可以透過鏡子觀察到不同視角的動作變化。跟隨
遊戲的進階玩法可以先兩人一組，領導者在走動時可突破向後轉，跟隨者也必
須同時向後，在瞬間交換領導權且兩人目光不可接觸。之後每一個兩人小組可
以和其他小組結合成為更長的隊伍，在領導者轉身時就可以見到優美的漸層動

---

22 Koehler-Pentacoff, 2003: 5.

23 趙自強、徐琬瑩，2002a：91。

作與默契。

　　類似的雙人遊戲還有「千里眼與順風耳」、[24]「背後猜寫字」、[25]「你動我不動」[26]和「雙手釋情」（雙簧）[27]，都很能訓練學童之間的合作默契。如果要再進一步加強雙人合作、更細膩地覺知夥伴的心意，可以兩人一起玩「同時拍手」的遊戲，並進而發展到「背對背」遊戲。「同時拍手」是很快訓練「傾聽」的遊戲，方式如下：教師要求兩人面對面一起拍手，但聲響只能是一，不能是二。兩人必須仔細觀察彼此的動作速度，方能產生一致性的聲音。之後繼而進展至「背對背」遊戲：教師需先要求學員兩人背對背站立，用心以背部感覺對方的動作。然後兩人一起蹲下，進而坐下，接著由坐下再一起慢慢背部緊貼著站起來。站起來之後還可以繼續考驗，彼此腳跟先離開一個肩膀寬度，透過背部覺察對方想要離開的想法，在最好的時間點一起分開各自站好。過程中不是一個人利用背部推開另一個人而使兩人分開，而是兩個人很有默契的一起站好，並不依靠對方的力氣。最後，當兩人有更佳的默契時，就可以進行「**隔空牽引**」的遊戲，其花樣和類型頗多，如「放風箏」的遊戲，一個人當風箏，另一個人當操作風箏者，[28]或是將某種想像情境導入兩人之間，導入的意象可以是拉傀儡絲線、功夫過招、形塑磁鐵的兩極形成相吸或相斥的作用、探照燈與獵物，[29]又或者是進行打某種雙人球類競賽，[30]甚至想像以扇子搧羽毛、絲巾等，[31]讓心靈意象能引領的動作質感的事實被學生察覺。當上述活動都磨練過後，就可以進行戲劇即興活動，例如：一人先做一半某種動作，再由另一人接續完成之。像是開車、騎車、打拳、植樹等都是很好的主題。過程中老師可以隨時喊「交換」，讓每一個參與者都不能停止觀察夥伴，且繼續保持在高度的專注狀態中。

24　葛琦霞，2004：26。
25　張中煖，2007：157。
26　趙自強、徐琬瑩，2002b：42。
27　Koehler-Pentacoff, 2003: 70.
28　張中煖，2007：151。
29　陳義翔等，2011：42。
30　林玫君，2016：124。
31　張曉華，2007：163。

最後將介紹一個對班級經營相當有幫助的雙人合作遊戲——「聲音調整器」。目標是希望學生感受自己說話的速度、了解自己說話時聽眾的感受，並同時享受和他人和諧的互動關係。遊戲步驟如下：

1. 在團體中分組，讓兩個人一組。一個人代號 A，另一人代號 B。
2. 利用任務來培養雙方合作感情（例如：兩人用身體或手臂擺出數字及注音符號）。
3. A 同學快快說給 B 聽，接著請 B 發表感受。三分鐘後，再請 B 快快說，A 傾聽。最後由 A 發表感受。（最好在發表時可以讓全班同學聽到，相互提醒。）
4. A 同學慢慢說給 B 聽，接著 B 發表感受。三分鐘後，再請 B 慢慢說，A 來聽。最後由 A 發表感受。
5. A 用正常速度說話，而 B 用手勢高低來調整 A 的速度快慢，直到 B 覺得聽起來順耳為止。
6. B 用正常速度說話，而 A 用手勢高低來調整 B 的速度快慢，直到 A 聽起來順耳為止。
7. 老師隨機請同學用調整過的速度來分享自己的心得。

畢竟，表演藝術是一種表達，清晰地表達自我的主張至關重要。雙人的合作是團體合作的基礎，學生若能掌握雙人合作的精髓，則進一步的團體合作必能順利進行，達到自然而然地契合。

（四）「團體合作」養成遊戲

團體合作遊戲有很多，廣義地說，幾乎所有兩人以上的表演藝術活動都可以視為「團體合作」的養成遊戲。但是仍有一些特別強調合作默契的，如《戲法學校》裡提到的「團體紙捲」、「心電感應」、[32]「有鯊魚」、「盲蛇」[33] 都

32　趙自強、徐琬瑩，2002b：84、48。
33　趙自強、徐琬瑩，2002a：42、102。

非常實用。《兒童戲劇教育──肢體與聲音口語的創意表現》書中提及的「零件總動員」[34]或其他傳統遊戲，如「支援前線」、[35]「比手畫腳」、[36]「兩人三腳」、[37]「故事接龍」[38]等也都可以運用於戲劇和舞蹈課程當中。

　　不只如此，教師們其實可以利用「教師入戲」的方式將一些團體動力遊戲結合在一起，讓團體動力遊戲伴隨著故事的情節成為劇場遊戲。例如「呼啦圈」[39]就是一個很好的教具可用於表演藝術教學，而教師在介紹呼啦圈活動時，可以先介紹章魚的生態與故事：「因為章魚是最聰明的無脊椎動物，具有三個心臟與複雜的神經系統，很容易就可通過狹窄的隧道取得食物。章魚的靈活與腕足細胞間的互助合作就是我們要學習的。」

　　在互助合作訓練的前提下，第一種常見的呼啦圈玩法，是一群孩子手牽著手，他們必須使呼啦圈由第一個人傳到最後一個人，但過程裡雙手都要牽緊不可以放開。要增加遊戲難度時，可以一次使用兩個呼啦圈，且兩個呼啦圈以約60公分的繩子連起來。由於串起來的繩子大概是一個手臂長，無法以一個人

圖 3-2　團體呼啦圈合作遊戲

的動作處理，所以會增加合作與關注同伴的機會。[40]另一種方式則可以全部人先手牽手，第一位同學和最後一位同學兩人各持呼啦圈的一端，將隊形構成圓型。然後要求所有人都必須由呼啦圈內通過，只有拿著呼拉圈的兩人可以用手掌接觸到呼啦圈，其他人的身體部位都不可以碰到呼啦圈（圖3-2）。

34　林玫君，2016：123。

35　張中煖，2007：157。

36　張中煖，2007：145。

37　張中煖，2007：155。

38　Koehler-Pentacoff, 2003: 79.

39　張中煖，2007：150。

40　陳子瑜，2013。

另外，「搶位子」遊戲也是在校園中訓練團隊合作默契的一個很棒的活動（圖3-3）。首先將一個班大致分三組，每組約十人，每位同學帶著自己的椅子來到遊戲場中央。先將十張椅子隨機分布在活動場域，並且請這十張椅子的主人先坐在自己的椅子上。在十人之中找一個人扮演機器人，機器人必須配合教師節拍器的節奏走路和動作（主要是坐下）。首先請機器人站在離自己位子最遠的另外一個角落出發，他的任何動作皆需跟隨節奏，而機器人唯一的目標就是找到一張空的椅子坐下來。反之，場地上其他參與者的一舉一動則不受節奏限制，快慢皆可自主，但唯一的守則是不可用交談、眼色及手勢來和其他參與者交流。非扮

圖 3-3　搶位子遊戲

演機器人的參與者，他們的目標就是要避免機器人坐下來。萬一機器人在遊戲中成功坐了下來，大家要一起分析檢討是誰的誤判與心急導致失敗，並由該同學來扮演機器人重新再玩一次。以一個班級來說，每一組大概可以玩個五至六次，三大組若輪完需要用一節課的時間。

搶位子的遊戲不只是訓練孩子們合作，更是要求孩子們聰明地合作。要讓機器人找不到機會坐下來，必須要有默契、有策略及穩定觀照全局的能力。而扮演機器人的同學則可培養冷靜的心情，越冷靜越會使其他人心急並且犯錯。使用節拍器也可訓練孩子們的節奏感，對於舞蹈和音樂表演有一定的助益。

此外，前文所提過的跟隨遊戲，也有刺激眾人合作默契的玩法，這個玩法我們姑且先命名為「魚群」。首先教師請學生想像大海裡的沙丁魚群，魚群的活動總是很有默契地一起快、一起慢、一起改變方向、一起高、一起低。教師可以先將大班級分作兩半，彼此競爭，看誰比較有默契。一方面可以解決大班級人數太多的問題，另一方面也能刺激學生彼此觀摩。學生分組後，老師都要

介入一開始的活動。不論哪一組，遊戲開始時老師先帶領群體，大家共同排列成一團，學生完全模仿老師的動作。之後老師突然轉換身體方向，於是領導權就交給了隊形最前方的學生，並由該生帶領所有人運動。領導權的轉移就在一次一次的變換方向中，讓每一個人都有機會當領導。學生假扮的魚群在默契最佳時，甚至可能自然分裂成兩組，再一會兒後，又自然地融合為一。類似「魚群」這樣的遊戲還有「多邊運動」的玩法，舉例來說若是「五邊運動」，則先找五位同學上場，在五位同學中指定一位為頂點，之後每個人要固定與其他夥伴之間的距離，然後四人跟隨頂點同學的腳步方向、速度而動。頂點同學也要注意場地大小與範圍，領導同學移動時，要注意彼此的安全，不可使其他同學受到傷害。另外，教師們亦可在地板上畫出一個舞臺區，來考驗扮演領導的同學。同樣地，「多邊運動」遊戲應該輪流由不同孩子來扮演領導角色，讓每個人都體會一下擔當領導工作的責任。

在創造性舞蹈遊戲中，另有「填補空間」遊戲值得推薦，並同樣能訓練學生合作。「空間」為舞蹈動作的重要元素，「填補空間」的遊戲不只在練習合作，更可以協助學生對空間覺察。首先請一個同學站上舞臺，擺出一個如雕像般靜止的動作。其後一位同學也要踏上舞臺做出一個雕像動作，但必須與前一位同學填補彼此身體所相互遺留之空間，而且不能產生肌膚的觸碰。「填補空間」的遊戲可多至八到十人，每一次上舞臺進行填補空間任務時，實作者要考量先前幾位同學已經用上的水平高度，不停地變化高、中、低間水平的差異，最後整組所排出來的造型才能具有視覺上的美感，且讓學生們有肢體上之開發。

讓表演課的孩子有合作的基本信念後，這時教師就可進行團隊的戲劇即興遊戲，例如：一小組人共同搬一塊想像物（大片玻璃、一個講臺、一個衣櫃、木板等）到某處，經過不同之處，如樓梯、門、轉彎等之後，再放置妥當。[41] 或者在老師說完一段故事或課文後，共同用身體來組合出故事中的成語、場景或特殊角色（如怪獸、聖誕樹、飛機、船艦等）。

---

41 Koehler-Pentacoff, 2003: 46.

　　此外，教師們更要用「**角色扮演**」的方法，來示範團體合作時一些協商的話語技巧。例如有些小朋友在一旁自己玩得太起勁，忽略了同學正在討論老師出的題目。教師可扮演同學，以同學的口氣說：「你們先不要玩啦！我們趕快討論好，趕快做出來，等一下就有更多時間可以玩了啊！」或者有人不參加討論，獨自一人孤立在討論圈外。教師扮演的同學可以說：「怎麼啦！你是不是不敢表演，我們幫你想一個簡單的、你可以做的任務給你。不要怕喔！一起來吧！」又或者有人很霸道，一定要大家依照他的意思進行表演。教師又可角色扮演地說：「好啦！我們先聽你一次，下個動作換你聽我們的喔！我都讓你了，大家要互相幫忙才是。」

二、協助導師班級經營的表演藝術活動 [42]

　　國小導師在俗稱「包班制」的課堂裡，座位大多在教室後側，與學生相處又要建立親師關係，對學生的影響極大。導師不只需要具備科任老師的班級經營技巧，其被賦予的任務通常更多，因此更需要表演藝術課程技巧的援助，以建立特色課程、配合校園大型活動、特教學生的情緒流導、活化補救教學的進行。

（一）建立「特色課程」

　　班級導師經營一個班級，首要必須使學生信服老師，相信老師的教導。最好的方式就是透過教學活動或某些學校大型活動來展現自己班級的特色。例如阿蓮國中的許靜芳老師曾於 2016 年 9 月，藉著一場班級偶戲展演活動「偶然相遇」，成功吸引家長們主動參與班親會，並激起家長與學生的熱烈迴響，[43] 對

42　邱鈺鈞，2014c。
43　http://news.ltn.com.tw/news/life/breakingnews/1836637.

班級產生極大認同。故一個熟悉表演藝術教學的老師所經營的課程活動，本身就會形成一個極大的特色，這樣的特色會讓學生和家長們知道其班級孩子是與眾不同、是幸福的。再者，「特色課程」也是班級導師在班親會自我行銷的利器，直接簡短的教學演示或表演課堂精華，都會很快讓家長放心。家長馬上會知道學生是在快樂的環境下學習，師生關係是融洽的，學生創意是被鼓勵的。在商業週刊第 999 期，〈快樂學習　加速腦神經連結〉一文中談到：

> 感情激動或特別快樂的狀態，神經元的連結會被血清素與多巴胺兩種負責製造美好感覺的賀爾蒙引發出來，也可能「連結一次OK」。所以，熱情與快樂的情緒，確實對學習有莫大意義。[44]

因此在表演藝術課程中孩子純真的笑容確實是值得重視的。筆者在長期表演藝術課的教學經驗中發現，**孩子純真的笑容**不只有利於他們的學習，更對老師有治療和鼓舞的作用。看到孩子的笑容，許許多多的辛苦都有一種值得的感覺，也更有繼續打拼的力量。

（二）配合校園大型活動的挑戰

臺灣校園中小學校園中，許多教師都會面對學校有整體性大型活動的需求。有些是教育主管機關的要求，有些是傳統上的個別校慶活動，像是反霸凌的「友善校園週」，或是喚起家庭親情的「祖孫週」，乃至學校運動會，教師們都必須想出有創意的點子來完成學校行政要求達到的任務。

例如在校慶運動會上，常常可見各班需在開幕進場時要有創意進場的經驗。這時如果教師曾學習過偶戲杖頭偶的製作，就可以製作出超大杖頭偶讓學生操

---

44 曠文琪，2007。

作（圖 3-4）。不單視覺上吸睛酷
炫，學生又能發展自己的創意，並
對自己的班級產生向心力。當超大
的杖頭偶回到班級休息區時，也能
成為很棒的班級地標，讓來訪的家
長遠遠就能看到授課教師的用心。
而在運動會進行時，場邊的啦啦隊

圖 3-4　運動會進場結合杖頭偶操偶

精神錦標競賽也是表演藝術課程很好發揮的時候。教師可以協助學生改編歌曲
成為班歌，設計歌唱時的動作和各式口號，最好再加上製作超大杖頭偶一起演
出，一定可以為普通的啦啦隊競賽帶入新的創意。

　　此外，中學的表演藝術課裡常有特殊化妝課程，若用「老人妝」的教學[45]
課程結合祖孫週的活動，將易使學生們能體會家中長者的生命經歷。因為要扮
演老人，在無形中教師製造了機會讓青少年去了解不同世代，也會讓學生們更
為敬重長者。同樣「傷妝」[46]的教學也能運用在反霸凌的「友善校園週」，或
英語領域課程常見的萬聖節主題活動等。由於表演藝術課程的巧妙搭配，過去
生硬的教育宣導活動，很可能改頭換面成為學生們最期待的校園活動。

（三）特教學生的情緒流導

　　導師在國中小學內所負擔的業務繁雜是眾所皆知的，但是讓許多導師最傷
神的還是班級上融合教育的學生們，其中大概是以情緒障礙類別的學生，如過
動症、自閉症的孩子們最常見。而表演藝術之技巧諸如「角色扮演」，或是與
地板及各式材料的接觸，在某些時候也能協助這些學生穩定情緒，讓他們內心
裡的能量因為肢體動作得到調整和抒發。[47] 例如，過動症的孩子可以在表演課

45　陳鬱凡，2012：70-83。
46　陳鬱凡，2012：27-67。
47　Landy, R. J., 1998.

中盡情地抒發多餘的能量，在某些緩和活動中，運用肢體的向內動作將注意力收回來，以覺察自己的狀態；自閉症的孩子可以在表演課中轉移固著的注意力，在向外延展的動作中將注意力外放。

（四）活化補救教學的進行

　　當學生在各種學習落後時，教師們總希望能於課堂為學生進行即時的補救教學，可是學生的學習意願往往是低落的。此時若能善用表演藝術教學法，教師們就能再次提起學生學習的意願。因為表演藝術的教學技巧，善用了遊戲化及情境化的教學策略。孩子會以為在玩新的遊戲，而忘記了先前學習時的挫敗經驗。如此一來，教師就可加強學生反覆學習的強度，幫助學生由另一個方面來了解學習內容。在此，之前提供的「**隔空牽引**」遊戲就非常好用。像是有些低年級學生對 A 至 Z 的字母順序終始不熟，這時就可以玩一個「ABC 指揮家」的遊戲。教師請學生逐一出來表演指揮家，但每一個上臺的指揮家都必須用身體不同的部位來指揮全班同學由 A 唸到 Z，全班同學唸讀的聲音質感必須緊密配合臺上指揮家的動作。等全班同學都輪過一次，A 至 Z 的字母順序已經反覆練習好幾次，學生的身體與聲音表演也得到開發和探索。

　　除此之外，當教導學生華文成語時，也可以用靜止雕像的技巧讓學生將成語表演出來。特別是華文成語的理解往往不能望文生義，許多孩子只依賴師長講述並不能牢記在心。此時若讓三到四位同學於講臺前一起用身體演出該成語的靜止雕像，對於理解力較慢的孩子們而言是十分受用的。特別是與動物相關的成語，在進行這類活動時會特別有趣，老師可以不費吹灰之力地贏得學生的注意力與快樂的笑容！

三、協助導師進行品格教育及防治霸凌

許多表演藝術遊戲本身就具有培養「同理心」的功能，學生可以藉著遊戲學會更清楚感知夥伴的情緒；藉著模仿更清楚了解彼此的經驗。例如鏡子遊戲、名字遊戲（name game）或是猜領袖（Who started the motion?）。[48] 當「同理心」被長時間的關注與培養後，班級氣氛容易和諧，霸凌事件也會較少發生，因此教師們在進行學生情緒疏導時，偶爾利用一些「心理劇」或是「一人一故事劇場」（playback theatre）也是不錯的。[49] 當教師發現學生相處中已經透出霸凌的氣息，則可以和學生們分析霸凌事件的發生是階段性的，事件的發生可分為「潛伏期」、「萌發期」與「爆發期」。[50] 當此時倘若能運用 still image 的表演藝術習式或者改良式論壇劇場 [51]，就能幫助學生看清自己的行為，並且防患於未然。

例如彰化縣二林高中的梁雅茹老師就曾在《我的朋友小豆子》的創作劇本裡運用本書介紹的 freeze frame，教導學生同理特殊教育同學被欺負時可能的狀態。因此就算霸凌事件已經發生，也可藉著戲劇活戲回溯情境，仔細思索並反思自己在情境的當下，是不是有其他的可能和選擇。若當事者不能做出反應或者拒絕做出反應，也可以巧妙地請同學用同理心的方式，做出當事者可能的反應；抑或由被壓迫者擔任導演的角色，由無特定立場的同學來演出導演覺得應該做出的反應。過程中如同敘事治療讓想要的事情發生，讓孩子成為自己的主人，更進一步提供給孩子們一個見證的儀式。有舞臺、有觀眾、有多方的討論，讓所有學生都有所學習。[52]

---

48 Koehler-Pentacoff, 2003: 11.

49 張曉華，2007：53。

50 何祐寧，2010。

51 O'Tode, Burton, & Plunkett, 2007.

52 黃錦墩，2012。

　　上述三類國小教師可以運用表演藝術於班級經營的技巧，從科任、導師與品格及霸凌等面向來實施，提供予教師們分享。遊戲在於簡單入手，視班級需求而調整改變。此外，教師們若想嘗試又缺乏現成劇本，可參考《兒童愛演戲》一書中的第十三單元「哪裡犯了錯」，[53] 或是《教育戲劇跨領域統整教學》一書中的「不是我的錯」以及「不怕大野狼的小紅帽」。[54]

---

53 Ackroyd, J., & Boulton, J., 2006.
54 張曉華總校閱、郭香妹策劃，2014：108、235。

第四章
創造力教學

　　十二年國民基本教育的藝術領域，其表演藝術屬於多元智慧中的動覺藝術，教師在課堂上運用表演藝術教育，看到學生的想像力被驅動，展現自己的創意，顯示雙方的創造力也隨之發展。創造力的發展對於國家教育方針格外重要，國際級 PISA 電腦化評量，在 2021 年加考「創意思考架構」（creative thinking framework）領域的素養評量，著重學生具備世代性、評價性與改善性的想法，其想法含有原創及有效的解決方案，以提升想像力所展現出來的知能與影響力。[1] 因此，在小學階段表演藝術的創造力教學與實作，不僅可以增進學生的創意思維，也能在實作中讓學生與同儕互動，提升其創意思考能力。

　　本章將先闡述創造力教學的重要性，再延伸談及跨科與跨領域如何教學，以及其與美感教育之連結性，並利用創造力來進行表演藝術遊戲，最後以一個創意教學的實例，分享與讀者，提供運用或參考。

一、創造力教學的重要性

　　過往人類的文明往往靠著許多人的自我挑戰和冒險才能跨越一大步。例如哥倫布（Christopher Columbus, 1451-1506）發現新大陸、莫內（Claude Monet, 1840-1926）開創印象畫派、愛迪生（Thomas Alva Edison, 1847-1931）努力研發電燈等，都揭示出自由、創新與冒險的可貴。

　　上述的創造力可分為大 C、小 C 與迷你 C，來自司徒達賢、樓永堅、吳靜吉與李仁芳共同主持的研究，明確解釋如下：

1　OECD, 2019.

在鼓勵和培育員工、學生的創造力時,我們可能要從迷你 C 的創意啟動,希望迷你 C 能轉化成小 C,而有些小 C 能轉化成大 C。[2]

心理學家在推動創造力的過程中面臨一些與信念有關的瓶頸。有人認為創意是少數天才獨有的,他們認定的創意是大 C;但近幾年有更多的人相信創造力可以學習,但他們強調的創意仍須通過老闆、老師或少數人評斷之後的小 C。

這些研究和推動創造力教育的學者認為要突破瓶頸,我們必須重視大小創意的源頭,那就是迷你 C 的創意。Beghetto 和 Kaufman 認為迷你 C 是指個人新奇和有意義地詮釋其經驗、行動和事件的轉化歷程;是自我判斷、內心理解與意義建構。

也就是說,哥倫布、莫內與愛迪生所展現的劃時代「大C」,我們可以在學校從「迷你C」開始,例如學生手上套著紙袋,並畫上眼睛,就可以玩創意偶戲。學生能在教師的引導與磨練之下,進展成「小C」的創意展現,在課堂中自我實現的越多,就越能增加其創造力,而擁有創造力,才能對 5G 與 AI 人工智慧的網路新世代產生貢獻。

何況英國的研究發現,孩子未來的工作有六成根本現在不存在,[3]而美國勞動部也認為未來的職業有 65% 是現在還不存在的。[4]因此,培養學生創造力不只是攸關國家未來競爭力,也是每一位教師的責任。而創造力教學關鍵就在於「解決問題的能力」。

例如,創作性戲劇或創作性舞蹈兩者的課程教學,在其本質上就是一種結構式「小C」或「迷你 C」的創造力即興活動,[5]教師們在表演藝術課堂中可以

---

2 吳靜吉,2007。
3 陳雅慧,2012。
4 林倖妃、李雪莉,2014:149。
5 張曉華,2007:56。

設計一些巧妙的結構，再搭配待解決的問題。這些問題需要學生動腦思考，並且由自己過去的先備經驗中，重新找出有創意的方式，使問題得到有效解決。[6] 不僅如此，由於表演藝術是統整性的藝術，[7] 所以教師所建構的問題需要多元技巧來解決，而這些技巧可以來自音樂或是視覺藝術，有時甚至需要科技的應用技術來協助解決；也因為涵蓋的範圍較廣，可發揮創意的機會也就跟著變多。

經濟合作暨發展組織（OECD）在 PISA 2021 創意思考架構（creative thinking framework）中，提供「寫作表達」的例題，係以在戲劇遊戲中使用的即興骰子，激發學生「口語表達的能力」（verbal abilities）。其題目為：

> 你正在玩一個遊戲，遊戲中你必須投擲骰子，然後將骰子朝上那面的圖像作為激發創意的來源，將圖像連結起來形成一個故事。在暖身階段，你只會用到兩顆骰子，現在連結右邊的圖像來創造兩個不同的故事，這些故事的構想彼此間要盡可能地不同。[8]

圖 4-1 骰出一個「箭頭」與「地圖」，學生看了兩個骰子，就得在七分鐘內寫下兩個不同的故事，並且不超過八十個字。這個題目測試的對象是十五歲的中學生，但若學生在國小階段就受過表演藝術課程的訓練，不僅可藉想像力結合生活創發故事，或是以「航行非洲發現木乃伊」、「死神COVID-19突擊世界」等為題來創發兩個具反差的故事大綱。從遊戲之中，可以了解各國學生創造力的等級，以及發揮創意與展現創意思維的素養能力。因此，增進臺灣學生的創意思考能力應從小做起，並在表演藝術課程中落實。

6　彭震球，1991：80-81。
7　張曉華，2004：369。
8　臺灣 PISA 國家研究中心，2020。

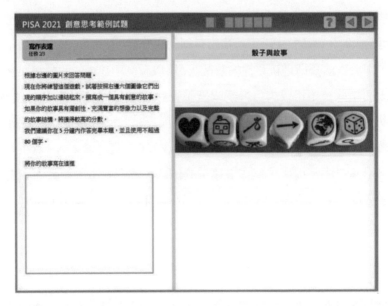

圖 4-1　PISA 2021「寫作表達」考題中以「故事骰子」檢測學生創意思維

　　落實表演藝術教育，可以從創作性戲劇做起，其本身在教學上就有激發學生創造力的目標。[9]《創造力：創意藝術的青少年教育》（*Creative Power: The Education of Youth in the Creative Arts*）作者邁恩斯（Hughes Mearns, 1875-1965）在其書扉頁上提及對於開發創作性戲劇的瓦德（Winifred Ward, 1884-1975），描述她「跟作者一樣相信兒童與青少年與生俱來愛好創造，其可發展為優秀的個人本領」。[10] 因此，只要教師相信學童與生俱來的創造力，藉由創作性戲劇或創造性舞蹈教學課程就能以「遊戲」（games）來刺激「想像力」[11]（imagination），因為在遊戲的情境中學生不易緊張，容易卸下心防，讓創造力徜徉並展現於遊戲裡。

　　在遊戲中徒具成功或失敗的體驗，並無現實生活中「成者王、敗者寇」的後果性，其定義並不是不可逆轉的，所以遊戲也會讓人更大膽地冒險嘗試（risk

---

9　張曉華，2007：51。

10　Mearns, 1958.

11　彭震球，1991：99。

taking）任何創新的可能。快樂地「遊戲」在創新的情境裡比硬邦邦的形式教條或技巧更為重要。教學者們若能利用正向的教學環境，採取較為寬容的態度來「賞識」學生的表現，對學生創造力的表現往往都有積極的影響。[12]

再者，遊戲就是一種情境的模擬與鼓勵式的教學環境，更是戲劇活動的前端。[13] 這樣的環境可以刺激學生依靠一己之力嘗試解決問題，磨練其態度與合作協商的習慣，妥善的設計遊戲並且帶著孩子們去實際操作，絕對能讓孩子在藝術領域保有創新與活絡的思維。遊戲再加上建構了一些虛擬的條件，「想像力」就會被開啟，自由組合、水平思考或重新定義舊經驗也就自然而然發生了。

在《天下》雜誌第 533 期中，特別談到「破壞式創新」的重要，[14] 很多時候如果只是在既有的框架中進行精緻化與效率的提升，不足以應付未來的瞬息萬變。過去十年，日本產業界所進行的「破壞式創新」只有「Wii」（任天堂公司的家用遊戲主機）做到，也因此日本的經濟令人感到活力有限。在國小時期，讓學童習慣於打破自己的框架，就是開展自己的創造力，迎向創新思維。如何讓孩子對藝術中任何的可能性保持開放性的態度？表演藝術恰好就提供了解答。因為表演藝術是一種包容性的藝術，既可以自在又有創意地連結各種科目，也是創造力教學中非常有效的工具。

二、創造力教學能激發藝術跨科協同與跨領域的教學

創造力的表達常常是天馬行空的，要完成一件具有創造力的產品也常需要跨領域的解決策略。十二年國教所強調的跨領域教學若是由創造力教學的觀點切入將會更具未來性。在臺灣，自九年一貫課程實施之後，藝術領域中的視覺藝術、音樂與表演藝術三科聯繫統整式教學一直是藝術教育的理想。但由於過

---

12 Runco, M. A., 2008: 211-212.
13 Winston, J., & Tandy, M., 2008.
14 吳韻儀，2013：160。

去師範院校體系的訓練，大多數師資仍是以分科教學為主，所以這個理想在一般學校是難以達到的。而部分教師們（例如桃園市大忠國小的師長們）卻不以此現況作為圈地自限的藉口，反而積極以領域內「跨科協同」教學的方式來克服彼此能力的界線。因為三科聯繫（connect），統整教學是有利於各類型學生理解與認知的方式，並且能使學子們發現藝術與生活的種種相關性。

　　舉例來說，曾參與全國創造力教學競賽的桃園市大忠國小教學團隊，在課程設計中使用了「對稱、漸層、平衡、反覆及對比」等美之形式原則作為授課的核心（參見圖4-2），由於視覺藝術的美之形式容易讓人產生美感，此原則也普遍出現於各類藝術形式，所以老師們是在一面探索美感元素下思考各類藝術如何融入、如何相互連結，一面在教學上努力形塑藝術領域，這也就是所謂的全人式教育（whole person）。

　　也就是說，課程先介紹視覺藝術課程中美感形式原則，之後再以創造性舞蹈演繹「對稱、漸層、平衡、反覆及對比」在肢體的可能性，最後導入古典音

圖 4-2　授課核心：美感原則

樂中帕海貝爾（Johann Pachelbel, 1653-1706）的〈卡農〉（Canon）一曲，用〈卡農〉配樂以及學生在校園中尋找到的美感圖像為背景，由三、四年級學生共同呈現「美感律動」的完整舞碼。

三、創造力教學於美感教育之實例

繼續以圖4-3中的〈美感律動：舞力全開〉為例。在確定好教案的方向後，社群的領導者並不要求其他成員依樣畫葫蘆模仿自己的教學方式，反之，只要方向合乎教學主軸，各個老師可以自由地發揮創意。例如：教案研究團隊老師分別用了五個有趣的名稱來系統化課程：以「相映成趣」來**尋對稱**、「隆河星

美感律動：舞力全開				
相映成趣 -尋對稱-	隆河星夜 -找漸層-	左右搖擺 玩撞色 -看對比-	數大便是美 -見反覆-	不倒翁的 秘密 -學平衡-
1. 視覺藝術：對稱建築賞析與創作 2. 音樂：「卡農」賞析／認識樂句的對稱 3. 表演藝術：對稱美感隊形創造 4. 尋找校園美感：對稱	1. 視覺藝術：漸層名畫賞析與創作 2. 音樂：「卡農」賞析／力度的變化 3. 表演藝術：漸層美感隊形創造 4. 尋找校園美感：漸層	1. 視覺藝術：對比名畫賞析與創作 2. 音樂：「卡農」節奏的快慢 3. 表演藝術：對比美感隊形創造 4. 尋找校園美感：對比	1. 視覺藝術：反覆名畫賞析與創作 2. 音樂：「卡農」旋律的反覆 3. 表演藝術：反覆美感隊形創造 4. 尋找校園美感：反覆	1. 視覺藝術：平衡名畫賞析與創作 2. 音樂：「卡農」音色的整合 3. 表演藝術：平衡美感隊形創造 4. 尋找校園美感：平衡

圖 4-3　系統化課程：〈美感律動：舞力全開〉

夜」來找漸層、「左右搖擺玩撞色」來看對比、「數大便是美」來見反覆，與「不倒翁的秘密」來學平衡。

　　此外，當教學視覺藝術的「漸層」美感時，語教系畢業的陳佳慧老師想到了很棒的方法。她首先請學生利用蠟筆或彩色筆排出色彩的漸層，接著磨練孩子們水彩技術，讓他們各自選了幾個自己喜歡的顏色，利用水分的多寡畫出單色色彩飽和度的漸層。

　　最後，要求他們將個人的「漸層條」剪開，讓孩子經過討論後，在班上排列出九十條色彩卡的大漸層，以感受色彩的變化。這樣正符合參與式藝術的做法，而且創造出極為令人驚豔的畫面。再者，例如在教攝影課程時，因為教學活動設計成員的引導方式不同，學生們不只是觀察學校建築物的美感特質，更拉入校園中的人物、動物、植物，大大地擴展了學生的眼界與思索。在表演藝術教學上，社群教師會依照自己班級狀況，更細緻地建構學習的階梯，或者一起觀看編舞。總括來說，因為每位教師都針對相同主題提出了自己不同的教學方法，於是分享與觀摩彼此的意見與教法後，每一位教師成員都有了加倍的成長。

四、「創意」和「想像力」的表演藝術遊戲

　　為成就創造力教學，本文將提供特別能刺激「創意」（creativity）和「想像力」（imagination）的表演藝術遊戲，來協助教師加強學生創意思考的直覺。雖然嚴格來說，表演藝術遊戲中，每一個遊戲或戲劇教育習式皆須運用「創意」和「想像力」，但仍有一些遊戲課程是特別地要求「想像力」和「創意」。在最常見的暖身活動裡，表演藝術教師們時常藉由一些旁述指導，[15] 讓學生經歷

15　旁述指導的教學技巧，是由教師在表演藝術活動的過程中，適時地下指導語或戲劇情境的補述語，以促進活動進行，也讓學生因為有更明確的指示，讓戲劇活動的發展與進行更加順利。

且想像不同的身體、聲音運作方式，就是在激發學生的想像力與創造力。[16] 像在默劇的訓練裡，可以考驗學生用十種不同的方式（即姿態）來拿杯子、撿球、大頭照的十六連拍或 A 點移動到 B 點等。

在主題活動的部分，像是《戲法學校》中的「很幸運的，很不幸的」所使用的故事接龍遊戲，[17] 或是「紙棒想像力」、[18]「多變的長尺」、[19]「我是專家」[20] 和「五個線索」[21] 這些單元，以及《表演藝術 120 節戲劇活動課》裡的「想像力甜甜圈」，[22] 都很值得推薦。因為這些遊戲都利用了本書第三章介紹的「名字遊戲」之分享要素，所以可以很快地觀摩對方的創意，又彼此激發出新的可能性。例如「紙棒想像力」的「紙」就是一個可塑性很強的材料，可以簡單形塑出各式道具的形狀。其他物件如橡皮軟管、泡棉軟管、彩色彈性鬆緊帶或各種材質的大塊布巾 [23] 也很適合。

除了可以藉著道具來刺激，在國小中低年級中，「換個頻道吧」（television channels）遊戲 [24] 也很能激發學生的即興創意。另外，「機器創造家」（machine creation）[25] 的遊戲也可以讓學生想像未來發明的各種可能性，感覺人類欲望與發明之間的關係。

當學生進入國小中高年級後，跨語文領域的課程，如演出劇本的編寫與既有故事的接續寫，也都實實在在地要求學生的「想像力」和「創意」。教師們可以使用簡單的臺詞激發學生的動作創意，例如老師在黑板上寫下類似「唉喲！！」的感嘆詞，[26] 之後請學生在這個詞底下做出十種可能會伴隨「唉

16　Koehler-Pentacoff, 2003: 31-35.
17　趙自強、徐琬瑩，2002a：126。
18　趙自強、徐琬瑩，2002b：151。
19　Koehler-Pentacoff, 2003: 45.
20　趙自強、徐琬瑩，2004：162。
21　趙自強、徐琬瑩，2004：132。
22　張曉華、郭香妹、康瑛倫、陳俊憲、陳惠芬、陳鳳桂、張雪莉，2008：150。
23　張麗玉、羅家玉，2015：150。
24　Koehler-Pentacoff, 2003: 73.
25　Koehler-Pentacoff, 2003: 51.
26　感嘆詞可以是多元的，也可用一段小臺詞來刺激學生的創意。

嗽！！」的肢體動作。

又或者設定一個學生的臺詞是：「要！」和他一起對戲的學生則是說：「不要！」教師可以考驗學生運用十個不同的情緒、情境、動作來表現「要」與「不要」。臺詞如果要複雜一些，可以一個用「因為」，另一個人用「所以」；或者一個用「聽說你⋯⋯」，另一個人用「這個問我就知道了⋯⋯」。這樣類似造句的遊戲也很適合在國語文課中進行。尤其到了國小六年級學生要畢業前，可以要求學生用十種不同風貌來表現「不要忘了我」這句話。

其他年級可以在帶領學生玩過「殺手遊戲」[27] 之後，進一步要求學生想出十種不同的玩法，再加上一句簡單臺詞與倒地方式都十分有趣。同樣的教學模式還可以結合家庭教育，由教師扮演父母，給了學生一個禮物後，請他們用多種態度與臺詞回應劇中父母。在《李國修編導演教室》一書裡，也提供了一個「無聊電影」[28] 的訓練遊戲，讓學生想出不同的不耐煩姿勢來表達自己「無奈、不耐」的心情。類似上述要求學生聯想出十種以上的遊戲或訓練方式，都是屬於創意的水平思考法，這些也很適合作為隨堂評量的工具。

而在本書下一章中介紹的定像（still image）[29] 技法，可以讓教師們用簡單的指令就能激發學生無窮的想像力，例如教師可以請學生用肢體組合出：

1. 世上最快的物件。
2. 世上最令人難受的空間。
3. 世上最有用的東西。
4.（以此類推）⋯⋯等。

27　趙自強、徐琬瑩，2004：2-2。
28　李國修著，黃致凱編，2014：72。
29　still image 通常翻譯為「靜像」，但除了區隔已翻譯成「靜像」的 tableau，因戲劇活動中經常需要學生從栩栩如生的動作中「定格」下來，故譯為「定像」。而 tableau 為古希臘的劇中角色受難死亡，用平臺移出靜止的屍身，供觀眾想像場外殺戮的慘況，因此，已死靜止人物畫面為 tableau，活著人物突然像被拍照停止的定格畫面稱為 still image。

　　課堂創作過程中一定可以引發學生們精彩的討論。該技法在跨領域教學中也同樣鼓舞著學生發揮創造力，如《表演藝術 120 節戲劇活動課》中「哇！名畫」[30] 就是此類教學的一個典範。但「定像」的教學技法還可以更深入於創造力的開發，就如同視覺藝術中名畫可以重新置入新的背景故事，[31] 名畫所提供的身體動作也可以發展出一個嶄新又不同的故事。例如老師可先要求學生觀察米勒畫的〈拾穗〉，利用身體複製出畫中人物動作後，編一個新的故事演出，但演出的最後仍要停在〈拾穗〉這幅畫所提供的動作。學生可能會創作出搶銀行、最後搶匪把錢掉得滿地、大家瘋狂揀拾的場景。

　　最後在本書美感教育的課程中，老師還可以請學生用創造性舞蹈的方式思考「對稱」、「對比」、「平衡」、「反覆」、「漸層」等視覺美感形式的隊形。在一些特定美感形式的隊形中，可以進一步要求學生在一個團體隊形裡結合出數個相同的美感元素。例如一個反覆的隊形中，可以有好幾個反覆的身體姿態元素一起組成，這樣的訓練即是創意與聯想力的訓練。

五、創意教學單元設計案例

（一）課程設計動機及理念

　　創造力展現於使用新的方式處理舊有的問題，但是如何以嶄新的思考來看待事物呢？我們需要的是先拆解與再重組的過程，在這樣的過程中，心智地圖（Mind Map）的使用，可以圖像與具體化思考的脈絡，繪製的創作過程本身就是擴散式的聯想思考，並且於手繪歷程中預先加強學生對事物的多面向思維，這方法或許對於學生在藝術課堂中「無感」的通病，可作為初步的「藥方」。

---

30 張曉華、郭香妹、康瑛倫、陳俊憲、陳惠芬、陳鳳桂、張雪莉，2008：258。
31 邱鈺鈞，2008。

學生們透過心智地圖聯想出來的語詞，就像是不同的積木元件，有了這些不同種類的積木，創作者即可依個人喜愛與詮釋重新組裝成不同的作品。

這樣的操作方式與本書第五章所介紹之「名字遊戲」有異曲同工之妙。本單元除了利用這樣的特性，更強調各類藝術符號之間的轉譯。心智地圖聯想出來的語詞，可以轉譯成視覺符號和肢體藝術的符號。學生可以在心中感受、衡量每一個意念在符號轉譯的過程中所應呈現的樣態，最後本單元將分享學生組合符號的方式。每一個藝術符號在重組時，都有她潛在的規則，學生們若能領會與運用這些規則，不僅可以感受藝術的趣味性，也有助於培養他們未來在賞析藝術時的鑑賞力。

此外，筆者期待學生能將心智地圖轉化為視覺藝術作品，較有能力之後再轉化成舞蹈創作，這樣的過程其實有益於學生創作的深度，對於表演藝術創作與藝術靈感開發，將會更多元。期待學生課後看到一幅圖就有能力能編出一個故事或是一段舞蹈。圖 4-4 是本教案的教學活動主軸。

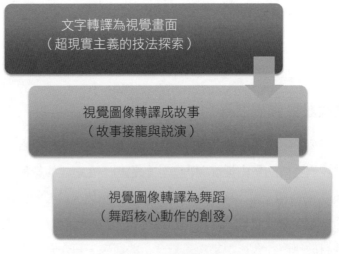

圖 4-4　教案架構

（二）學習者所需要先備能力及差異化教學的建議

1. 學生需在國語文課或是社會課程中有繪製過心智地圖之經驗為佳。
2. 對於手繪能力較差的學生，可以請他們剪報章雜誌的圖片，用黏貼的方式來表達其創作。至於有書寫困難的孩子，也可以用 MindMup 2 等心智地圖軟體來協助繪製心智地圖。

（三）評量方式

本單元課程分為四節課，並依照國民小學及國民中學學生成績評量準則（2015 年 1 月 7 日修正），每節課依學生表現分作五等第來評分，五堂的總分數相加平均後則記為本次單元的成績分數。五等第分別是優等：九十分以上；甲等：八十分以上未滿九十分；乙等：七十分以上未滿八十分；丙等：六十分以上未滿七十分；丁等：未滿六十分。

（四）跨領域教學的可能

本教學單元可與綜合領域結合。面對同屬表演藝術領域的音樂藝術，本單元的心智圖在完成後，亦可用音樂的語彙來創作出屬於學生自我認同的相關創作。此外可有機會和國語文領域結合，開發出具有蒙太奇手法的新詩創作。詳細教學流程，可見於表 4-1 以「心靈的藝術奇幻之旅」單元作為示範。

表 4-1 跨領域教案示例：心靈的藝術奇幻之旅

領域／科目		藝術領域	設計者		邱鈺鈞
實施年級		五年級	總節數		共 5 節，200 分鐘
單元名稱		心靈的藝術奇幻之旅			
設計依據					
學習重點	學習表現	1-III-6 能學習設計思考，進行創意發想和實作。 1-III-7 能構思表演的創作主題與內容。 2-III-2 能發現藝術作品中的構成要素與形式原理，並表達自己的想法。 2-III-3 能反思與回應表演和生活的關係。 3-III-4 能與他人合作規劃藝術創作或展演，並扼要說明其中的美感。 3-III-5 能透過藝術創作或展演覺察議題，表現人文關懷。	核心素養		《總綱》 A2 系統思考與解決問題。 B1 符號運用與溝通表達。 B3 藝術涵養與美感素養。 C2 人際關係與團隊合作。 《領綱》 藝-E-A2 認識設計思考，理解藝術實踐的意義。 藝-E-B1 理解藝術符號，以表達情意觀點。 藝-E-B3 善用多元感官，察覺感知藝術與生活的關聯，以豐富美感經驗。 藝-E-C2 透過藝術實踐，學習理解他人感受與團隊合作的能力。
	學習內容	視 E-III-1 視覺元素、色彩與構成要素的辨識與溝通。 視 P-III-1 在地及全球藝文展演、藝術檔案。 表 E-III-2 主題動作編創、故事表演。			

表 4-1 跨領域教案示例：心靈的藝術奇幻之旅（續）

設計依據		
學習 重點	學習 內容	表 A-III-1 家庭與社區的文化背景和歷史 故事。 表 P-III-4 議題融入表演、故事劇場、舞 蹈劇場、社區劇場、兒童劇 場。
議題 融入	實質 內涵	**人權教育** 人 E4 表達自己對一個美好世界的想法，並聆聽他人的想法。
	所融 入之 學習 重點	當第四節課同學們分享關於自己所經歷、所認識的「自己」時，每位 同學都能以尊重的心情來聆聽各自的想法。
與其他領域／ 科目的連結		**綜合活動** 2d-III-2 體察、分享並欣賞生活中美感與創意的多樣性表現。 Bd-III-2 正向面對生活美感與創意的多樣性表現。
教材內容		課程結構自編 超現實主義畫家作品圖片 René Magritte　1929　The Treachery of Images (This is not a pipe) René Magritte　1953　Golconda René Magritte　1952　The Listening Room René Magritte　1933　The Human Condition René Magritte　1964　Man in Bowler Hat René Magritte　1946　The cut-glass bath René Magritte　1952　Personal Values René Magritte　1934　The Red Model Salvador Dali　1936　Premonition of Civil War
教學設備／ 資源		電腦、單槍、黑／白板、速寫本

表 4-1　跨領域教案示例：心靈的藝術奇幻之旅（續）

學習目標
・能設計一個吸引自己與他人的簽名。 ・能完成以自我為中心主題的心智地圖發想。 ・能以自己生活經驗為核心，用藝術符號傳達「自己」。 ・能認知西洋超現實主義的畫面特色。 ・能控制水彩水份，並在一定時間內完成上色。 ・能在完成水彩後用肯定的黑線條勾勒畫面，使畫面清晰。 ・能用速寫本記錄探索自己的藝術創作歷程。 ・能有條有理地說明自己的畫面與布局。

教學活動設計		
教學活動內容及實施方式	時間	備註／評量重點
第一節　心智地圖的繪製 1. 發給學生速寫本，請學生用自己喜歡且具創意的方式，給自己的速寫本簽名。 2. 以【自己】為關注核心。用心智地圖的方式書寫對自己的感想與認知。教師可以在黑板上示範過程，或在口語上提示學生可思索的方向。過程中須尊重孩子，強調自己不想讓人知道的秘密可以不用寫出來。 	40分	**實作評量** 1. 封面上的簽名 【20%】 2. 心智地圖的完整性，所提供之資訊越多越好　　　【80%】
第二節　心智地圖的轉譯 1. 教師解說超現實主義視覺圖像的處理方式。老師先在黑板上列出：(1)放大；(2)縮小；(3)置前；(4)置後；(5)轉化、結合或扭曲比例；(6)複合、重複及文字敘述。並且在黑板上以自己為例進行一幅簡單的構圖。		**實作評量** 1. 專注聽講　【20%】

表 4-1　跨領域教案示例：心靈的藝術奇幻之旅（續）

教學活動設計		
教學活動內容及實施方式	時間	備註／評量重點
2. 擦去黑板上的圖，只留下文字。接著請學生在下課前構圖好。	40 分	2. 完成構圖　【80%】

> **TEACHING TIPS**
>
> 將心智地圖徹底轉換為圖像的手法有以下六種可供教師們參考。
> 1. 放大：個人感覺比較重要的圖像可以放大，或想凸顯的感覺亦可放大。
> 2. 縮小：個人感覺比較不重要的圖像可以縮小，或想輕微表現的意象亦可縮小。
> 3. 置前：首要說明的概念可置於其他意象之前。
> 4. 置後：首要說明的概念可置於其他意象之後。
> 5. 轉化、漸變與扭曲：重點在於改變形和色，例如一隻鞋可以慢慢變成一隻赤腳，一道彩虹可漸漸變成一段樂譜，一片葉子可以慢慢化作水滴。
> 6. 複合：此種手法就是改變事物的質感邏輯，例如一個大象的外輪廓，內容卻是雨林圖案，或者一個茶壺的外輪廓，內容卻是核爆圖案。
>
> 上述這些手法大多能由二十世紀初「超現實主義」畫派的作品中得到印證。

表 4-1　跨領域教案示例：心靈的藝術奇幻之旅（續）

教學活動設計		
教學活動內容及實施方式	時間	備註／評量重點
第三節　手繪技術的鍛鍊 請學生開始進行上色，可用水彩、彩色筆，或各種自己熟悉的上色工具。教師巡堂指導學生上色技巧。建議學生暗色後上，畫面不要留白，完成後用黑色簽字筆描邊。如此完成的畫面，較容易成功並且吸引他人觀賞。	40 分	**實作評量** 1. 專注聽講　【20%】 2. 完成上色　【80%】
第四節　分享與講評 1. 首先發給學生每人兩張姆指便利貼，且請大家把作品放在桌上，再自由由於座位行間走動，互相欣賞彼此作品。之後請學生將手上的便利貼，貼在自己喜歡的同學作品桌上。便利貼上必須署名，並寫出自己喜歡該作品的理由，且給予他人作品改善或再精進的建議。最後請有最多便利貼創作的孩子，到臺前解釋自己的畫作，讓孩子練習自我詮釋的表達力。 2. 接著教師講評每位學生畫作，並盡力發現每位學生的優點後公開說出，以激發學生對藝術表達的熱衷。教師在講評時須和該生互動，利用提問技巧引導學生自己說明自己的創作理念。 學生作品 1	40 分	**實作評量** 1. 專注聽講　【40%】 2. 口語評量（能積極參與討論）　【60%】 利用速寫本，學生探索歷程也留在其中，使其自然成為一種形成性的評量。最後發下速寫本讓學生寫下「你學到什麼？」一方面作為延伸的回家作業，另一方面加強學生自我反思的覺察力。 （同儕互評工具：便利貼） 利用拇指便利貼給同儕彼此鼓勵，以落實**互動**與**共好**的核心素養。

表 4-1　跨領域教案示例：心靈的藝術奇幻之旅（續）

教學活動設計		
教學活動內容及實施方式	時間	備註／評量重點
學生作品 2		
第五節　故事接龍 1. 首先，先將學生分作五組。每一組先選出一張大家覺得最有趣的創作。在創作的畫面中，每一個人找一個不同的物件為目標當作關鍵詞。 2. 教師限時十分鐘，讓同一組的同學開始進行故事接龍遊戲。每個人需要在說出的故事段落中安插自己之前所選定的關鍵詞，而且每個人的故事段落不可太短，最少要有五句話以上。如果故事說完，同一組的同學可以一起給大家共同編出來的故事一些意見。務必使故事有完整性，有邏輯的發展。 3. 教師給予時間分組排說演故事，說演故事不必複雜但要流暢。大夥排成一排，輪流說自己創發的那一段故事。當說到自己的關鍵詞時，說演者也要一併做出能代表關鍵詞的動作。 4. 教師請各組至臺前表演呈現，並且給予講評和評分。	40 分	**實作評量** 1. 各組能妥善討論與合作編故事　【25%】 2. 團體說故事的流暢度　【25%】 3. 團體說故事的肢體動作表演　【25%】 4. 團體所說之故事的完整性　【25%】

表 4-1　跨領域教案示例：心靈的藝術奇幻之旅（續）

教學活動設計		
教學活動內容及實施方式	時間	備註／評量重點
第六節　舞蹈動作接龍 1. 教師接續上一節的活動，請大家回想自己對關鍵詞創發的動作。請學生致意動作的優雅，勿使用不雅之肢體語彙。 2. 教師給每個同學八個拍子，動作設計就是採用關鍵詞創發的動作。若學生動作太小或太短，也可先想四個拍子的動作，然後利用左右相反的鏡射原理發展出八拍動作。若一組有六個人，這一組的動作就總共有六個八拍。 3. 教師以兒歌〈小星星〉為例介紹ABA的曲式。 4. 教師先請每組站成一排，輪流按照拍子做出自己創發的動作。每個人一個八拍，並跟學生說本段動作為 A 段。 5. 教師給臺上的每一個同學六個八拍的時間，請他們以關鍵詞創發的動作為核心，擴展身體動作直到動作時間有六個八拍。對學生說明本段動作為 B 段。 6. 請學生利用之前的創意表演一段ABA格式的舞蹈舞碼。最後一個 A 段舞蹈可以有些變化，讓先前每次最後一位表演的同學第一個表演，也就是翻轉表演的順序，以增加趣味性。 7. 請所有組別分別至臺上發表自已編創的舞蹈。	40 分	**實作評量** 1. 各組能妥善討論與合作編舞　【25%】 2. 團體動作的流暢度　【25%】 3. 達成 ABA 格式的舞蹈動作表演　【25%】 4. 團隊中個人動作是否優美且具創意　【25%】

表 4-1　跨領域教案示例：心靈的藝術奇幻之旅（續）

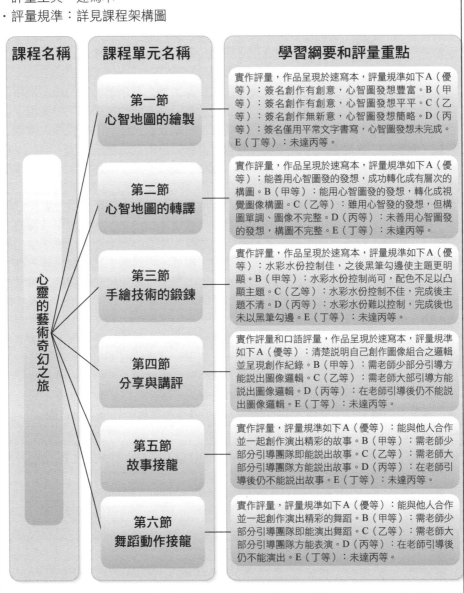

教學活動設計

· 本教案以實作評量為主
· 評量工具：速寫本
· 評量規準：詳見課程架構圖

課程名稱	課程單元名稱	學習綱要和評量重點
心靈的藝術奇幻之旅	第一節 心智地圖的繪製	實作評量，作品呈現於速寫本，評量規準如下 A（優等）：簽名創作有創意，心智圖發想豐富。B（甲等）：簽名創作有創意，心智圖發想平平。C（乙等）：簽名創作無新意，心智圖發想簡略。D（丙等）：簽名僅用平常文字書寫，心智圖發想未完成。E（丁等）：未達丙等。
	第二節 心智地圖的轉譯	實作評量，作品呈現於速寫本，評量規準如下 A（優等）：能善用心智圖發的發想，成功轉化成有層次的構圖。B（甲等）：能用心智圖發的發想，轉化成視覺圖像構圖。C（乙等）：雖用心智發的發想，但構圖單調、圖像不完整。D（丙等）：未善用心智圖發的發想，構圖不完整。E（丁等）：未達丙等。
	第三節 手繪技術的鍛鍊	實作評量，作品呈現於速寫本，評量規準如下 A（優等）：水彩水份控制佳，之後黑筆勾邊使主題更明顯。B（甲等）：水彩水份控制尚可，配色不足以凸顯主題。C（乙等）：水彩水份控制不佳，完成後主題不清。D（丙等）：水彩水份難以控制，完成後也未以黑筆勾邊。E（丁等）：未達丙等。
	第四節 分享與講評	實作評量和口語評量，作品呈現於速寫本，評量規準如下 A（優等）：清楚說明自己創作圖像組合之邏輯並呈現創作紀錄。B（甲等）：需老師少部分引導方能說出圖像邏輯。C（乙等）：需老師大部引導方能說出圖像邏輯。D（丙等）：在老師引導後仍不能說出圖像邏輯。E（丁等）：未達丙等。
	第五節 故事接龍	實作評量，評量規準如下 A（優等）：能與他人合作並一起創作演出精彩的故事。B（甲等）：需老師少部分引導團隊方能說出故事。C（乙等）：需老師大部分引導團隊方能說出故事。D（丙等）：在老師引導後仍不能說出故事。E（丁等）：未達丙等。
	第六節 舞蹈動作接龍	實作評量，評量規準如下 A（優等）：能與他人合作並一起創作演出精彩的舞蹈。B（甲等）：需老師少部分引導團隊即能演出舞蹈。C（乙等）：需老師大部分引導團隊方能表演。D（丙等）：在老師引導後仍不能演出。E（丁等）：未達丙等。

表 4-1　跨領域教案示例：心靈的藝術奇幻之旅（續）

教學活動設計

教學省思

　　臺灣教師們在視覺藝術課時，常常只給孩子一張白紙，讓孩子們承擔實作一次就該成功的壓力。一旦學生在嘗試時失敗，會變得快速否定自己，輕易地接受挫敗經驗進而放棄。反觀西方美術史中，許多建築大師和設計大師都有提到他們經常利用速寫簿來構思並創作的歷程。我們於是乎應該思考在教學過程中，是否有建構鷹架、給予空間來讓學生多多嘗試。

　　在全球化國家間競爭之下，培養學生文創產業能力與創意思考的技能是相當重要的一件事。而且在臺灣少子化的壓力下，如何在有限的教學時間中將學生能力提升，更是當前教育工作者最緊急的任務。所幸英國的速寫本視覺藝術教學法有巨大的潛力，可以為當前臺灣藝術教育所面對之挑戰提供解決方法。因此，本教案以「英國的速寫本教學法」為核心，目標在發展多元化的評量、創造力教學與美感閱讀教學等策略。

　　配合速寫本的教學法，教案嘗試用心智地圖來刺激學生擴散性思考與符號閱讀、轉譯的能力。學生可以先將心智圖轉譯成視覺畫面，之後利用故事接龍的方式再一次詮釋，將畫面創作成一個簡單的小故事。使用心智地圖可以讓學生的故事創作比較有凝聚感，也比較能展現新風貌。接著，再請學生把前幾堂課的創作畫面，發展成一段屬於自己的舞蹈。如此一來，學生可在短短的時間內，接受視覺與肢體藝術的創作課程。筆者相信，這樣的訓練對學生在藝術領域的「表達能力」將有一定的提升。

　　在教學後，筆者發現本教案在每一個部分都可以再繼續延伸發展。例如故事接龍的部分，因為強調每個同學都要說一段故事，延續性的課程中可發展成說故事劇場表演；而在舞蹈課程中，學生個人核心動作創發後，若再加上拉邦動作分析的介紹，學生亦可以漸進發展出現代舞的舞碼。因此，這個教案其實不只六堂課，甚至可以擴張到一整個學期的教學課程，值得所有教師的投入與嘗試。

參考資料

1. 國立臺灣大學網路教學　http://vr.theatre.ntu.edu.tw/hlee/course/th6_520/sty_20c/painting/surrealism.htm
2. 魔幻達利 http://www.npm.gov.tw/exhbition/dali0120/dal0120.htm

附錄

1. 【未來人來了】（3）Graphic Recorder 視覺圖像記錄師 https://youtu.be/eSm9g-mm7bI
2. 視覺圖像記錄師「圖像思考世界」https://www.youtube.com/watch? v=Abhu-uXXl3fU

第五章
透過表演藝術活動來學習

　　在表演藝術教學活動過程中，教師慣常使用一系列的策略或習慣形式，簡稱為「習式」（conventions）來進行教學。本文習式一詞是延續 Jonathan Neelands 和 Tony Goode 教授在《建構戲劇》一書的精神，[1] 希望更清楚說明舞蹈與戲劇之間如何運用相似的教學方式。因為一位專業的教師在運用各類表藝習式時，必須先將表藝習式運作的原理搞清楚。更重要的是釐清自己的教學目標是什麼，不要盲目地在課堂上玩遊戲、做活動。如果給予學生的訓練沒有讓他們更有效地學習、更快地建構自己的認知鷹架，那麼玩遊戲也可能只是在浪費學生寶貴的學習時間。所以「有效」的教學非常重要，亦是教師衡量教學的重要基準。故接下來筆者試圖在介紹各種表藝遊戲、習式或是其他劇場活動時，說明其運作的原理，期待讀者自行消化融會貫通成為自己的教學模式。

一、「名字遊戲」[2]

　　「名字遊戲」（name game）[3] 是許多創作性戲劇活動和創造性舞蹈活動的原型，常常是眾人圍著大圈圈來操作（圖 5-1）。因此名字遊戲有很強的「分享」特質，眾人藉著圓圈可以分享創意、動作、聲音、情感與認知。[4] 只要主持遊戲的老師要求他們記住彼此分享的片段，再加上一點淘汰賽的機制，「名字遊戲」也可作為訓練專心、記憶與背誦的好方法。「名字遊戲」之所以很適合

1　Neelands, J., & Goode, T., 2005.
2　邱鈺鈞，2014b。
3　Bennathan, J., 2005.
4　Winston, J., & Tandy, M., 2008: 18.

融入各科的教學，其原理很類似於英語教學中的「完全肢體反應教學法」（total physical response，簡稱TPR），由美國加州聖荷西州立大學的 James Asher 教授於 1966 年所創。Asher[5] 深信大量聽力訊息的接收與肢體動作反應的結合，能使學習的印象更深刻持久。

圖 5-1　名字遊戲基本型圍成圈圈

　　「名字遊戲」在一堂課之中經常扮演暖身或破冰的角色，[6] 透過一輪的「名字遊戲」，參與者會感覺到更認識團隊中的人，並對團體產生更大的認同。像是《表演藝術 120 節戲劇活動課》裡的「戲劇點點名」單元[7] 和《戲法學校基礎篇》裡的「快樂相逢」[8] 就是一堂典型的「名字遊戲」課程運用。但其實名字遊戲作為一堂課的開始，或作為一堂課的主體乃至放在結尾，都可以有不同的強調重點，也都能開展出各種不同的有趣面貌。

（一）名字遊戲於課堂開始

　　舉例來說，「名字遊戲」放在一堂課的開始，需要有趣能炒熱氣氛的動作和簡單的代號。如果參與課程的人員是第一次見面，彼此之間並不熟悉對方的名字，這時主導老師可以要求學員用自己喜歡的「水果」來代替自己。如果參加的人員較年長，則可以請他們用外號來代表自己。上述的安排可以使彼此的記憶深刻，也更容易記住對方，玩起遊戲也比較順暢。當玩過一輪遊戲後，往往就能見到學員間彼此聊天，非常能拉近學員之間的距離。而在動作上，除了要有趣能炒熱氣氛的動作，也要有指示性強的動作。

5　引自趙自強、徐琬瑩，2002c：24。
6　Jennings, S., 2013: 34.
7　張曉華、郭香妹、康瑛倫、陳俊憲、陳惠芬、陳鳳桂、張雪莉，2008：141。
8　趙自強、徐琬瑩，2002c：24。

例如目前學生群中所熟悉的「來來哥」[9]就是一個很好用的動作（孩子們對裝酷及憤怒的表情與動作似乎較不害羞），學生可以一邊扮演著「來來哥」的動作，表情不屑又憤怒地指向隊友，一邊喊出隊友的名字並去佔領他的位置。被喊到的人要在別人過來前，再用同樣的動作模式去喊另一個人。遊戲參與者就這樣不斷交互搶奪位置，直到有人出錯，如忘記名字或叫錯名字為止。或者在每個人先喊自己的名字時，可以要求所有人對自己做一個自己指定的動作或臺詞。如此一來，當每一個人都自己介紹過自己的名字時，所有人也都完成各式各樣的動作與臺詞。這樣的遊戲可以讓老師先了解每個人的害羞程度與腦筋靈活度，可以說是即興表演的能力測試。又或者老師可請每位參與者表演關於自己的三個默劇動作片段，在所有人表演完之後，請其他人猜猜當中任何參與者所表演的內容有著什麼意義。如此一來，就可引發熱烈討論，達到活動破冰的效果。

「名字遊戲」在創造性舞蹈遊戲之前進行，還可以用來訓練專注度和默契感。學生圍成圈圈後，可以用眼神直視對方雙眼，直接走過去搶位子。被直視者，接到訊息後也用同樣方式直視其他人，並邁步向前去搶位子。當大家走得順了之後，老師就可以開始讓第二組或第三組人馬加入走動。這樣一來，圓圈內就會有不斷穿越、走位與閃避發生。老師可視參與人數要求大家向圓心再邁進一步或兩步，以增加動作的緊湊感。不斷穿越、走位與閃避對學生而言是不錯的肢體暖身訓練，在現代舞的編舞中也經常出現。

（二）名字遊戲作為主體

而名字遊戲作為一個課堂的主體，其主要的目的有三：

第一，收集每一個人的部分創意，最後組織成更大的創意成品。例如老師可先要求每個人做出一個簡單動作，而這個動作就代表了該位同學。當要喊他

9　來來哥，是指一個人站在原處，但喜歡裝酷請人過來他的位置，配上口說：「來來來，你來，你來……。」

的名字時，也要一邊去做出他的動作。當大家玩過一輪名字遊戲後，很容易就記住了彼此的動作。之後老師再將學生適當分組，要求每一組的學生學會組內所有人的動作。再給每一組四個八拍，讓他們將自己創作出來的動作編成四個八拍的舞蹈。

教學過程中，老師只要強調動作組成的流暢性，就可讓學生小組創作出屬於自己的一小段舞蹈。而在編劇課中，每個人可以先隨便說一個物件或結合黏土課創造出小物件，在老師分組後，小組成員必須把所有成員所提出的物件編成一個小故事然後演出來。又或者所有人可以圍成一個大圈，圈內每一個人可以發想一個橡皮軟管的趣味表演方式，之後經過老師的分組，小組成員必須把成員所提出的創意編創成一場戲，協力共同發表。

像上一章以心智地圖為媒介的創造力教案示範，其實也是此種教學法的變化。除了利用物件道具外，亦可使用輔導老師常用的心靈圖卡或故事骰子（Story Cube）作為道具，讓每個人先選取一張自己喜歡的圖片抑或擲出幾個圖形，並且說出自己的卡片、圖像中可被聯想的故事片段。最後就如前所述，在老師自由分組後，每個人帶著自己的故事片段一起組成一個更大、更完整的故事。[10] 又或者每位成員可以先提供一個與眾不同的聲音，之後也將每個人的聲音創意納入小組的群體故事之中，收集聲音來發展劇情也頗能促進學生感受聲音與動作之間的關係。讀者到此可能會發現，表演藝術教師們常用的「百寶箱技法」，也有類似刺激學生創意的方式。「百寶箱技法」常常在箱子或背包中裝入許多物件或圖文，並且讓物件與圖文成為學生們創意編劇的線索。[11] 就引發創意的做法來說，名字遊戲和百寶箱技法實有異曲同工之妙。

第二，熟練並記憶名字遊戲裡每一個人的代號、動作或聲音，例如《上課好好玩》一書中的「面具」遊戲即是。[12] 這個遊戲利用面具傳遞的概念，讓參

10　進一步的編劇練習可參考張英珉、呂登貴（2016）。《自由式（字遊式）給初學者的編劇遊戲》。臺北市：五南。第八章。

11　張曉華總教閱，郭香妹策劃，2014：10-11。

12　Koehler-Pentacoff, 2003: 60.

與成員分享彼此的臉部動作及表情。此外，在《李國修編導演教室》中也提供了「聲音的轉折」這樣一個練習，[13] 讓聲音的模仿練習在「名字遊戲」的模式中顯現。

　　而回到國小教育中，在英文或本土語文教學裡，讓孩子記住每樣水果的發音，也可以利用名字遊戲。每一位同學使用要學習的目標語文來找一個水果來代表自己，別人在叫名字時勢必要用到該種語言，如此一來語言的聽說能力就可以得到訓練。

　　同樣的道理，國語文中的成語教學也可以利用名字遊戲來熟練。圍成圈的每個學生可以找一個動作來表演一句四字成語，經過名字遊戲的反覆叫喊及表演，成語也會深植於學生的心中難以忘懷。曾有第一線的教師與筆者分享，她在上本土語時，使用了名字遊戲讓學生練習臺灣各縣市的臺語發音，不但打破了課程的枯燥，也有效地使學生在一堂課中達到充分的練習。

　　第三，訓練學生想像力、感受力和表達力。老師可以要求學生想像一個透明的球，並且將這個想像的球利用名字遊戲來拋接。當投球者向接球者拋去時，不但要喊出接球者的名字，投球者也要表演出適切的動作，彷彿真的有球在丟。同樣地，接球者也必須審視球的大小與速度，搭配一個接球的動作，像是棒球、籃球、海灘球就會出現不同質感的動作。過程中要記得保持球形的大小不改變，讓虛擬動作更為真實。類似的想像訓練也可以想像丟飛盤、籃球、五元硬幣或送出一陣風。學生的動作質感就會因為想像物件的不同而有所改變。若學生在表演的過程不順暢，老師可以準備實際物品讓學生拋接看看。用實際物品體驗後，再用想像力模仿一次。這樣的過程將能協助學生自我評估，發展出自評與修正的能力。此外，像是「007 砰砰」、「zip, zap, zop」[14] 等也可算是這類名字遊戲的變形。

13　李國修著，黃致凱編，2014：81。

14　「007 砰砰」和「zip, zap, zop」的進行方式雷同，只是學生所喊的字不一樣而已，有興趣的老師可參閱「zip, zap, zop」的網路教學影片 https://www.youtube.com/watch?v=VYyNNf4Gdx8。

　　在訓練感受力上，名字遊戲也可以配合古典音樂讓學生感受速度與拍子。例如教師可以播放老約翰‧史特勞斯「拉黛斯基」進行曲，當學生離開位置去找其他人時，必須配合節奏行進。一二三四拍時，必須趕到想去的同學身旁，第五拍時輕拍同學肩膀，六七八拍時，全班同學一起跟著拍子拍三下。被碰到肩膀的學生，要離開他的位置再去找別人，而他的位置就留給拍他的人。持續遊戲一直到音樂結束。當學生熟練時，可以請兩個或三個學生一起出發去找人，這樣可以更增添學生們的練習機會。名字遊戲除了可以訓練學生對音樂拍子上的感受力，更可讓學生理解「卡農」（Canon）的觀念。卡農是一種輪唱的表現方式，學生可以組成一個圈子，大家輪流分享四拍的動作，第一個人分享後，大家先看，緊接著學他的動作再做一次。接著再換下一個人時，所有人也是先看，然後再重複一次。也就是前面四拍大家先看，後四拍大家再模仿。持續這樣的模式直到每一個人都分享結束才停止。活動過程中拍子要穩定，不中斷。

　　上述的做法是一種「中斷卡農」的練習，此一練習熟練後，就可進行「肢體動作卡農」演練，每一個人做八拍。也就是第一個人先做四拍後，大家要在五六七八拍馬上理解也跟著他做動作，之後的第二個人在做第一個人的後四拍（五六七八拍）時，除了要快速模仿，還要一邊動作一邊構思出自己的四拍動作。第三個人在模仿第二個人的當下，也要構想出自己的四拍動作，如此模式直到一圈的人都完全完成為止。

　　最後介紹一個指揮家名字遊戲。同學圍成圈後，每個人輪流用身體的動作來指揮他人發音，其他人則唸出指揮者所擁有的名字。例如「李、其、昌」三個字的名字，就會有三個動作。每一個動作的表現，皆關係到其他人呼名的時間長短、音量大小、音高與音質。教師在操作這個遊戲時，可以請學生回想歌唱比賽時，歌手們如何用身體帶動自己的聲音；抑或是交響樂的指揮如何用身體動作告訴演奏家們合奏。指揮家名字遊戲可以讓學生更直接感受到聲音與肢體的關聯，並且想像出各種動作質感與音聲質感的共通性。

（三）名字遊戲於課堂結束

　　名字遊戲若是在一堂課之後進行，則可以扮演緩和運動或個人心得分享的角色。慎選音樂，在輕柔的音樂中每人依序做出一樣的緩和運動動作，當一個人做時，所有人跟隨，如是轉換直到所有人都分享過自己的緩和運動為止。上述的方式當然也可以應用於暖身活動，但不適合在一開始見面成員還在緊張的狀態下切入使用。

　　此外，名字遊戲也可以是在綜合領域課程裡簡單的心得分享，學生圍成圈圈、學習過主要課程後，常常需要分享自己的心得。這樣的分享可再加上對同伴的讚美，並接著將發言權交給被讚美的夥伴，如此一來所有人都能被讚美，也都能分享自我心得。

二、習式：定像

（一）什麼是定像

　　定像（still image）[15] 按字義為不動的意象；如前所述，其含括靜像（tableau）和靜止雕像（sculpture）兩個技巧，前者源自古希臘文，在悲劇最後一場戲，人物受難後被抬出來的死狀，不動的畫面彌補只用口述被殺的情境，就像電影膠卷中的一張底片，此技巧稱為「靜像劇面」（freeze frame），深具意涵；後者較常使用在著名的畫作或是影視片段，用一個靜止的雕像，就像〈勞孔與其兒子們〉[16]（Laocoon cum filiis），容易讓大家猜出此剎那間的畫面故事，所

---

15 still image 通常翻譯為「靜像」，但除了區隔已翻譯成「靜像」的 tableau，因戲劇活動中經常需要學生從栩栩如生的動作中「定格」下來，故譯為「定像」。而 tableau 為古希臘的劇中角色受難死亡，用平臺移出靜止的屍身，供觀眾想像場外殺戮的慘況，因此，已死靜止人物畫面為 tableau，活著人物突然像被拍照停止的定格畫面稱為 still image。

16 〈勞孔及其兒子們〉，此雕像闡述勞孔要說出特洛伊木馬內藏有敵軍，卻被太陽神派出的兩隻海蛇纏繞而死的塑像。

不同的是，用人們的身體組合成就像是一個雕像，簡而易懂。無論是靜止畫面或是靜止雕像，兩者有重疊的意涵，都是由人來扮演，用身體「繪成一個定格的動作」；不同的是，靜止的畫面，故事已經說完了，可以來討論；而靜止的雕像，大家可以是「雕刻家」或「大理石」，來雕刻或被雕刻成一個深具意涵的意象來。雖然是這麼解釋，但戲法人人變化不同，一個習式可能揉和 tableau 與 sculpture，所以我們綜稱「定像」就是一個充滿意涵的「定格意象」。

　　例如在《阿卡曼儂》（Agamemnon）中，根據阿卡曼儂妻子臺詞，她是以斧頭殺害丈夫以及他所帶回來的女戰俘（參見圖 5-2），因此可以推想，劇末臺車上的定格意象，應是一男一女的死亡慘狀加上一支斧頭。這樣可以讓觀眾補足沒看到主角遭殺害的畫面，彌補其想像空間，增加真實感。

圖 5-2　阿卡曼農被殺後的靜止畫面（tableau）[17]

　　「定像」是一個利用人類想像與創造力本能的學習方式，教師們可以發現，只要一個意象，讓此種戲劇習式非常容易上手。當然「定像」可以用來探詢學生對一個新事物的理解，也可以用來引發學生對新事物的想像，更可以在課程

的最後成為一個布題的手法，測驗學生對已知事物理解的程度。無論是表演藝術課中劇本的架構，還是緊貼的一個敘事的脈絡，定像的文本具象化運用於社會科歷史課程與語文領域課程，可以協助學生了解所學的內容；正如亞里斯多德（Aristotle, 2001: 142）在《論靈魂》（*On the Soul*）中提及，「材料需要藝術來形成作品，心靈也需同此方式清楚地展現」，換言之，材料就是課文，教師在課堂運用 Still Image 的技巧，「在這樣主動條件的方式，就像光所做的，因著某程度的光驅動顏料，使潛在的色彩發揮作用」。在此，沒有「光」無法使顏料的色彩被看見，利用藝術的手法可以提供文字圖像化──自己肢體展現的定像，協助學童容易了解教材的意涵。

所以語言建構的知識，若能搭配肢體動作，不論其為動態或靜態，效果是倍增的。像是戲劇教育習式中使用的「思路追蹤」（thought-tracking），就是在定像的畫面中，鼓勵同學進入角色，再配上語言，說出定像中人物的處境。雖然「思路追蹤」原本是為了使演員更去探索角色的內心，但在一般課堂上也可以轉化為「解釋動作意涵的語句」。這讓教師們可以操作出許多的可能性。例如社會課的地形介紹、自然課裡的葉脈分類，都很有潛力配上此習式來教導學生概念。

再者，目前有越來越多的學校重視閱讀教育。然而對於許多老師來說，閱讀教育很容易被聯想成：寫心得、剪報或填寫學習單。如此一來，閱讀教學很容易被學生排斥，因為這些活動許多學生早就已經接觸過了，並且在他們的學生生涯中，有些人還有著不少失敗的經驗。因此，閱讀教育勢必得加入新的元素，新的教學教法才能讓學生自然而然地親近閱讀。此外，閱讀的教學方式多半偏向於左腦的邏輯訓練，卻往往忽略有些學生需要大量空間與身體的經驗才會有深刻的體會。所以在閱讀教育中導入戲劇教育正可以加強學生的體驗，讓學生能將閱讀的資料進一步的吸收和反思。

在各種新的教學法中，戲劇的介入可以說是最能吸引學生參與閱讀討論的。戲劇的教學並不限定要排出一場戲，而是要藉著種種虛構又似真實的情境，刺激起學生自然而然的反應。美國著名的社會學家高夫曼（Erving Goffman）指

出，實際社會的人際關係與舞臺劇場的高度相似。反過來說，當我們為學生設立了一個舞臺劇場，學生也很會很自然地去嘗試表現出他們對閱讀到的事物所進行的詮釋和理解。書籍或報紙中有許多事件都可以作為教育戲劇（drama in education，簡稱 DIE）等戲劇教學法的觸媒，老師們利用 DIE 的教學手法，例如教師入戲（teacher in role）或是專家的外衣（mantle of expert）可以有效吸引學生的注意，並且驅使他們在報紙中追尋答案。但在這些戲劇教學法中，筆者認為「**定像**」是較能幫助學生進行理解、詮釋及反思的。

　　由於大部分的華人教師對於自己先做出小表演，像是教師入戲這樣的課室戲劇技巧多少會感到尷尬。因此教師們若使用另一種以學生為表演主體的戲劇教學法來刺激學生對閱讀文本的認識，可能是比較易於推廣的，這種技巧即是「定像」。「定像」這種戲劇技巧其實很簡單，教師可以在場邊扮演導演的角色，將學生分組任其創意發想小組的「靜止畫面」，就像是我們在看電視電影時突然間按下「暫停」呈現的定格畫面。此外，學生在閱讀任何文章時都有可能在他們的腦海中出現影像，這時，教師也可以要求學生利用靜止動作來表現出他們的想像，讓想像具像化，然後邊討論此「定像」邊探討文章內容，增進學習效益。

（二） 定像的應用方式 [18]

　　然而有效地使用 **still image** 還是需要技巧的，教師不能突然之間要求學生運用身體表現，因為突然的指令反而會造成學生的抗拒，學生也缺乏實作時所需具備的舊經驗與知識。因此，決定採用此教學法前，教師們首先要找到合適表演的文章。故事性強的短篇小說或者描繪情境優秀的新詩都是不錯的目標。其次，教師可以預先想好這些文章中可以分成幾個幕，並以靜止動作構成。哪些情境比較好表演又具有趣味？這些都是可以預想的。

---

18 邱鈺鈞，2012a。

在正式進入表演前，暖身活動是
必要的。律動遊戲可以使學生自然地
開展肌肉，而教師可以在過程中要求
學生動作要做大，並提示高、中、低
等不同站立高度所帶來的戲劇效果。
之後開始讓學生分組討論群體可以構
成的靜止畫面，在最終呈現時，教師
可以利用先前律動遊戲所建立的默
契，在每個靜止畫面完成時，先給學
生一個八拍來走位或是準備。像是

圖 5-3　唐詩「空山松子落」的黑白反
　　　　差照片處理

《表演藝術 120 節戲劇活動課》裡的「創意詩歌大改編」單元就是一堂典型的
課程。[19] 之後如果學生表演的好，還可以利用數位照相機照相，只要經過影像
軟體處理，如同圖 5-3，讓照片邊緣化，黑白反差加大，凸顯外輪廓，就能成為
現成的繪本圖稿。之後再請學生利用水彩重新著色，一些不需要的線條與圖案
可以用濃彩法覆蓋過去。全部完成後陰乾水彩，尋找畫面中空白部分寫下自己
的文學創作，一本有趣的繪本就孕育而生。

　　「定像」不只可以應用在戲劇與語言教學，也可以成就舞蹈教學。當學生
完成每個靜止畫面時，可以引導學生將每個靜止畫面用舞步來串連，使所有的
動作合成一支舞。此時舞步的規畫可以參考故事主題來設計，初步嘗試可先在
動作速度上變化。例如故事在高潮與緊張的那一幕可以加快或急停（cut in /
out）；故事在悲傷的那一幕速度可凝重且放慢（fade in / out）。進一步的動作
設計可以考慮空間水平位置、有趣的移動路徑，最重要的是多元的動作質感，
例如移動是否可以加入翻滾、旋轉、跳躍等。剛開始操作時，指導者不用要求
學生展演舞蹈的時間夠長，而是要學生細細品味此動作（action）傳達了什麼。
建立了大家都同意的結構後，再詢問學生加上哪些動作才能更有效反映主題。
提綱挈領，學習成效將更佳。

　　除了舞蹈，「定像」也可以為音樂劇的訓練預作準備。根據故事，讓學生選擇自己熟悉的音樂，可以是流行歌曲，也可以從兒歌開始。讓學生流暢地做完四幕，並且在行動過程中一邊唱出歌曲。由於要配合歌曲，學生必須要先討論每一幕的音樂段落為何，充分發揮合作的效能後，才能確保表演的順暢。「定像」也可以用在訓練演員對舞臺適當位置的覺知，教師可以在舞臺上擺上很多物件，物件有高有低、有的大有的小。大的物件可以大到能遮住一個人，如白板或站立的鏡子。學生一個一個上舞臺挑戰在物件中穿梭，但每當靜止時不能被物件遮住臉龐。老師在喊口令時可以由 1 數到 10，數到 10 時，學生必須定像自己的動作，並且讓自己成為舞臺畫面中的主角。[20]

（三）常與「定像」搭配的習式

　　「坐針氈」（hot-sitting）或者稱作「焦點人物」，是一個考驗學生反思與表達的遊戲。對於促進國際閱讀素養研究（Progress in International Reading Literacy Study，簡稱 PIRLS）所要求學生能夠提出自己的理由支持、比較自己的經驗，進而比較以前閱讀過的材料之能力，「坐針氈」提供了一定的學習機會。首先在小組中，要求由一位學生單獨坐在孤立的椅子上扮演劇本中的人物，之後由老師或同學們根據劇本內容自由提問、質詢，或把焦點放在重要事件或場面上，讓參與者透過戲劇活動大膽假設、小心求證，必須有問必答，直到詢問結束為止。此時，被詢問者就自己所回答的內容，以第一人稱的方式，向大家做完整的故事內容敘述。坐針氈的學習機會就在於思考戲劇人物的行事動機、性格，並在遊戲中啟發思考事件的發展如何影響一個人的態度。[21]學生在扮演劇中人物時，必須運用想像力自行編造出符合邏輯的故事情節。雖然可能需要一位參與者自願冒險投入角色，但如果觀賞者能重視他們的演出，即使學生在壓力下感到如坐針氈，這遊戲仍常會激發學生對劇中角色更加地投入。

---

20 洪曉芬，2005。
21 Neelands, J., & Goode, T., 2005: 87。

（四）「定像」加強了什麼？

1. 閱讀理解與合作技能

　　「定像」的操作不但提供學生以活潑的身體智能來了解文字，更讓學生自然而然地分享彼此對文章的看法，可學習他人對文章的詮釋與想像。這無形提供了許多弱勢孩子潛在的學習機會。此外，表演藝術教學強調「合作」表演，更能呼應目前教育政策對溝通互動與品格教育的要求。學生在合作中理解了人的多元與協商的重要性，而參與戲劇給予人的回憶是很長的，在表演完閱讀材料後，許多學生都很自然地將內容深深記下，並在語文課外也不斷地與人分享。

2. 視覺摹寫寫作技巧

　　再者，國小常常有短文寫作的課程。經過「定像」的讀詩教學，會讓學生知道文學的創作很需要「視覺摹寫」的技巧，即是所謂「詩中有畫，畫中有詩」的境界。再加上身體高、中、低的水平訓練；前、中、後（下、中、上）的舞臺位置安排，視覺摹寫的技巧也會因為身體空間智能的學習而更加細膩。

3. 細膩化表演者的動作

　　學生在舞臺上排練表演，常常會因為生活經驗不足、想像力不夠或是過於羞怯，而出現動作呆板的困境。這時老師可以利用「定像」的技巧，請學生先將一段累進動作時間分作十等分，每一等分思索一個定像動作，每一個動作再經過老師的微調，之後再分次做出十個動作。等學生熟練十個動作後，再一口氣要求學生一氣呵成、流暢而無停頓。這樣的訓練過程將豐富學生的肢體語彙，讓學生在表演時更活潑、更自然、更有信心。

4. 強化舞臺畫面的創造及美感的探索

　　舞臺畫面像極了一幅被鑲在舞臺畫框上的畫。怎樣的舞臺位置第一眼看起來是美的？怎樣的動作第一眼看起來是美的？這是一個表演者、導演或編舞家必須知道的。在走位時，如何不被其他人阻擋？如何在符合劇情與劇種的要求下，利用肢體動作與位置和其他的舞臺演員相互凸顯？如何創造適合角色類型的動作姿態？怎樣的畫面最具有戲劇的張力且有助於製造高潮？它應該放在哪一幕？是否有特定動作出現時就能傳達出多種意涵？

　　凡此種種都蘊含在「定像」技巧的訓練之中，甚至可以進一步，將一格畫面衍生為兩格或三格，其中不僅具有 Aristotle 的開始、中間與結束的劇情，也可以運用Boal發展的意象劇場（image theatre），也就是參與者利用身體語言，以定像而出的三個正像、反像、合像畫面傳遞參與者的思辨訊息。於劇場空間裡可見三張具備辯證內涵的人體雕像，表演者的呈現深具內涵，其動作具備瞬間美感，此三格畫面值得參與者與觀賞者再三思索與討論，期待能改變參與者對於原先事件的不同看法。

5. 引導參與者的正向觀念

　　進一步解釋，「意象劇場」進行方式可分成三個階段（如圖5-4）：「現實形象」（正像）、「理想形象」（反向）、「轉化形象」（合像）。例如第一個定像畫面是現實中存在的「校園霸凌的敵對場面」，第二個畫面是師生理想中的「校園祥和的牽手共好」；呈現第二個理想形象後，可以再回到現實形象，暫時停頓與疏離，讓學生從中反思與辯證，該如何才能達到第二個理想形象「牽手共好」。可能轉化到第二個畫面時，有人道歉、有人關懷、有人主動幫忙等，引導者可以請參與者定像在此，即成「校園中溝通互動」的轉化畫面。這個所

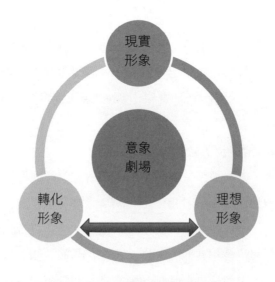

圖 5-4　運用意象劇場教學步驟

謂「第三個」轉化形象確定後，可以讓學生再呈現一次，把第三調至第二；先回到第一個「校園霸凌」、再進到「溝通互動」，最後則是「牽手共好」。期待經過此一「思辨」式的體驗，能改變參與者朝向正念。

也就是說，參與者透過「現實形象」的主題是將面臨到的問題，以靜止的畫面呈現出來，而又必須在「理想形象」中呈現解決問題後的理想或大團圓景像，最後將現實形象的問題「轉化」到理想形象，其轉化就是思考各種解決方案的可能性，也可運用於生活情境中。

此時，參與者得以轉化成為「思辨者」，也從中意識到所要探究的方向。在 Boal 的戲劇理論中，人的身體和動作視為劇場的語彙，透過表演將人們從原本觀看的立場解放，實踐觀賞者的思維。被壓迫者詩學（Poetics of the Oppressed）解放思維讓人們不僅變成起而行的行動者，還變成劇場中的參與者，尋求各種改變的策略、嘗試各種改變的方式，以真實的行動來作為劇場的語言，激起腦海中的反思，能從意識層面到行動面向。對於校園事件已不再僅是目擊者（witness），如同 Brecht（1992）[22]〈街頭一景〉的理念，先成為示範者（demonstrator），在大家面前演練一次事件，再轉變成為 Boal 所言場域中的「主角」（protagonist），也就是「主角」們有義務對所處的場域，「做出」正面的價值判斷，在學校實踐，出社會後落實，達成共好的目的。

三、習式：教師入戲（teacher in role）[23]

（一）何謂教師入戲？

「教師入戲」[24]，是指教師在某種情況中扮演某一角色，以推動劇情的發

22　Brecht, 1992.

23　邱鈺鈞，2014a。

24　張曉華，2004：78。

展。[25] 教師可以提出問題來刺激學生思索或協助學生解決問題等。它可以出現在課程的一開始，也可以在半途中導入，所以「教師入戲」不可否認的是 DIE 中很重要的技巧。Plato 在〈會飲篇〉（Symposium）談及「愛情」時強調它介於「兩端之間」（Mataxis）；[26]這個希臘字在「教師入戲」的習式中，就像「演教員」一樣，老師介於「演員」與「教師」的兩端之間，也就是在課程中，老師也要扮演角色，也要授業教學。例如，當教到課文中講述花木蘭的故事，老師可以轉圈扮演「木蘭」，用「木蘭」一角跟學生對話，描述突厥入侵老父從軍的危機；當學生有興趣了，還可以回來講述課文。當然，不僅講述時是教學，在扮演時也可以教學。因為教師入戲的習式，係由老師「一人」包辦一切，教師需要在備課時設計如何融入教學。建議一開始設計，三分鐘就好，淺嚐則止，較熟練了，就可以換來換去，便利於情境教學。

教師入戲的手法很像數學教育裡的布題。可以給學生一種情境、一個理由來進行練習活動。這樣的教育手法不但可以帶給學生一個驅動的力量，更有潛力的是，「教師入戲」能讓學生明白藝術活動的發生，是貼近人的生活情境的。優質的「教師入戲」安排會讓創作自然而然的發生，達到人生無處不是戲，人生無時無刻都需要藝術的境界。[27]

利用「教師入戲」來結合美術、音樂與團體動能遊戲，在國中表演藝術師資不足的狀況下，更是一種容易結合其他學科的有效方式。目前許多表演藝術的配課老師都是美術或音樂老師兼任，而這些老師原本就具有許多優秀的教學活動。如何讓這些優秀的教學活動很快地連結上表演藝術課呢？最簡單的辦法莫過於利用教師入戲的手法來勾連每一個活動，使活動進入有故事意味的情節之中。

---

25 Neelands, J., & Goode, T., 2005: 95.

26 Plato, 2003: 230.

27 關於教師入戲的概念與操作方式還可參閱 O'Toole, J., & Dunn, J., 2005: 33-35。

（二）教師入戲結合視覺藝術實例

　　舉例來說，報紙的堆高比賽（如圖 5-5）就是一個很有趣的視覺領域教學活動。給予每一組學生一樣份量的報紙，要求學生們只能靠自己的雙手，且不能依靠任何的文具，像是膠水、別針、釘書針等工具，來將報紙疊得越高越好。這個活動能訓練學生創意、對材質的了解與結構方法。若是結合教師入戲，還能訓練學生演戲與口語發表。教師可以先戴上一頂工程用的安全帽或是特別製作的識別證，開始表演一位跨國的建築師事務所團隊負責人，教師可以說：「各位有經驗的建築師大家好。目前

圖 5-5　報紙蓋高樓競賽

我們○○建築師事務所將要參與在○○國進行的世界第一高樓競圖。我們將在臺灣徵選優秀的建築師加入我們，但是首先我們需要看看你們蓋高樓的本事。現在你們手邊的報紙就是建造模型的素材，哪一組建築師能將報紙疊得最高，就能加入我們……比賽結束後，請每一組建築師團隊起身跟大家分享自己規劃的建築物有什麼特色、用途，以及在這座建築物中可能會發生什麼事。」類似上述的範例，即可巧妙地使學生一邊練習造型與結構，另一方面又去想像各種與造型相應的故事，或者一個更大、更具延伸性的劇情。

　　也可以利用報紙可摺、可捲、方便造型的特性，來製作奇特道具或裝扮演員，例如筆者就曾經設計一個「吃夢的怪獸」單元。教師可身披花布、臉戴面具，在學生面前自稱是怪獸星球的大魔王，要求臺下每個學生扮演小嘍囉，一起利用報紙製作出一個吃夢的怪獸。小嘍囉可以每一組找一個同學來扮演「吃夢的怪獸」，利用報紙在該學生身上做出各式造型與創作。為了刺激學生造型上的創意與口語的即興能力，教師應設定一個有趣的作業，例如吃夢的方式或儲存夢的裝置等，來協助學生在腦海中馳騁他們的想像力。

（三）教師入戲的困難與切入點

　　一般沒有接受過戲劇訓練或個性害羞的教師，在接觸教師入戲這個技巧時，難免對要表演人物（character）心生恐懼而有距離感。其實這個技巧一點都不難，就像扮家家酒一樣，很類似過去社會領域中常做的 role play。role play 大多譯為角色扮演，其實 role 應該翻譯成「身分」，較不易與 Character 做混淆。個性害羞的教師可以先選擇自己身邊常見的「身分」（role）來發想，例如學校環境中的校長、警衛、廚工、愛心媽媽等。若真的不行也可以買一些有趣的面具，利用面具的既定角色，躲在面具後說話。

　　在中文裡，演員表演「角色」或「人物」，一般而言是沒什麼差別；不過，在英文裡，前者為 role play，後者為 act a character，再將它們轉化為中文，就成為「身分玩耍」與「扮演人物」。筆者故意將前者翻譯的較不專業，以便於讓讀者容易區分這之間的不同。在教室中的表演藝術，大多都是在「身分」扮演，所以教師們無需有太大壓力。以下簡略地介紹「身分」與「人物」的不同：

1. **身分是社會中共同角色**：例如媽媽、軍人與校長等。扮演身分時，其性格沒有固定，屬於綜合性的角色，例如扮演媽媽，她的性格較趨向於觀眾所認為的媽媽形象，約定俗成，角色沒有專有人格。當孩子在玩扮家家酒的遊戲時，他們所扮演來的爸爸，是個綜合他們所看過的「爸爸綜合體」，這個角色的「劇本」來自於家裡的父親、鄰居的父親、電視演出的父親、童話故事裡的父親等；取材之後，演員來「玩」角色扮演，大多運用於即興演出。

2. **人物是一個特殊的人物**：例如哈姆雷特、孫悟空與諸葛亮等。扮演人物時，人物的性格較為獨特，屬於個人化的人物，例如扮演哈姆雷特的演員必須事先揣摩人物內在性格與外在動機的關聯性，找出哈姆雷特猶豫不決的理由，讓觀眾認為演員演得就像那個「人物」一般。人物大多來自劇本，演員讀了莎士比亞的劇本後，將血肉之軀「借」給人物，甚至在排練時，演員互相不稱對方的真名，均以戲名（例如「孫悟空」與「沙

悟淨」）相互稱呼，以期早日完成自己所塑造的人物，一舉手、一投足之間符合劇本所泛指之彼此關係。

　　教師入戲時，其所扮演的「角色」，就是多一個「身分」而已，不用花時間揣摩，因為教師入戲的目的不在「對外公演」，而是促進課堂學習、增進學習效果。一般來說，華人課堂上較少教師入戲，所以只要稍微更改動作、增加道具或變換聲音，學生的專注度就會提高。建議師長，邁開大步，轉一圈，進行身分扮演，提高學習動機。

（四）結語

　　目前不論國小與國中都面對著專業表演藝術師資不足的問題，也因此學校以非表演藝術專長師資來教表演藝術是當前教育界難以避免的窘境。是不是有一些方式能讓非專長教師在教授表演藝術時也不失專業呢？筆者深感教育戲劇中的「教師入戲」技巧具有很大的潛力，可協助教師們完成這項任務。雖然「教師入戲」可以協助非專長教師進行戲劇課，但是好的操作需要教師們仔細安排。教師可以先尋找一個大的故事，利用「教師入戲」串連故事內每一個可能可以發展的活動；或者將編劇的權力交給孩子們，在每一次即興的教師入戲之中巧妙的引導，讓故事的走向有趣或發人深省。上述兩種方式都是老師在有自信地操作「教師入戲」時可以努力的方向。只要持續的嘗試和努力，相信每一位從事表演藝術教學的教師不論是否有過專業訓練的背景，都能在表演藝術課裡揮灑出魅力十足、令學生再三回味的課程。

四、「律動畫面」（rhythm images）[28]

　　通透了「名字遊戲」與 still image，進入 rhythm images 教學法就相當方便

28　邱鈺鈞，2013。

了。Rhythm Images 教學法是為了指導學生走秀而生。走秀（catwalk）是商業展演常常會運用的手段，更是校園活動中學生介紹自己與創作作品的絕妙方法。例如在視覺藝術手作課程（hand made）之後的作品呈現與簡介，便可以自然地結合走秀展演，對自己做出推銷，因此走秀訓練課程在藝術與人文領域教學中是特別富含潛力的。然而，成人模特兒與展場小姐的走秀動作常讓人覺得過於賣弄性感且忽略了表演者自身的創意，在校園中的走秀課程應偏重於學生們的創意與人文美學理想的落實。

也因此，走秀課程在教育領域應是利用創作性舞蹈遊戲，讓孩子沒有壓力地累積自信創發動作，最後配合教師給予的節拍或音樂，來完成一場充滿自信又自我肯定的走秀。走秀的課程可在國小與國中進行，一般可規劃為三至四節課，若加入延伸課程可多至六節。課程必須著重開發學生肢體經驗，例如：增進學生的自信並尋找自我最佳 pose，其次也在建立舞臺空間感與表演之氛圍；最後在過程中，更要培養出學生的審美視野與觀看態度。

（一）主要課程模式

為了使第一線教師們更了解走秀訓練課程，介紹筆者過去的課程流程大致如下：

1. 引起動機與暖身活動〔高中低水平位置遊戲（level exploration）〕

請同學依老師的鈴鼓節奏聲自在地探索空間。鼓聲快則動作快，鼓聲慢則動作慢，在鼓聲停時則動作皆停。但須觀察其他學員的動作擺出不同的高中低水平位置，因此這個遊戲也是訓練觀察力的遊戲。

2. 加深高中低水平位置遊戲的難度

引導學生在高中低靜止動作前先做出一個身體旋轉動作再靜止。

3. 名字遊戲（Name Game）

將全班同學圍成一個大圈圈，之後每個人要喊出自己的外號，同時間做出自己認為又帥又酷的動作。在該生完成動作後，全班立即模仿複製他的外號與

動作，快速又一致地再做一次。直到全班每一位同學都做完後遊戲才結束。當每位同學皆有自己的動作後，教師應要求學生以順時針方式快速地再輪流做一次，一來使學生確認自己的動作，另一方面順序的進行可以自然引導學生進行走秀比賽。

4. 走秀比賽

先將學生分作五人一組。告知學生每個人有 16 拍走秀，口令如下：「前進34-5678。回來 34-5678」。第一個 8 拍最後以個人在「名字遊戲」中自己創作的動作結尾，隨後用上第一堂課教的轉身進行第二個 8 拍，直到五位同學依序完成表演結束。一開始要先擺出 pose，整組的 pose 要有高中低的變化。走秀過程中可以提醒學生適當地略為仰起下巴，展現脖子的線條，會讓自己看起來更有自信。教師在過程中所發號的口令（數拍子）是整個遊戲與表演活動能否順利的關鍵，建議無類似經驗的教師需多加揣摩。

若學生練習得很好，也可以將走秀的時間延長至 32 拍，除了原有的口令可以再更仔細，例如「前進 34-5678、左邊 34-5678、右邊 34-5678、回來34-5678」，在口令中老師喊到左邊時，學生可以重心放在左跨和左腳，來做自己創發出來的動作；而口令喊到「右邊 34-5678」時，重心則改放在右跨和右腳，上半身做出左邊動作的鏡像動作。如此一來，走秀展示出的動作也就更具豐富性。或者當老師喊「左邊 34-5678」時，學生可以面向左邊 45 度角，採取低水平做出又帥又酷的動作；而喊到「右邊 34-5678」時，學生可以面向右邊 45度角採取高水平來完成創發動作。因為空間水平變化的區別將使課程連結到暖身活動，並讓走秀更饒負趣味。

5. 走秀大車拚

由老師解釋活動意義，強化教學目標。要求學生回去尋找適合自己組別的音樂，並於下次上課時配合音樂走秀。

6. 配樂走秀

將每一組提供的音樂共同燒製成一片音樂 CD，並依照組別次序分批分段進行走秀（如圖 5-6）。

7. 著衣或持物走秀

　　可以配合染布課程所完成的服飾進行走秀，或是配合美勞做成成品走秀。由於服飾是走秀的重點，必須引導學生適當調整之前創發的動作，並仔細思考什麼動作既可以凸顯衣服又可以表現出自己的個性。

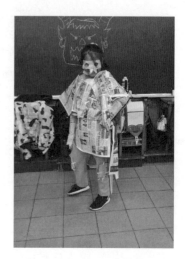

（二）雙人走秀

　　除了單人走秀外，更進一步的走秀教案可以朝雙人走秀進行（圖 5-7）。但其前提絕對是學

圖 5-6　學生配樂走秀

生已經過單人走秀的訓練。雙人走秀與單人走秀最大不同點，在於雙人走秀的亮相動作可以與雙人舞（duet）的舞蹈動作設計相結合。例如兩人動作與方向完全一致的「統一」（unision）動作；兩人動作一致但方向不同的「鏡像」（mirroring）動作；兩人姿態與力量相互支撐的「平衡」（belance）動作；兩人動作互相凸

圖 5-7　學生雙人持物走秀方向與水平空間對比

顯，可能是大小或方向等的「對比」（contrast）動作；或者兩人動作互相補強力度的互補（complement）動作。由於舞蹈動作在靜止時肢體的線條就是一幅幅美麗的畫作，許多的動作設計更可以藉由視覺藝術家常強調的「美的十大原則」：(1)連續（反覆）；(2)漸變（漸層）；(3)對稱；(4)平衡（均衡）；(5)對比（對照）；(6)比例；(7)調和；(8)律動（節奏）；(9)統一（統調）；(10)完整 29 來發想動作。

---

29 陳瓊花，1995：103-118。

　　但在雙人走秀教案執行時，教師可以有兩種實施的方式。一種是開放學生自由設計所屬的雙人亮相動作，在最後學生表演時，再說明他們的動作比較像是哪一類型的亮相動作；另一種則是在一開始就說明雙人舞舞蹈動作設計的某一類型，再請學生針對此一類型進行動作的創造。例如「平衡」（belance）動作，在現代舞中其實有著各種漂亮的平衡動作，是非常值得學生去探索的。選擇第二種教學模式的教師，在動作引導上可以配合先期進行過的**高中低水平位置遊戲**，在每一次鈴鼓停下時要求學生們兩兩一組做出自己獨特的「平衡」動作。在雙人走秀教學中，教師最後仍需要提醒學生，雖然走秀的亮相動作可以藉著雙人舞的動作設計來完成，但最後呈現時自信的表情與目光都需要投向舞臺前的觀眾，讓走秀依然能顯現出走秀的氛圍。

（三）多人走秀

　　多人走秀的進行可以結合「集體繪畫」（collective drawing）的戲劇教育技巧。學生可以順著 8 拍，依序在舞臺前擺出特定姿勢。當所有人擺出特定姿勢時，整個團體即組成一個具有畫面美感的隊形，或者富含戲劇張力、引人遐思的畫面。隊形組成後，教師再喊一個 8 拍讓大家一起退回舞臺，各自擺出自信的姿態站定。多人走秀的變化頗多，不同的行進隊形或每一次有不同的行進人數，都會製造出多樣化的美感。教師們可以依據最初走秀活動的目的來加以設計。例如圖 5-8，就是多人走秀結合國際教育議題實施之案例。

圖 5-8　莊敬國小利用學生多人走秀推廣國際教育

（四）結語

　　有經驗的表演藝術教師可以很快發現，筆者所使用的創造性舞蹈遊戲其實只有「高中低水平位置遊戲」和「名字遊戲」。簡單的遊戲經過巧妙的組裝，也能教授出原來意想不到的教學目標。一個表演藝術教師在熟悉基本遊戲之後所需要的，並非是多學幾種遊戲，更重要的反而是清楚了解教學目標，並且思考如何利用自己已知的遊戲來成就教學目標。走秀訓練課程就是在此種信念下出現的教學方法。表演藝術教育其實並不難，所需要的只是教師的仔細觀察和轉化喔！

五、演故事（play story）

　　一個好的故事一直是表演藝術課的核心。好的故事不但深具教育意義，其引發出的實踐力量也是不容小覷的。但是如何傳達出一個故事、尤其是讓年紀小的孩子入戲去演出一個故事，對於在學生身旁協助的老師們來說，總是充滿挑戰的。「演故事」這樣一系列的教學方式，能有效幫助學生在戲劇遊戲的情境下認知文本，享受閱讀文本的過程。過程中，學生多了參與感與想像力發揮的可能，也體認到劇本的詮釋具有多元觀點，演員在表達劇本時需要主動性的投入，而非老師指令下的傀儡。

（一）旁述默劇做暖身

　　旁述默劇[30] 作為一堂課的暖身遊戲，在創造性戲劇遊戲與創造性舞蹈遊戲之中都有廣泛的使用。例如在《上課好好玩》一書中，〈啞劇的魔奇力量〉此一章節就提供了許多暖身的遊戲。[31] 另外在《打通九年一貫舞蹈教學之經脈》

---

30 Heinig, R. B., 2001: 15.

31 Koehler-Pentacoff, 2003: 31-35.

中提及一個單元：動作「演說」，[32] 其原理就是旁述默劇的舞蹈版本。在舞蹈的旁述默劇遊戲中更重視給予學生肢體的挑戰，教師在編故事時，更重視學生的肢體必須展現多樣的身體造型、時間、空間與勁力等元素。

　　基本的旁述默劇操作方式是教師在一旁說故事，聽故事的學生就自然而然演出來。教師可以編造一段故事或一段冒險，讓學生用默劇的方式來演出。像是小綠豆的成長或是小水滴的旅行都是常見的引導故事。如何在活動前練習互信感，是讓旁述默劇成功的一個關鍵。讓孩子跟隨著鼓聲、鈴聲或一段音樂在表演教室中走動可以是一個很好的開始，因為音樂可以迅速建立表演空間、遊戲事件或儀式並轉化人們的意識。

　　停下走動之後，學生可或坐或臥，有時筆者還會要求他們閉上眼睛，用說故事的語調開始旁述默劇。通常在進行時，我會跟學生說：「這前一段是催眠的鈴聲，將會開啟你的想像力。當老師鼓聲一敲後，你們馬上張開眼，變身成老師故事中的角色！！」學生在進行旁述默劇的練習時需要安全的環境，特別在學生忘情投入時，教師應該注意他們之間的肢體是否會產生碰撞且發生危險。

（二）故事魔杖（story whoosh）

　　「故事魔杖」發展於英國，又翻譯為「故事圈」，「whoosh」的聲音就像魔法師拿著魔杖「咻～！」一聲，就可以讓圈內故事情境內的人物（學生即興扮演）回坐到原本在圓圈上的位子。此遊戲可在旁述默劇暖身後得到良好的運作。

　　「故事魔杖」運作的形式是參與成員先圍成圓圈，老師手上先拿著一根「魔杖」或「鞭子」──手上的道具是一種與學生共同建立的遊戲默契。老師可以說：「當老師手上的魔杖一揮，表演空間上（圓圈內）的所有人物就要回到聽講的原位（圓圈上）。」

---

32 張中煖，2007：115-116。

　　當默契建立後，師生共同閱讀一個故事，當教師講故事到一個段落，會隨機點圓圈上的幾位學生上臺表演剛剛敘述的情節。在他們表演完結之後，教師的「魔杖」一揮，唸「**whoosh!**」（如圖 5-9），學生就必須回到座位當觀眾。之後老師再說另一段故事，點臺下的另一群學生上臺表演。同樣地，當臺上的學生們表演完畢之後，老師的魔杖同樣一揮，請他們迅速退場，而這樣的模式一直持續到故事說完為止。

圖 5-9　故事魔杖

　　故事角色即興且不固定由某一位同學來演出是此遊戲的優點。因此，每個同學都有機會扮演故事中的各種角色與物件。教師可以審視學生的個性、能力與情緒，巧妙地安排不同的角色和表演團體。

　　建議學生在教師說完故事後再接著演一次，能加深學生對這個故事的記憶和想像。在語文科的閱讀教育裡更可以發現「故事魔杖」的戲劇遊戲有很棒的運用潛力。

（三）故事鐘（story clock）

　　「故事鐘」和「故事魔杖」一樣適合應用在語文科或社會科教學中。順應華人的文化，李其昌在推廣表演藝術的教學中，為了讓害羞不敢表演的師生體驗說演故事，就發展為：順著時鐘講述故事一次，然後再第二次由第一位參與者順著時鐘講述故事，緊跟著最後一位逆著時鐘扮演故事內的人物，即形成類似時鐘的運轉，分針動、時針跟著即興轉動。

　　先請學生排成一個如同圓形鐘面一般的大圓圈（參見圖 5-10），老師則站在鐘面十二點的位置。緊接由教師左手邊（像「分針」）的學生開始敘述故事，

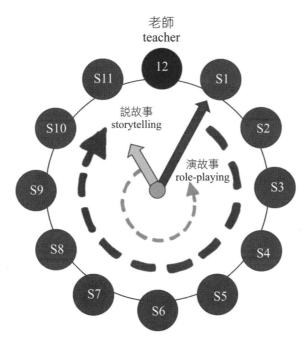

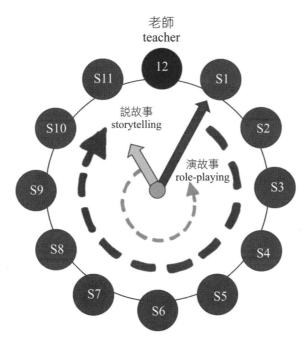　學生 1 號（S1）開始敘述一至三句故事內容，再輪學生 2 號（S2）接續其句子，直到學生 11 號（S11）結尾故事。

　當學生 1 號（S1）說故事後，學生 11 號（S11）依照學生 1 號（S1）的故事演出故事情節。如此依序直到學生 1 號（S1）也演了故事。

圖 5-10　故事鐘

敘述者緩慢地說或讀故事，參與者則按著故事內容進行，做出角色中各種不同的動作；右手邊（像「時針」）的學生則必須走向前，將剛剛聽到的故事情節用身體表演一次。

　　而後，位於說故事同學旁邊的下一位學生再接著將故事說下去；而位於演故事同學旁邊的下一位學生則再接著將故事演下去。如是接續，直到每一位學生都說過故事也都演過故事。

　　「故事鐘」可以配合故事接龍的遊戲，也可以說演已經閱讀過的故事。整個遊戲的關鍵在於教師要指導學生，先不疾不徐用接龍講一次故事，每個人的故事不宜說太長，以免聽故事的同學記不住而演不下去。所以教師不僅是控制說故事節奏的指揮，更是指導學生演故事的導演。唯有教師妥善地調度場面、建立無恐懼的遊戲環境，學生才能在「故事鐘」的遊戲裡玩得盡興。

（四） 說故事劇場（storytelling theater）

　　說故事劇場是一種獨特的表演形式，是一種「說故事」與「演故事」的絕妙編織。演員既要扮演說書人的角色，也要能和其他夥伴有效的搭配演出。因此，從事說故事劇場的演員，說話表達要清晰、聲音要有抑揚頓挫，以及表演要能深刻融入劇情。另一方面，演員的肢體表現力也要有好的水準。肢體的表演要有想像力、要有創意的驚喜感，更要能利用肢體來產出虛擬的空間與布景道具。就如同張曉華 [33] 所說：

> 劇中人物有時候會以第三者的身分，用旁白或獨白來敘述一些情況。演員往往需要穿著劇裝，當敘述時，其他演員還可表演默劇動作。同時可將歌舞、音樂作搭配演出，是較具動態的一種故事敘述戲劇表演。

---

[33] 張曉華，2007，265-266。

　　教師們該如何循序漸進地教導國小學生呢？首先應先深思學生所應展現的能力，然後充分地使用既有的劇場遊戲來培養學生的能力，以達成表演任務。因為使用劇場遊戲的課程可以讓學生在高度專注投入之餘，也維持一定水準的能力訓練。筆者建議教師們可由「肢體訓練」和「聲音口語訓練」兩大類的劇場遊戲切入。

　　在肢體訓練遊戲上，教師可先由「雕塑家」遊戲開始，讓學生習慣個人身體的變形和表演，之後再讓學生熟悉「集體畫面」的表演方式。學生們可以分組用肢體演出靜止的客廳、傢俱、公園或遊樂園設施等不同性質的空間。

　　接著教師可以進一步導入「四格畫」的表演遊戲，讓肢體演出開始加入時間軸，並與簡單的劇本相結合。在這個階段，童話故事和唐詩絕句的演出，都是很棒的教學單元活動。在肢體訓練的同時，教師可以穿插聲音訓練活動。

　　基本上，若是能讓學生經歷讀者劇場的先備訓練是最好的（可參閱本書第五章第六節讀者劇場訓練部分），但是若無足夠的時間，可針對音量和說話的清晰度來要求。一般國小教師在教語文課時的朗讀訓練，就是很好的練習時段。只要讓學生多一些個人朗讀或小組齊讀朗誦的機會，學生在表演時的音量與速度就會有不錯的進步了。

　　接著教師可以用「紙芝居」故事劇場來考驗學生說故事的功力。紙芝居的故事圖卡不一定要用學生創作出來的故事，可利用現成的故事或繪本當作圖卡圖片的來源。學生在進行紙芝居故事劇場表演時，要用分組合作的形式來展現，也就是一位同學當說書人，其他同學須用肢體把圖卡的意象表演出來。這可以讓一個人說、其他人演的默契建立起來。除了可用紙芝居之外，更簡便的關鍵遊戲就是「故事接龍」。

　　在此時所進行的故事接龍，要落實「名字遊戲」的精神，每個人先在腦海中預想一個詞彙。故事接龍也是分組來進行，理想人數在十人以內。每組同學說故事時，頭一位說到自己預想的詞就停止，接下來的部分就由下一位同學接續，直到故事完成。這樣的做法是為使編出來的故事較有意義，不會流於呆板和草率。

　　以下為《傑克與魔豆》以故事劇場形式編寫的劇本（雖說是劇本，並不表示在排演前劇本已經寫好，也有可能邊排戲邊修改劇本）：

傑克：（一邊演傑克一邊講故事）傑克一直在找貝希。

母親：（上場，直接對觀眾說）傑克的母親在找傑克，因為她有很重要的
　　　事要告訴他。（四處找傑克）

（母親和傑克在表演的同時，貝希上場，在臺上踱來踱去。）

母親：（找到了傑克）**傑克，我們必須把貝希賣掉。**

（貝希走到傑克身邊，傑克搔搔牠的耳朵。）

傑克：**為什麼，媽？**

母親：**兒子，我們太窮了，而且貝希也擠不出牛奶來了，沒有牛奶可賣，
　　　我們打哪兒去掙錢？**

傑克：**可是媽，你怎麼忍心賣掉貝希？**

（這時傑克從一堆乾草中拔出乾草餵母牛，觀眾由此便知他們置身在農場中。如要改變「地點」可以利用旁白輕鬆做到，例如：）

傑克：（邊說邊做）於是傑克牽著貝希慢慢地朝市集走去，突然……

賣豆小販：（旁白）有個長相很奇怪的老頭跟他打招呼……（對話）喂，
　　　　　小夥子！你牽著那頭牛要上哪兒去？

傑克：**我去市集賣牛。**

（引自 *Theatre Games for the Classroom* / Viola Spolin）

　　以上的劇本，除了粗體字是臺詞外，其他均是以「說書人：第三者」的形式來敘述故事；有趣的點在三位演員不僅要扮演角色與敘述故事，而且還要身體變形為「稻草」與變成「牛：（貝希）」或「賣豆小販」，運用演員身體、聲音、情緒靈活地即興變換角色、道具與場景等，因為充分運用想像力，創造力發揮十足。

六、讀者劇場（reader theatre）

（一）什麼是讀者劇場？

　　目前在臺灣語文教育領域中，特別是英語教學領域，讀者劇場已是教師們常用的手法。讀者劇場之起源是運用專業劇場中排戲過程的前期工作：「讀劇」（stage reading）而來的。最早的讀劇是劇作家在觀眾面前朗誦自己的劇本，而如今演員讀劇的目的，是為了要讓所有演出人員對於劇本更了解，讓導演跟演員共同研究劇本。將讀劇的重點運用在讀者劇場的教學上，常常以文學作品、故事改寫之劇本進行。教學者的角色就有如導演，可與學生共同研究並創作劇本，以使學生了解劇本的角色和情節。演出時可搭配手勢動作和少許道具，但將文本用流暢及有感情的方式閱讀出來，才是重點所在。[34] 由於讀者劇場所著重的是讓學生練習能夠「以自然流暢又有感情的閱讀方式將文本對觀眾表達」，在練習過程裡，演出學生必須先對文本有深刻的理解，如此才能同理情境，發出對的音質，傳達出對的情緒。

　　讀者劇場主要進行方式可分為四個部分：選擇題材、編寫劇本、演練修飾、朗讀表演。[35] 教師實施時，可依課程需要及學生程度，選擇不同的部分讓學生練習，例如第一次接觸讀者劇場的學生，可只用課本裡提出的劇本讓學生朗讀，其後更進一步教導學生舞臺表現的要點，讓學生手持劇本為觀眾朗讀表演。若高年級學生或中學生，文章組織和架構的能力較好，則可加入劇本編寫和修飾劇本，讓學生嘗試創作。當學生更熟稔讀者劇場時，則可以以做出評論或延伸文本的意義為目的，讓劇本打破原來的停頓位置或分配角色的方式，挑戰學生

---

34 張曉華，2007。
35 Bachers, 1993; Busching, 1981; Cook & Mayer, 1983; Dixon, Davies, Polifano, 2007.

對於閱讀材料的理解程度，使學生多些反思與意義分析，並且選擇性地聚焦於精華部分來表演，讓劇本轉化為有感染力的誦讀經驗。

（二）讀劇學生之聲音鍛鍊

目前市面上關於讀者劇場的參考文獻頗多，但可惜的是對於學生聲音的表達訓練著墨較少。讀者劇場運作時，演員如果能善用聲音和臺詞，就可以事半功倍地推動劇情的開展，幫助觀眾培養看戲的情緒，就如同相聲界講究「以相帶聲」。雖然語氣、聲調和情緒息息相關，但是對於人生經驗不足的學生而言，藉著情緒入戲是一件不容易的事。因此如何更有效地運用戲劇遊戲，來達成聲音反映情緒這件事，第一線的教師必須提供更多元、更細緻的策略。以下的幾個步驟可提供一些訓練學生表演聲音的技巧。

1. 暖身和暖聲

首先教師在訓練學生聲音的一開始，要先幫助學生暖身和暖聲。通常大肢體動起來後，學生較不容易緊張，許多內心的防衛也會卸下來，這時做任何戲劇的訓練都比較容易入手。大肢體動作暖身遊戲有很多，如「貓抓老鼠」[36]。此外，請學生利用「背部走路」或者利用髖關節屁股坐在地上移動身軀都很不錯。大肢體動起來後，要訓練學生臉部與口腔部位肌肉的暖身。最簡單的方式就是讓學生吃口香糖，其原理就如同《上課好好玩》中介紹的「暖生操」，[37] 其他類似方式如「彈動雙唇」、「釣魚遊戲」、「扮鬼臉遊戲」、「假裝打哈欠」或「面具」[38]都可以搭配運用。[39]其中「扮鬼臉遊戲」若能加上「鏡子遊戲」，由同學們兩兩面對面練習，會更增添臉部肌肉運動的多元性，讓學生發現自己不常使用的臉部肌肉。另外，臉部的「剪刀、石頭、布」遊戲也頗具趣味性。

---

36 趙自強、徐琬瑩，2002b：54。
37 Koehler-Pentacoff, 2003: 63.
38 Koehler-Pentacoff, 2003: 60.
39 陳英叡，2013。

教師可以請學生利用臉部表情設計「剪刀、石頭、布」的動作，例如剪刀可以是伸舌頭，石頭可以是嘟嘴，布可以是張大嘴。為了使同學們臉部有充分的運動，可以要求學生在班上一定要贏過十個人以上才可以回座位休息。基礎的臉部運動遊戲完成後，可引入情境式的臉部暖身，例如請學生表演吃到各種奇怪味道的當下表情。這些味道可以是「很酸很酸的檸檬」、「很辣很辣的朝天椒」或「有著神秘高雅甜味的糖果」等。在各種遊戲結束後，安排一段富有節奏的音樂，請學生用五官當作一個個的舞者、整個臉蛋當作舞臺，讓五官配合著音樂來一場奇妙的群舞。最後，可再加上簡單的臉部自我按摩也不錯；例如臉頰與雙耳交接的下關穴附近，就是一個很舒服的位置。[40]

2. 尋找丹田和聲音擴張訓練力量

接著要訓練學生學會利用丹田的位置來發聲，低年級的學生可以讓他們學習小貓的叫聲（meow），而且是嘴巴張大、聲響很長的一聲貓叫聲；又或者模仿犬吠（bow-wow），這兩種音聲的模仿，可讓學生自然而然地用到丹田的力量。此外，《戲法學校基礎篇》裡有個「哈哈報數」[41] 也可拿來運用，讓孩子們更清楚感受腹部的肌肉力量。但對中高年級的學生來說，此遊戲最好改為兩個人一組，輪流以對方的腹部為枕，較不會使學生感到尷尬。找到丹田（肚臍下三根手指處）位置之後，要訓練學生由丹田發聲，且氣息要夠長、夠大聲。最簡單的鍛鍊可以請學生多做仰臥起坐，平常多多使用腹式呼吸法。[42]

之後在上課時，可要求每位學生先在空間中移動，開始想像運用聲音填滿空間，[43] 然後單獨面對牆壁，大聲喊「哈！」，想像自己的聲音像乒乓球一樣往牆壁發射出去——而且是用腹部丹田之力將聲音彈射出去。[44] 這時可以請學生同樣兩個人一組，自己手按丹田且彎腰發聲，同時彼此為對方測量秒數來進

40　洪曉芬，2005：65-66。

41　趙自強、徐琬瑩，2002c：84。

42　吳清燁總編輯，2010：21。

43　Winston, J., & Tandy, M., 2008: 13.

44　洪曉芬，2005：65。

行比賽，以增加學生練習興致。另外，要使氣息均勻，也可以再加上「吹面紙」的練習。可以抽一張面紙，先以雙手固定在牆上，對著它用力吹氣，使氣息集中在一點，使面紙掉不下來。比賽看看誰能讓面紙停在牆上的秒數最久。尤其在氣快不足時，可以微微蹲一下，氣息又可以再增強一些。上述的發聲練習要日積月累，方能見到學生的成長，因此要請學生有恆心的練習。

3. 角色分析與體腔共鳴

正式讀劇之前，教師應該引導學生對劇本的角色進行**角色分析**。[45] 角色雖然包含著聲音、肢體和外形的設定，但在讀者劇場中，「聲音」幾乎要表現出劇中角色所有的訊息。角色聲音的特質可以從生理的、心理的、社會階級性的來分析，並思考各層面對「聲音」的影響。[46] 首先在心理方面，我們首要理解的是聲音一定具有「音質」、「音高」、「音量」和「節奏」四大要素。每一個因素都會受情緒的影響，在這其中，「音質」是傳達情感的最大關鍵。因為只有真正入了戲、有了一些身心反應，才能傳達出感動人心與可被信服的音質。

但是對於國小學生而言，有一些音質是小孩子較難達到的，教師可從簡單的要求做起。例如要求學生在讀劇時，遇到「驚嘆號」時聲音要大聲一些、遇到「問號」時尾音要上揚，接著引導學生思考同一句臺詞「重音」應該在句子中的哪裡、將重音放在哪裡才比較符合演員入戲後應該有的情緒。另外，「停頓」也具有潛臺詞，[47] 聲音該拉多長、該停多久都可由讀本上的文字細節去思索。因此可以鼓勵同學們平常在讀劇本時，自己先試試一句話分成兩個或三個段落來表現，感覺一下怎麼樣的表達最合適，之後再加上不同的說話速度，加快或變慢一起體驗，一定能找到自己詮釋劇本的聲音演出。[48]

此外，教師還可以告知學生，理性感情的語調要多用頭腔共鳴；感性語調要用胸腔共鳴來發聲；憤怒的感情語調則要多用腹腔共鳴來提供力氣。但是如

---

45 關於角色分析可參閱容淑華，2013：66-68。以及李國修著，黃致凱編，2014：40-47。
46 吳清燁總編輯，2010：22。
47 吳清燁總編輯，2010：23。
48 黃俊芳，2014：27。

果聲音持續性地往腦門上竄，這種人反而是比較非理性的，也就是其頸部用了力。而若是聲音可以持續用丹田發音，這樣的人反而是理智的，因為氣沉丹田肩膀必定要放鬆。放鬆的狀態下，腦子是比較清醒的。[49] 每個體腔的覺知可以由平時暖身訓練，學生在自由行走探尋空間時，要求他們將身體重心輪流放在頭部中心、胸口或是小腹丹田，慢慢讓他們學會感受自己的身體。進一步的入戲技巧可以在高年級實踐，首先讓學生先以一個顏色或是形狀定義出角色，然後再請學生說臺詞時，不斷地在腦海中感受之前設定的顏色或形狀，這樣的表演效果既自然又容易到位。

　　具體的練習如下：教師先請學生說出一個自己最喜歡的顏色，並用一個形容詞來形容這個顏色，如金色、淡藍色、粉紅色等。之後請學生說一句臺詞：「我是○○色的花。」並且做出相應的動作，讓人真的有感覺到身體花的顏色。當每個同學做完之後，大家再一起討論誰做的最像，讓意象、聲音與動作的連結更到位。

　　此外，在生理方面，學生必須明白人的年紀與性別會關係到角色的聲音表現。老人角色的聲音喉嚨要放鬆，音量不能放到最大；若是牙齒掉光的老者，可以捲起舌頭來說話；女人角色的聲音要細、要拉長，胸腔與頭腔共鳴較多；男人角色的聲音較低沉，特別要展現力量時，要多使用腹腔共鳴。若是有小孩子的音色需要挑戰，要記得小朋友多半使用簡單喉音，嘴型較扁，不要出現腹腔共鳴，由於孩童生活經驗較少，聲音會顯得天真可愛。

　　在社會階級上，讓學生練習思考多種角色或職業的原型可能應該有怎樣的聲音，例如：王子、英雄、君主、軍人、情婦、刻薄後母與巫婆等。以王子與英雄來說，是以胸腔共鳴為主較能讓人感到堅定的熱情；若是情婦，其聲音可以處理成充滿鼻音共鳴、嗲聲嗲氣，臺詞內可以多用「ㄢ」、「ㄣ」、「ㄤ」的聲響；而尖酸刻薄的繼母、巫婆，其聲音可多用頭腔共鳴，臺詞內再多加「ㄧ」、「ㄟ」的聲音。[50]

49　洪曉芬，2005：60。
50　涂家屏、曾齡儀、孫成傑、盧貞穎，2006：7。

4. 磨練合作默契

　　最後為了使讀劇表演時，演員之間的默契能更為加強、彼此間的臺詞接續能夠天衣無縫，教師可以參考本書所介紹的合作遊戲，進行磨合教學。例如導入雙人遊戲裡的「功夫大師」遊戲，在此遊戲中，同學們兩人一組，面向對方。兩人相聚約五步之遙，在彼此敬禮後，模仿武術大師決鬥之情況。唯一不同的是，彼此不能真的打到對方，只能隔空發招。發招者要想盡辦法每次使出不同的招式並伴隨不同的聲音，而接招者也要趕快想到承接招式的動作，並且假裝真的被擊中，努力卸勁和消化勁道，隨後再次還招。遊戲的兩人都不可忘記動作需和聲音配合，並且必須不斷地觀察對方，以建立默契。

　　最後可以用一個「吹牛」遊戲 [51] 來統整學生發聲、默契與編劇能力，學生們可以自編一段「自我介紹大吹牛」，活動前先提醒謙虛是美德，但是在此遊戲是要訓練舞臺的誇張化動作與聲音。遊戲時，每一個人都要用極度誇張的方式述說自己不曾做過的豐功偉業。可以兩、三個人一組，每一個接話的人都要用虛構的「了不起事蹟」來炫耀，並贏過前一個發表的人。在遊戲中，學生們將會相互喝采與賞識對方，也可以分組討論如何增強吹牛效果或誇大動作與聲音，達到彼此磨練合作默契。

---

51 Jennings, S., 2013.

第六章
表藝習式應用於各科之案例

　　南加大（USC）校長尼奇亞斯（C. L. Max Nikias）受《天下》雜誌採訪時言道：「跨領域教學，才能教出下一個賈伯斯」[1]。十二年國教新課綱更在藝術領綱教材編審中提出：「各教育階段教材每學期至少一個單元採取跨學科、跨領域之主題、議題、專題或現象導向的統整設計」[2]。因此，在表演藝術課程裡，不論是創作性戲劇教學法或創造性舞蹈教學法都很適合融入各科，皆可進行有效又雙贏的跨領域教學。[3]

　　小學階段係以包班制進行教學，相對於中教部分較常以分科教學，看起來小學教師較常進行跨科或跨領域教學。然而與共同作者邱鈺鈞交談之下，才知道小學教師雖然在師培階段修習各科教材教法，但並不表示小學教師在教授課程時，能夠具備跨領域的思維，因此跨領域是需要學習與探究的。我們先舉大家認為中學階段習以分科為常的教師這十幾年來嘗試進行的跨領域教學為例，可以讓小學端教師借鑑參考。

　　在國家教育研究院「愛學網」[4]的教學示範影片中，國立臺灣師範大學曾明生[5]的舞蹈系列二〈舞動介係詞〉，就以創造性舞蹈與國中英語教學的融合統整做出示範。而國立清華大學劉淑英校閱、程宜莉與詹雅涵翻譯的《舞蹈與統整性課程設計：101動作歷險記》（2008/Lynnette Young, Diane Newman, Beth C.

1　鄧凱元，2017。
2　教育部，2016。
3　鄧凱元，2017：107。
4　愛學網（https://stv.moe.edu.tw/co_video_content.php?p=787&chap=2），2012 年初成立，內容包括：電視館、學習萬花筒、益智遊戲、名人講堂、活動廣場與知識地圖。提供中小學師生學習素材。
5　曾明生，2006。

Post），也試圖介紹外國教師如何利用創造性舞蹈教學來融入領域教學，讓學生在一堂課裡同時學習了舞蹈和學科的概念。[6]

不僅如此，高雄市阿蓮國中的許靜芳老師結合科技領域，讓學生配置舞臺模型的燈光，[7]進行班親會的公開表演；無獨有偶，臺中市光正國中謝志沛老師更與導師、老師們聯手結合健體領域、社會領域，教導學生編創了運動會「進場」之舞，[8]可見專注實務教學的表演藝術老師們已對跨領域教學有越來越多的關注。

中學老師因為習慣分科教學，一有跨領域教學，容易成為亮點，也是新聞雜誌的報導素材。然而，回頭來看小學老師的教學內容，除了科任老師外，大多是級任老師，身為級任老師必得教授語文、數學、社會與健體等領域內容，廣而能教，其內匯聚各領域的教材精華，如果僅在該課堂專一而教，勢必可惜。

常言道，學習講究觸類旁通，因而本書強調每一個領域課程皆有其觸類旁通的「跨域契機」，只要教師意識到此，猶如「詩中有畫，畫中有詩」一般，語文能與視覺藝術結合，進而能再使用「定像」的戲劇習式手法，讓學生扮演，課堂上絕對生動不少。

在本書兩位作者的討論之下，我們畫了一個圖來解釋「跨域契機」（圖6-1）。我們斷言「跨域契機」必曾出現教學之中，且每位老師都必曾有此構想，部分的老師可能達到此點時，會產生困惑：「究竟要如何跨域教學，讓學生更喜歡、更容易了解這堂課程內容？」老師有如此的疑問，便是往上與向下探求，並進行教學反思的心流時刻。

「？」的產生，表示教師已經具備跨域與創新教學，因為他們將「不復也」！這句擷取自孔夫子的名言，若是再將前面的話補齊，大家一定不陌生：「舉一隅不以三隅反，則不復也！」有人解釋這句話的意思是，就「不再教」這位無法舉一反三的學生；但是，這不符合教學現況，其問題重點不在學生，

6 Overby, L. Y., Post, B. C., & Newman, D., 2008.
7 自由時報，2016。
8 臺灣好新聞，2019 年 11 月 10 日。

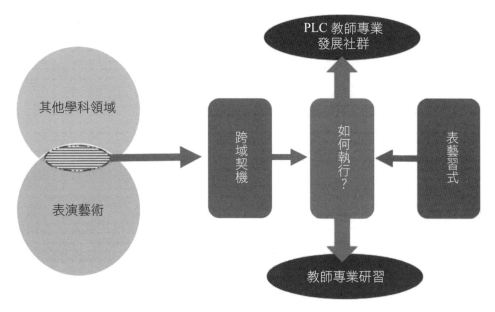

圖 6-1　跨域契機

應該是教師需要翻轉——「不再重複使用同一個教法」，因為學生已經無法舉一反三，請教師改變或調整自己。那麼如何改變呢？依照《總綱》的建議有二：

一、自我提升：教師專業發展

教師可透過領域／群科／學程／科目（含特殊需求領域課程）教學研究會、年級或年段會議，或是自發組成的校內、跨校或跨領域的專業學習社群，進行共同備課、教學觀察與回饋、研發課程與教材、參加工作坊、安排專題講座、實地參訪、線上學習、行動研究、課堂教學研究、公開分享與交流等多元專業發展活動方式，以不斷提升自身專業知能與學生學習成效。

二、經費支持：專題與跨領域課程

A. 各校開設跨領域／科目專題類課程，其專題小組人數及每位教師配置小

組組數所需經費及相關規定由各該主管機關訂定之。

B. 教師進行跨領域／科目統整課程之協同教學，經學校課程發展委員會通過後，其協同教學節數可採計為教師教學節數，所需經費及相關規定由各該主管機關訂定之。

在自我提升方面，參與 PLC（教師專業學習社群／Professional Learning Community）是教育部極力推廣的教學成長活動，不同領域教師身懷十八般武藝，彼此定期交流，學習成效與彼此關懷均有助於教學調整。在經費支持方面，其實也是行政與人力的支援，當教師有跨領域的需求時，可以在課發會提出，獲得通過後，由不同領域教師共同授課，協同教學的節數可以採計為教師的教學時數，這是十二年國教重大的改革。上述兩個總綱的建議，均可協助教師在擁有「跨域契機」對外尋求協助，然後在課堂進行「實驗式」的教學，教師的改變對於學生的學習，可得教學相長之效。

本書有鑑於此，將更進一步精確地以臺灣本土課程為出發，結合戲劇與舞蹈。真正展現出已在國小校園成功實踐過的範例，提供讀者可以立即上手的教學內容與策略。上述教學策略可依《總綱》之「三面九項」的核心素養內涵模式（參見圖6-2）來進行教學實驗，其中「藝術涵養與美感素養」（B3）項目歸類於「溝通互動」（B）之面向，換言之生活情境是課程的連結根源，其連結可以藉藝術領域善於溝通互動的特性。藝術領域課程不僅可以單獨授課，也可以協助其他領域的教學者跟學生「溝通」，以引起學生興趣，並達到活化課程的目的，當然也可以藉著表演藝術「互動」的特性，增進師生的對話關係。增進師生之間的關係，有助於班級經營。

藝術領域的課程從《總綱》的三面九項而延伸，依循這九項目，再依小學階段發展為九個對應的核心素養，八大領域課程皆由此而產生課綱。因此，十二年國民基本教育課程的重大改變是跨領域教學，因為其核心是培育學生成為一位「終身學習者」。此策略雖然具有尖端性，但是缺乏重要的引導模組與更多實際教學活動案例。

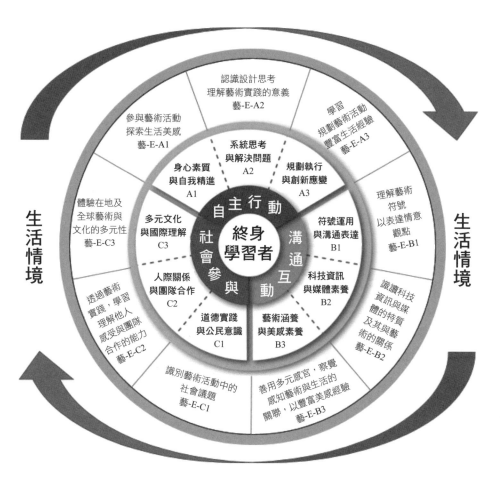

圖 6-2　核心素養的滾動圓輪意象（參考《總綱》及藝術領綱）

　　本書的要旨則為服務教師，把握「跨域契機」，遵循《總綱》的建議，除了參與研習及社群，還可以參考此書的建議，把握論語〈述而篇〉「游於藝」的基本理念，將表演藝術成為教學的核心與媒介，使課程具象化、活動化，讓課程與課程之間「游」起來，彼此溝通互動，提升學生的學習興趣，為國家培育跨域的人才，增加學生學習的廣度。

　　在〈藝術領綱〉的「教學實施」中，明確建議可以運用表演藝術的「角色扮演」及「意象引導」以促進教學：

藝術領域教學以引導學生藝術探究、自主學習、互動對話與實踐參與為主軸，以學生為學習中心，應用多元、靈活、彈性的教學方法、教材教具、多元樂器等，培養藝術核心素養。除了領域教學外，可統整年段與其他領域／科目，搭配彈性學習課程、社團活動、團體活動等課程，運用多元方式教學，並在舉例或引導反思上，得導入性別平等、人權、環境、海洋教育等議題之價值觀點，以豐富教學的內容。

1. 建立學習情境：教師應營造適合該學習階段的藝術學習情境，運用案例、角色扮演、意象引導與軟硬體設備，引發學習動機和安排學習歷程，鼓勵學生主動學習，引導察覺、感知、嘗試、探索、實作、思考價值態度，並負起學習責任。

2. 發展基礎技能：教師可以提供良好示範，提示重要技能，並依據教材性質斟酌採用講解、示範、問答、發表、討論、遊戲、實作、展演、合作學習等教學方法，發展藝術基礎技能。

3. 培養美感態度：教學時應啟發學生多元感官體驗與學習，引導表現、鑑賞與實踐的能力，養成對美的感受與知覺，並能表現於各種空間與場域。

4. 促進師生互動：教師能以積極、開放、熱忱的態度引導學生自主學習、溝通互動與社會參與；尊重學生的詮釋、原創、獨特表現或解決問題的方式，並能正向回饋學生合宜的表現。

5. 實踐平等價值：應引領學生破除當今社會在本領域相關職業上常見之性別區隔與職業階級歧視。強調在本領域生涯發展與職業探索方面，依循自身興趣與所長，自主探索與職涯發展。

以表演藝術而言，「建立學習情境」為其擅長之處，因為表演藝術講究身歷其境（living through），並在情境之中利用自己的聲音、肢體、表情等身體語言，結合視覺與聽覺元素，藉由模仿動作與關係互動等形式進行創作展現。因此利用表演藝術，也可以增進教師「發展基礎技能」，將教室當作舞臺，以虛擬實境實踐藝術教育。

因為表演藝術強調虛擬的美感，從體驗的學習中可以增進學生「培養美感的態度」，讓他們不是單單從「聽覺」、「視覺」來學習，還有加入「動覺」，以提升其美感經驗。也就是說，只要是學科中含括表演藝術的身歷其境，在活動中師生為同一件事情實作，即可達到「促進師生互動」的目的，師生教學相長，彼此交流，確實可以「實踐平等價值」，因為教學強調做中學，教師不僅可以藉實作提高學生的學習興趣，也可以從學生實作中了解學生學習的狀況，不僅提升領域的核心素養，也可以奠定學用合一，減少落差。

誠如李其昌（2016）[9]的建議：

健全的領域內學習基礎，再來執行跨領域的教學策略，利用「藝術工具」（例如表演藝術）為教學媒介，學習始能因相互連結融通，穩健倍數滋長。

空說無憑，我們接下來將從除了表演藝術外的課程，一一舉例說明，分別為：語文、自然、數學、社會、健體、視覺與音樂藝術（跨科）、綜合及科技領域，介紹表演藝術與藝術領域及其他領域，跨科及跨領域教學事例，並且輔以「議題融入」的方法與示例，以利第一線的教師們舉一反三，適時、適地、適人合宜運用。

9　李其昌，2016。

一、語文領域

　　語文領域一向與戲劇領域緊密相連，而史上許多諾貝爾文學獎得主也都是劇作家，可以見得劇本創作本身就包含了豐富的文學性。而國內也有陳仁富老師撰寫的《即興表演家喻戶曉的故事：戲劇與語文教學的融合》、許瓔玲老師的《語文戲劇化教學》[10]和林秀娟老師著述的《說演故事在閱讀上的應用》[11]等專書來證明語文領域與戲劇學息息相關。在臺灣語文教學領域裡，不論是本國語文或外國語文，表演藝術都有其融入教學之處。例如在英語領域教學中常用的創造性戲劇遊戲「鏡子遊戲」，[12]就可以找到與之搭配的英文兒歌「The Mirror Game」，[13]或者一邊教唱「Come and Join the Game」[14]一邊進行「名字遊戲」的暖身，之後接著進行「字母遊戲」[15]的戲劇教學。表演藝術中的戲劇教學，在模擬語言使用情境上，有其不可取代的教學價值，也因此在語言教育裡「聽」與「說」的方面特別有介入的空間。

（一）唐詩教學

　　宋代文學家蘇東坡曾說過「詩中有畫」，這是真的！在語文課中，教師可以使用四格畫（freeze frame）的技巧來進行一場唐詩教學課，[16]讓「詩中有畫、畫中有詩」的意境得以呈現。具體的教學方式可參考上一章 still image 技法介紹與《戲法學校》一書中「四格漫畫」的教學單元。[17]

10　許瓔玲，2012。
11　林秀娟，2011。
12　Heinig, 2001: 14.
13　幼福編輯部，2014：67。
14　Muffin Songs, 2011.
15　Koehler-Pentacoff, 2003: 41.
16　廖順約，2006：249。
17　趙自強、徐琬瑩，2002a：156。

　　在康軒版四下的國語文課程中，有首唐朝韋應物的〈秋夜寄丘員外〉，詩句如下：「懷君屬秋夜，散步詠涼天。空山松子落，幽人應未眠。」於是筆者就利用絕句「起、承、轉、合」的特性，要求學生用身體表演出每一句的意涵。每一幕中，表演小組的每一位成員都需要出現，而且動作要包含高、中、低三種不同水平空間位置，如此一來才能兼顧肢體動作畫面的美觀。學生共表演了四幕，也就是四個靜止畫面。每一幕之中學生站的位置與擺出的姿勢都可以看出學生對詩句了解了多少，而且分組表演更讓閱讀理解快的學生有機會分享他們對詩的想像給理解較差的同儕們。在過程中更可以發現學生許許多多意想不到的創意，例如在這堂課中學生們收集「橡皮擦」或「小紙團」來表現「落下的松子」。獨特的創意也創造出不少戲劇效果，讓學生們對這首詩有了更多經驗與回憶。

　　除了利用絕句四句詩來表演出四幕畫面外，教師還可以要求學生利用 freeze frame 的技巧再做創意思考後的呈現，以訓練學生對文章的推理和評估。像是〈秋夜寄丘員外〉中提到「幽人應未眠」，教師可提問：「幽人是誰？他若未眠會在做什麼？」若是教到其他的唐詩，如李白的〈獨坐敬亭山〉，就可以問：「你們心目中最美的敬亭山應該長怎樣子？請你們給老師一個定格畫面。」或是李白的〈靜夜思〉，則可以問學生：「你們心目中李白的故鄉長什麼樣子？他最懷念故鄉的什麼？請你們給老師一個定格畫面。」這個教學技巧亦可用於引導故事或事件的接寫，例如教師可以問：「你覺得李白看過敬亭山後，他下山第一件要做的事是什麼？大家可以用一個畫面演出來嗎？」這樣一來，學生就自然地透過討論、合作來進行作文接寫的思考了。此一做法也呼應了本書所強調的創意教學，給予學生更多發揮創造思考的機會。

　　在使用 freeze frame 的技巧來教授唐詩時，值得注意的是學生在表演詩句的當下，有些同學是以聲音的韻律來思考表演，他們的表演就會像手語歌表演，或是像創意的朗讀表演一樣，用動作來翻譯一個一個的字。這樣的表演會限制學生對畫面的想像，也會使他們的動作不夠開展。在唐詩的練習純熟後，童詩

與現代詩也可以成為類似教學法套用的課程。[18] 只要教師先協助分析出那首詩需要幾幕來呈現，就可使學生表演運作順暢。

　　此外，筆者認為表演形式並沒有一定的優劣，表演者除了表演外在的全景式圖像，也可以表演讀書過程中可能出現的內在情感。不論哪一種，教師皆須清楚教學目標，唯有施教者不斷反問自己要培養學生什麼樣的能力，課程的教學才會有延續性、有整體性。

TEACHING TIPS

- freeze frame 的技巧結合高中低水平暖身遊戲相當合適。在完整的一堂課裡，務必使暖身活動與主題活動緊密相連。
- 唐詩教學一開始需要有一個示範組，以利第一次參與戲劇活動的學生理解。而老師示範的唐詩靜止畫面最好與同學接下來要表演的不同。
- 活動評量時，可以加入學生的回饋。學生的回饋可以用單手手指比出來。五顆星用五隻手指、四顆星用四隻手指、三顆星用三隻手指，以此類推。以多數人的看法給予評定，並將學生的評分納入單元評分的一部分，以訓練學生審美與觀看的能力。

（二）覺知標點符號和朗讀聲調 [19]

1. 標點符號的覺知

　　如何教會國小學生正確的使用標點符號，一直是國語文教學的重點。小朋友們寫作時常常會連用好幾個逗點，直到段落結束才使用句點；或者每一個停頓就使用句點。然而要如何使學生真正直覺地感受標點符號，就必須由朗讀課文下手。朗讀課文除了跟讀者劇場所使用的技巧相關外，仍有一些表演藝術遊

18　張中煖，2007：130。
19　邱鈺鈞，2016c。

戲可以讓學生更有趣地學習標點符號的使用。

　　首先教師在黑板上畫出各類標點符號，之後請同學們用不同的聲音來代表不同的標點符號。例如用狗叫聲代表句號、用打噴嚏來代表逗號、用貓叫聲代替問號、用拍手聲代替引號等。接下來就是找一篇有各種標點符號的文章來讓同學一起朗讀。學生在朗讀時會笑聲不斷，他們會發現一篇文章之中標點符號是很多的、是必須的。最後慢慢引導學生思索各類標點符號——如果真的有聲音或是動作，應該是怎樣的呢？例如逗號可以是短暫的停頓並輕輕的點頭、句號可以是單手握拳且比逗號有更長的停頓、遇到「驚嘆號」聲音要大聲有力量。因此教師在課程最後若能加上自己示範的朗讀表演，將可加深所有學生的印象。上述活動最終是要引導學生知道舞臺上每一個聲音代表一個畫面，而每一個畫面也似乎都有內在的聲音。

2. 朗讀聲調的察覺

　　在標點符號發聲遊戲後，教師可以緊接著進行〈胡言亂語〉的遊戲。所謂的〈胡言亂語〉就是學生兩兩之間用不合邏輯、無意義、非本國語言來做溝通，但兩個人要煞有其事地將溝通行為繼續下去，直到老師規定的練習時間長度為止。這個遊戲有多種玩法，例如有人以說出有節奏感的數字來代替胡言亂語的說話內容，也有人加入翻譯者的角色讓〈胡言亂語〉的遊戲更有趣。但在語文訓練裡，我們只要要求以簡單的單音來進行〈胡言亂語〉遊戲即可。因為單音進行遊戲不但簡單，更容易發現原來說話溝通時，聲音是需要有速度、有起伏的。靠單純的聲音變化有時候就能傳達許多語言使用的情境及語言使用的情緒。教師可以利用網路上嬰兒對話的影片來鼓勵不敢參與遊戲的學生們，當學生看到連嬰兒都能利用單音自在地溝通，就會馬上明瞭這個〈胡言亂語〉遊戲其實是人類的本能行為。另外，不用去限制學生在單音胡言亂語對談的過程裡使用肢體語言，反之，教師要在遊戲後強調其實在人類表達的當下，聲音是與動作搭配的。若是一場慷慨激昂的演說沒有了手勢和動作，它的呈現是令人感覺荒謬的，而且更多時候，我們是藉由別人的肢體與表情來適當理解他人的情緒。

　　讓學生學會感知標點符號和朗讀聲調，不只是同時增進學生「口說」與「寫作」的能力，更讓學生明瞭到語言表演時，要讓語言看起來自然必須兼顧的地方。而有魅力語言展現是可以經過反覆練習達到的。

TEACHING TIPS

・注意學生的聲音選擇，避免不雅或粗鄙的聲音。教師可先設定聲音的類型，例如動物的聲音、機器的聲音等。

・適當的分組競賽可以讓學生更專注在達成教師的教學目標，也會激發學生彼此學習。

（三）成語大挑戰

1. 單一成語的戲劇遊戲

　　成語教學要有趣，教師們不只可以介紹成語故事或演出成語故事，更可以利用創造性戲劇遊戲或創造性舞蹈遊戲來加強學生的印象，[20] 像是傳統遊戲「比手畫腳」就得到許多老師的愛用。但是除了這些之外，教師還可使用本書介紹的「名字遊戲」來切入成語教學。如果教師設定單一成語，就可以使用〈007 砰砰〉這樣的遊戲來改編。〈007 砰砰〉是學生圍成一個圈，圈內一人先指著任意一人喊「0」，被點到的人迅速指圈內另一個人喊「0」，接著被指到的人也迅速指圈內另一個人喊「7」。當喊「7」的同學出現時，站在「7」兩側的同學要轉身面對喊「7」的同學，同時做出手槍的手勢喊「砰砰！」兩聲。遊戲採用淘汰制，若有人在遊戲進行中喊錯、延遲喊出聲音或延遲動作都須被淘汰。所以當遊戲開始後，遊戲場上只會不斷地聽到「007 砰砰」、「007 砰砰」……的聲音急促進行。

---

20 張中煖，2007：118。

當學生熟悉這個遊戲後，教師可以將〈007 砰砰〉改成想要叫的成語，並依照成語的特性來設計學生應有的動作。例如：老師可以將〈007 砰砰〉改為「一鳴驚人……啊啊！」。原本手槍的手勢可改成雙手像翅膀一樣舞動，面對中間的同學大喊「啊啊！」兩聲。這樣的設計就含有驚「人」的雙關意圖，可讓遊戲更有趣。舉凡有樂器或動物形象的中文成語都很適合拿來設計遊戲。這樣的遊戲在國小中低年級對學生很有吸引力，不但幫助學生記憶成語更可培養學生專注的能力。

2. 眾多成語的戲劇遊戲

當學生到高年級，成語認識得比較多了，就可以要求每一位同學找一個不同的成語來玩「名字遊戲」。遊戲同時，學生必須為他所找的成語設計出獨特的一個動作，以方便其他同學記憶。遊戲方式就如本書前面章節所提，藉著喊對方的成語、做對方的動作來搶奪對方所站的位置。完成這個遊戲，會讓學生們學到更多的成

圖 6-3　先猜出對方的成語就能把對方抓過來

語。但若要更加深學生的記憶，則可以將學生分成兩組，如圖 6-3，中間以活動布幕分開。之後兩組各派一人走到幕前蹲下，由教師和助教迅速放下布幕，先猜出對面同學所代表的成語的那方，就可以將未猜出的同學俘虜過來，被俘虜的同學就要坐在後方靜待遊戲結束。哪一隊能把對方全部俘虜即可獲得最後勝利。

記憶遊戲後，還要進行其他步驟來測試學生對成語的理解是否正確。完成前述遊戲的教師可以將學生隨機分組，五至六人成一組。請每一組編一個故事，故事中必須使用到該組成員所用的成語，而且成語的使用必須正確妥當。編完故事後，再請同學們演出來。藉由班上公開發表與呈現，所有同學都可以漸次了解到遊戲中所使用的中文成語和其正確之用法。類似的教學模式可以推展到英語同類型單字教學或是本土語文的名詞用語教學，都應該有不錯的成效。

TEACHING TIPS

- 注意學生分組時，儘量使兩組學生實力相當。
- 布幕的選擇要注意大小和材質。大小要夠大，能遮住至少一半班上同學為佳。材質要有完全的遮蔽性。
- 學生在布幕前要猜出對面同學身分時常常會擠成一堆，最好的方式是只有真正參與的人站在幕前，其他同學應該要離他至少一大步。
- 教師要留意被俘虜的同學是否乖乖坐在後方，有沒有站起來偷傳遞暗號。
- 成語戲劇呈現不用太長，重要的是留心學生成語的使用是否恰當。

（四）圖畫引導寫作

國小長篇的引導寫作往往讓剛開始寫作的孩子感覺到困難，因此許多中低年級的引導寫作會藉著四格漫畫來幫助學生開展文章。但是從「看見」一直到「寫出來」的過程裡，對一些孩子仍然是有距離的。此時可以利用一些戲劇活動激發學生想像力，**先讓學生口語說出來，自然而然，寫作也會降低難度。**

1. 暖身遊戲

教師可以進行以下的**暖身活動**以試圖引導出學生對畫面的想像力。一開始教師可利用高、中、低的水平律動遊戲暖身。當學生在遊戲的情境裡時，他們的想像力會比較活躍。之後就全班以五位同學為一組表演人員，依序上臺演示直到全班都輪過為止。學生上臺後，教師先引導學生跟著鈴鼓聲自由探索舞臺空間，接著在學生無預期的情況下，鼓聲停止，並要求學生以 freeze frame 的技巧做「停格」畫面。學生無計畫的停格後，再請臺下的觀眾詮釋這個停格畫面發生在哪裡、臺上每個人物正在做什麼、他們之間有什麼關係、他們之間發生了什麼事件。老師的問題圍繞著 5W1H（who, what, when, why, where, & how）將可以讓學生的敘述更有邏輯性。理想的狀況下，學生的描述會越來越清晰，事件因果關係的說明也會越來越明確。每一組可以停格兩次，全班累積起來大

約就有十次的集體練習。

2. 焦點人物（hot sitting）說出五感

　　暖身的戲劇遊戲之後再進入四格漫畫的引導寫作，將會對學生有一定的幫助。緊接著教師要加強學生各種感官摹寫的能力。就以先前唐詩〈獨坐敬亭山〉的教學為例，當演出第一句「眾鳥高飛盡」時，如果有同學正演出「鳥」的角色，就可以請該生上前，詢問他作為一隻鳥，這一幕看到什麼、聽到什麼、身體觸碰到什麼、鼻子聞到什麼、耳邊又聽到什麼。鼓勵學生講得越多越好，儘量多用形容詞，說得越仔細越好。教師們更可以分組競賽，看看哪一組的角色能發揮想像力，將五種感官的體驗詮釋得很詳細。學生間可以互相學習，彼此修正。最終是表演課程後，要保留學生寫作的機會與時間。在學生印象還深刻時趕快寫下他們在課程裡的想像。

TEACHING TIPS

- 學生在實作時最大的困擾往往是體驗不足。給學生充足的體驗機會，往往是學生在提筆寫作時能否表現優異的關鍵。
- 在〈獨坐敬亭山〉的唐詩定格表演教學中，常常會有學生在定格中表演「李白」，是老師操作焦點人物（hot sitting）的好機會。

（五）創意讀劇，課文大改造 [21]

　　目前國語課文中有出現過許多歷史的、寓言的、相聲的劇本，這些劇本是完整的，也非常適合直接拿來作為讀者劇場練習的素材。各個書商出版的國語課本裡也包含了許多的記敘文，如遊記、成語故事、偉人故事、名人傳記等。上述文類都可以作為創意讀劇、改造課文的基本材料。在這之中選擇故事性「古

21　邱鈺鈞，2015b。

文」來作讀者劇場，對閱讀理解、對師生來說最有效益。因為文言文中需要學生理解的語意太多了，反覆去琢磨可以讓學生不會害怕文言文，由文言到白話之間的翻譯也會更為流暢。為此筆者以臺灣國小五或六年級國語文課本中常常會出現的「狐假虎威」一課為例，來說明學生創意讀者劇場的教學流程。「狐假虎威」一文出自於西漢劉向的《戰國策楚策一》，其原文如下：

虎求百獸而食之，得狐。狐曰：「子無敢食我也，天帝使我長百獸，今子食我，是逆天帝命也。子以我為不信，吾為子先行，子隨我後，觀百獸之見我而敢不走乎？」虎以為然，顧遂與之行。獸見之皆走。虎不知獸為己而走也，以為畏狐也。

在進行教學前，筆者關注的教學目標有以下四點：(1)開發學生肢體經驗，理解聲音與肢體動作之關聯。(2)增進學生對狐假虎威中文言文的理解。(3)培養學生對讀者劇場的認知。(4)學習即興的能力和編劇的能力。因此筆者的教學步驟如下：

1. **暖身活動（跟著音樂走路）**：請學生跟著老師鼓聲做動作。鼓聲快則動作快，鼓聲慢則動作慢。在鼓聲停時則動作皆停。此外老師還會在其中加入「跳」或「轉圈」的指令。

2. 請學生思考狐假虎威中出現了哪些動物？除了老虎和狐狸之外還可能有哪一些呢？提醒學生選擇動物時需要符合自然生態的現實，並且介紹老虎生態，例如老虎是亞洲特有種，常獵食的是牛、豬、鹿、兔子等。討論為什麼課本中的插圖裡有水鹿和兔子？最後請大家表決，為整個劇本訂出五個角色。

3. 請學生再次依照鼓聲節奏來走路，這次要發揮想像力。在律動時，若老師喊「老虎」，學生則必須模仿老虎走路的姿態。同樣地，若老師喊「狐狸」，學生則必須模仿狐狸走路的姿態。其他的動物可能是水牛、水鹿、兔子、猴子、野雞、野豬等。但種類以之前訂出的五種為限。

（大忠國小六年七班學生訂出了老虎、狐狸、水鹿、兔子、猴子五種動物。）

4. 緊接著，請學生一起討論給予每一種動物多個形容詞。例如霸氣的老虎、狡猾的狐狸、可愛的兔子、優雅的水鹿、靈活又調皮的猴子。

5. 請學生帶著這些動物的特質，依著老師的鼓聲與指令再走一次。過程中老師要催促學生運用想像力大膽地演出來。並且發現表現優異的同學，請同學看齊，並努力做出動作質感。

6. 教師先請同學們到場中央圍成大圈圈，1 至 5 輪流報數。喊 1 的同學就形成第一組，喊 2 的同學成第二組，以此類推。當各組分隊分好了，請各組以投票方式選出自己的隊長。

7. 各隊組長上前猜拳，贏的隊伍先選角色。角色一共有老虎、狐狸、水鹿、兔子、猴子五種，並再請全班同學一起選出一位旁白。

8. 請各組圍出自己的小圓圈坐下，教師請各組依序起立表演自己的動物動作與臺詞。而且動作與臺詞要貼合，符合應有的質感。臺詞如下：老虎組：「我們是霸氣的老虎。」狐狸組：「我們是狡猾的狐狸。」兔子組：「我們是可愛的兔子。」水鹿組：「我們是優雅的水鹿。」猴子組：「我們是靈活又調皮的猴子。」

9. 如圖 6-4，老師拿出大海報上面寫出每個角色的說話順序（配合課本的白話語意），並且發下白紙。該說的話留白，給每一組學生共同討論一起創造。順序如下：旁白、老虎、狐狸、猴子、兔子、水鹿、猴子、兔子、水鹿、狐狸、老虎、旁白。

圖 6-4　師生共同編劇

10. 請每一小組展現成果，並由老師收集臺詞，一起貼在大海報上，最後張貼在教室的布告欄。老師講評優缺點後，用電腦打成劇本文稿並發給每一個同學（大忠國小六年級同學之創作如表 6-1）。

表6-1　狐假虎威白話文劇本

白話語意

老虎獵捕各種野獸作為食物。有一次，老虎抓到一隻狐狸。

狐狸說：「你才不敢吃我呢！天帝命令我掌管百獸，現在你要是吃了我，就是違背天帝的旨意。你如果認為我的話是不可相信的，我可以走在你的前面，你跟在我後頭，看看野獸們看到我，有誰敢不逃走的嗎？」

老虎認為狐狸的話有道理，所以就跟著狐狸走。野獸們看到老虎，都嚇得落荒而逃。老虎不知道野獸們是因為害怕自己才逃走，還以為他們是怕狐狸呢！[22]

改編劇本

「狐假虎威」之創意讀者劇場

旁白：國小讀者劇場……「狐假虎威」（配樂）

　　有一天，老虎非常的餓，幸運的是他抓到一隻狐狸。但不幸的是，他抓到的是一隻老奸巨猾的狐狸。

老虎：哈哈哈！本大爺現在的肚子非常的餓。如今小狐狸，你被本大爺抓到了。算你倒楣！你剛好可以填飽我的肚子。

狐狸：哼！你才不敢吃我呢！天帝命令我掌管百獸。

　　現在你要是吃了我，就是違背了天帝的旨意！

　　如果你不相信！那好！！就讓我走在你的前面，你啊！跟在我的後頭。看看野獸看到我，有誰不敢逃走的嗎？

猴子：OH～～MY GOD！！那隻死老虎又來了！！

　　兀兀阿阿～什麼！前面還有一隻狐狸！

　　我們趕快去告訴其他人～～

　　兀兀阿阿～我嘎林共，那死老虎來了，快跑啊！！

兔子：我們是卡挖伊的兔子，唉呀！！猴子在警告大家老虎來了，快逃啊！！～

水鹿：我這麼優雅！才不要被又大又肥的老虎吃掉呢，快走！！

猴子：大Q、二Q、三Q、四Q（猴子家人名），這一點都不Q！

　　我們快跑吧！！

　　三十六計走為上策，再不走就來不及啦！！

兔子：幸好我們跑得快（喘氣聲）……

　　可是好奇怪喔！為什麼老虎前面還有一隻狐狸慢慢走呢？

水鹿：對啊～為什麼老虎不把狐狸吃掉呢？難道他今天吃錯藥了嗎？頭殼壞去了啊（臺語）！

改編劇本

狐狸：哈哈哈！！看到了吧！我才是上帝授命的百獸之王。

　　　你這隻老虎啊！哼！根本稱不上百獸之王。以後你自己要好自為之啊！

老虎：可惡！！動物們都跑掉了！原來上帝真的命令你統理各種動物啊！抱歉……

　　　大哥！打擾您了，我先走一步！！告辭。

旁白：老虎在不自知的情況下跟了狐狸走了一趟森林，看到所有野獸都害怕的逃

　　　走了。但他卻不知道，野獸們是因為害怕自己才逃走的。還以為他們是害

　　　怕狐狸呢！！

（配樂起）

~~THE END~~

---

11. 老師請各組坐在一起，請學生先拿出劇本，依照劇本角色順序大家先簡單讀過一次。之後再請學生站起來，要求他們帶入動物的特質，用身體帶出聲音表演一次（如圖 6-5）。

12. 老師修正學生表演兩到三遍。老師在旁須提醒同學做出合宜的動作和聲音，並且聲音與動作需要互相配合。練習結束後講評。

圖 6-5　要求動作與聲音同步展現

13. 請學生先回位置坐好。老師排出正式表演座位，除了旁白之外，每一組派一人上臺表演。在全班六次表演完之後。再選出每一個角色表現最好的同學，集合起來再表演一次。

　　教師在學生表演時，可在開頭配上音樂，或是在黑板上畫下簡單的故事背景，都可以更增加學生入戲的氣氛與認真的態度。因為教師上述的動作是一種界定空間的舉動，劇場空間的界定就會因為眾人的相信而形成。

　　除了古文改寫為劇本，其他的國語文課文也能做改寫。但是課文改寫首要需確保學生真正知道課文大意，而改寫後故事的氛圍更要統一。例如屬於社會寫實的題材就不要突然變成科學幻想，一定要跟著文脈走。另外，劇情也可以加入一些原創性的小驚喜，來凸顯學生自己的創意。

　　此外，讀者劇場的劇本也可以完全自己創作。這樣的過程對學生的寫作課來說也十分有趣。中高年級的教師可以每年至少安排一次這樣的活動，對學生的文字創意能力也會有所提升。例如教師可以請學生思考自己的有趣經驗、家人的有趣事蹟或在新聞上看的有趣故事來著手改編。若真的都沒靈感，也可以接續眾所皆知的童話故事及繪本故事來進行改寫，抑或幫已有的這些故事寫續集。如果還是沒有靈感，可以使用「教學百寶箱」的技巧，[23] 從一個教室內的物件（例如：破黑板擦、書包、掃具）來開始發想一個校園故事。

TEACHING TIPS

- 給予害羞的孩子多些寬容與鼓勵。
- 改造古文時，教師必須先仔細安排故事中人物對話的順序。
- 教師要協助修訂劇本，過程中可和學生一起討論並說明修訂之原因。
- 學生要有好的表現是需要練習的，若時間許可，應安排分組比賽刺激學生們彼此觀摩並利用課餘時間來練習【讀劇】。

（六）英語單字與對話教學

1. 檢察官遊戲

　　目前國內利用戲劇情境來增進學生英文能力，最常用的手法就是讀者劇場。應用戲劇教學有兩項特色：(1)利用反覆教學的原理設計遊戲，讓同學們不斷練

23　張曉華總校閱、郭香妹策劃，2014：10。

習單字與句子。(2)創造合理的語言使用情境，讓學生敢於開口說，開口練習。

　　除了讀者劇場，筆者以「glue」（膠水）這樣的單字教學為例，提供戲劇遊戲教學以供讀者參考。教師首先要求學生依照座號在黑板前排成一橫排，緊接著找一位自願的同學當檢察官，檢察官的工作是要找到同學們傳遞的「膠水」（water glue）在誰手上，教師的工作是負責仲裁與發號司令。確定人選後，一開始教師請檢察官站在教室後，背對大家。之後從一號同學開始傳遞膠水罐至最後一號，過程中教師要喊「one two three, freeze!!」當老師喊出「freeze!!」所有人要將膠水罐藏好，不能透露出東西在誰那邊。反之，檢察官則要快速轉身，接近同學，用眼睛掃描（禁止肢體接觸），然後猜出東西在誰身上（圖6-6）。而檢察官在指控人前，要手指著嫌疑人並大喊「glue」，如果猜對，被抓到的人就要去當檢察官。如果猜錯，真正的持有人要秀出膠水讓檢察官知道東西傳到哪裡了。整個遊戲，膠水不可以往回傳、不可丟擲和越人傳遞，也不可以一直留在自己身上。但是如果膠水已經由一號傳至最後一號，最後一號要大喊「glue」，遊戲至此就算檢察官輸了。檢察官必須接受真心話或大冒險（truth or dare）的遊戲懲罰。

圖6-6　猜一猜藏哪裡

　　上述遊戲很適合在國小低年級中實施，遊戲傳遞的物品可以因為教師要教授的單字而異，如果不能傳遞實物也可以用小字卡代替。而在表演學習部分，學生透過裝模作樣的表演來欺騙檢察官，擔任檢察官的學生則必須有冷靜的頭腦與敏銳的觀察力來看出誰是隱瞞者，表演與觀察很自然就發生了。另外在語言學習部分，一個單字的聲音反覆被全班同學聽到與練習，學生會很自然地記住那特定的單字，也會因為遊戲快樂的氣氛對需要記憶的單字印象深刻。

TEACHING TIPS

· 告訴學生不要將物件藏在尷尬的地方,例如在鞋襪裡,以避免同學不願意
傳遞。

· 老師在喊「one two three, freeze!!」的過程時,可以依照學生傳遞的快慢適
當的調整速度。

---

2. ABC 英語啦啦隊

啦啦隊的表演形式也是在國中小學的運動會裡經常見到的。雖然專業的競技啦啦隊有許多專業的動作,但安全性與可行性在目前的學校課程中都是難以負擔的。不過「齊聲呼口號」與「組成創意隊形」這兩個啦啦隊的表演元素,倒是很適合在表演藝術課程中來引發有趣的教學課程。

「ABC 英語啦啦隊」這個教案,主要的目標是讓學生複習與分享簡單英文單字,此外經由反覆「呼口號」練習簡單句型。一般適用在國小中年級的孩子。首先,老師先將學生分作三個人一組,請每一組學生選取一個三個字母組成的英文單字,例如:cat、dog、hot 等。接著請每一組同學利用身體一起組成單字中的字母,以 cat 為例,同一組的三個人必須一起組成 C,再一起組成 A 後,又一起組成 T。組合好一個字母就一起大喊該字母的發音。組合出的字母不限大寫或小寫,以利學生發揮肢體創意。在學生試著組合字母時,難免有同學做出扛人的動作,這時老師要小心指導,以免學生摔落地面。

當學生三人一組也能組合出他們所選擇的單字後,老師就要請學生設計進場的動作與口號。但是老師必須提供一個最簡單的基礎,讓學生去修改和增加。以 hot 為例,學生可以一邊拍手一邊念著「H、O、T、H、O、T、H、O、T」字母出場,到了舞臺中央後,開始表演字母隊形。之後設計一個具有高、中、低三種水平動作的靜止畫面,一起喊出隊呼:「We are hot!!」

二、自然領域

十二年國教新課程中，自然與生活科技領域將分作自然領域及科技領域。自然領域一樣能透過表演藝術讓課程更吸引人，以臺北市萬芳高中表演藝術課老師蕭文文為例，她結合了化學科老師一起合作設計「化學舞蹈」水之舞，在教到「水分子」時，要學生扮演氫原子以及氧原子。學生靠動作去記憶水分子的各種型態，透過兩手握拳代表氫分子，頭頸部以上代表氧分子，藉由身體的擺動，認識化學分子的六種樣態，如：對稱性、不對稱性、搖擺伸展，如此一來學生就不必死背。

　　類似 Image Theater 的技巧也可以應用在國小自然領域的葉脈、葉序、月相及星座的介紹上。例如教師可以進行「尋找北極星」的遊戲，以春夏季星空中著名的北斗七星為尋找北極星的重要依據。由北斗七星斗杓的天樞（北斗一）與天璇（北斗二）這兩顆「指極星」，從天璇向天樞的方向延伸，約天璇到天樞距離的四到五倍遠處，便是北極星。學生們可以用身體排出北斗七星的形狀，以左手臂牽住同學的肩膀，在開闊的空間裡，教師扮演的北極星慢慢移動，學生所扮演的北斗七星要想辦法跟著北極星，並且相對位置不變。

　　此外，六年級的自然中會有介紹「靜電」的單元，這時若能用隔空轉吸管魔術開場，一定更能引發學生的興趣。[24] 而在三年級介紹磁鐵的單元中，也可以配合課程運用《上課好好玩：兒童戲胞啟發與遊戲》一書中介紹的「強力磁鐵」遊戲來讓課堂更為活潑。[25] 而本書將介紹的教學案例，是以國小三年級植物葉子生長的葉序為教學目標，所進行的創造性舞蹈教學。

24　Lin, J., 2012.
25　Koehler-Pentacoff, 2003: 40.

（一）葉序輪舞

　　張中煖老師曾指出，運用創造性舞蹈的探索經驗來認識植物的葉片或形狀是值得進行的方式。[26] 暖身活動開始後，可以請每位學生模仿植物種子被埋在土壤裡，緊接著讓身體跟著鼓聲節奏，慢慢破土而出。學生們用身體表現出種子的成長，從抽芽、發葉到最後開了花。暖身活動的目的除了激發學生的

圖 6-7　用身體表現出葉子輪生的隊形

想像力，也在使學生感受創造性舞蹈中「空間」與「勁力」的元素。

　　活動的第二階段，可請學生利用「集體雕塑」來探究並表現出不同葉序生長狀況。老師將學生分組，每一組必須利用身體一起表演出自然課本中介紹的「對生」、「互生」、「輪生」、「叢生」四種葉序型態。老師要提示學生分辨葉序的重點在於葉子與主幹節點的排列方式，所以身體要清楚表現出葉子如何與主幹相連（如圖 6-7）。當每一組的隊形都完成後，需要經過老師一一檢核。到了第三階段，老師可選擇一首學生熟知的歌來配合動作。當一組在臺上表演時，臺下的觀眾就可以幫他們伴唱，當然老師可以帶著大家一起唱以便控制速度，讓學生的表演不會太緊張。

　　此一單元可配合低年級學過的兒歌「種樹歌」，可以將歌詞略為更改：「樹啊！樹啊！我把你種下，不怕風雨快點長大，長出綠色葉，開出美麗花，對生、互生、輪生、叢生。看了笑哈哈。」改編歌詞，一方面是利用唱歌來增強學生長期的記憶，另一方面有了音樂，學生必須迅速的走位，配合音樂完成定點動作，也讓學生更能感受到舞者的責任與壓力。表6-2 為舞蹈動作與音樂配置表，能讓教師快速上手進行課程。

---

26 張中煖，2007：136。

表 6-2　葉序輪舞舞蹈架構圖

音樂歌詞（改自種樹歌）	舞蹈動作
樹啊！樹啊！我把你種下	種子生長～八拍
不怕風雨快點長大	組合隊形～互生
長出綠色葉，開出美麗花	組合隊形～對生
對生、互生、輪生、叢生	組合隊形～輪生
看了笑哈哈	組合隊形～叢生

TEACHING TIPS

- 老師可以依學生程度，調整歌唱的速度。若是學生不熟練，曲子可以唱慢一些。控制唱歌的速度可以用簡單的手勢指揮，或以鈴鼓拍擊節奏。
- 學生發想隊形時，老師應巡堂協助。特別關注身體有沒有表達出正確的自然學科認知。
- 若有多餘的時間，歌曲可以反覆多次，讓學生熟悉走位後，可開始關注動作的質感和勁力元素。

三、數學領域

　　身體是協助學生記憶最好的工具，有教師就曾利用學生的左手掌來幫助學習在公里、公尺、公分之間單位作轉換的運算。[27] 而表演藝術教學要介入數學領域，最簡單的就是由幾何圖形下手，[28] 如利用身體組合出三角形、圓形、長方形等，或者利用兩隻手臂來模擬鐘面上的時針與分針，以進行時間辨識的單元。其他的入手處還有小學三年級真分數的釐清，以五分之三為例，教師可請

27　Vivi 老師，2015：96。
28　張中煖，2007：132。

五位同學出列，五位裡的三位做出一致性的動作，其他人不動。上述的方式雖然簡單，但卻很容易加深學生印象，成為有效的教學片段。除了初等教育外，2010年時，蕭文文老師也曾以數學「莫比爾斯環」觀念，結合國文教學概念形成劇本《莫比爾斯狂想曲》，將無限循環之概念隱喻劇中角色積極向上的人生觀，這更是表演藝術結合數學教育的另一種例證。接下來，本書將介紹的教學案例是以國小五年級數學課的對稱圖形為教學目標，來進行表演藝術教學。

（一）線對稱圖形（五年級課程）

圖 6-8　鏡子遊戲

　　要學生了解對稱與非對稱觀念，若學生是低年級可參考《舞蹈與統整性課程設計》中「各種漂亮造型的一堂課」這一個單元。[29] 但在國小高年級階段，用身體表演來教授「線對稱」圖形這個單元，可以幫助學生更深入了解「對稱軸」的概念並做出相應的「對稱點」。此外，這個單元的教學更可以配合美感教育中的對稱觀念，一起討論讓數學之美也能讓學生發現。為了使學生更了解「對稱」的概念，在上課前可先利用「鏡子遊戲」來暖身（如圖6-8）。因為在許多數學課本裡，也會利用鏡子來幫助直覺地感受何謂「對稱」。首先請學生兩位一組面對面站好，老師教授鏡子遊戲，並利用「鏡子遊戲」先建立兩兩同伴的互信。所謂的「鏡子遊戲」就是另一個人模仿同伴的所有動作，[30] 遊戲過程就彷彿在照鏡子一般。這個遊戲可以讓概念不清的學生，藉著肢體再次思索對稱概念。過程中，老師可以特別強調對稱點的觀念來讓學生的鏡像模仿更準確。

29 Overby, L. Y., Post, B. C., & Newman, D., 2008: 5-12.
30 李國修著，黃致凱編，2014：69-70。

　　在學生實作一次雙人的「鏡子遊戲」之後，就可以馬上讓五年級的學生分組來用肢體組成群體的對稱圖形。分組一起工作可以使觀念薄弱的同學受到觀念清晰者的照顧，而群體的圖形就有了更多對稱點需要關注。由眾人一起討論、一起合作，觀念也自然得到加強。不只如此，群體的圖形一定要設定「對稱軸」，學生們可一起討論出「對稱軸」在哪裡、或者自己這一組的群體圖形有幾個「對稱軸」。學生們擺出的圖形常常不只有一個對稱軸，這樣的訓練可以讓學生具有 3D 的多元視野，是一般課本上的 2D 圖形學習所不能達到的。

TEACHING TIPS

・本課程可與視覺藝術中的剪紙藝術結合。

・如果學生於美的概念上已經十分理解，可以開始要求他們擺出由上方、前方及左右側看來都有對稱的隊形。學生很可能一開始就選擇「圓形」作為解答，這樣的解答當然很好，但老師可以鼓勵學生們探索其他的可能性。

四、社會領域

　　社會領域包羅萬象，很多表演劇本多少都帶有社會領域的教育意義。因此本書特別針對地理、歷史教學單元介紹較緊密貼合的教學案例，來進行表演藝術教學。

（一）地形地貌（五年級上學期）

　　臺灣的五大地形，包括有山地、盆地、丘陵、平原和臺地。在社會課本上多半以圖示再加上文字定義來幫助學生理解。但若是適當運用表藝習式，則能讓學生有更深入、更全面的了解。

首先教師可以先進行分組，將班上
同學分作五組。請每一組選出組長後，
由組長代表猜拳或抽籤，以決定每一組
同學必須用肢體扮演的「地形」。例
如：第一組組長若抽到「盆地地形」，
在接下來的活動中，第一組全組就必須
運用身體表演盆地地形（如圖6-9），並
且在肢體定位後一同背誦出盆地地形的
定義。若以南一版的課本為例，即是：

圖6-9　利用身體表現出盆地地形

「四周地勢高而中央低平的地形。」再確定每一組的角色後，教師就可以給予
學生排練肢體創意與背誦文句的時間。

　　但在學生表演時，為了加強學生的印象且豐富教學內涵，教師不該只是按
照順序要求學生依組別次序上臺表演。教師可以運用戲劇教育中的旁白默劇
（narrated mime）及靜止雕像（sculpture）方式來設計一場演出，例如教師可以
將整齣劇定名為「某某老師遊臺灣」。

　　旁白可以如下：**某某老師開車到桃園機場接外國朋友**（此時表演臺地地形
的那組學生必須趕快上臺擺出臺地的樣貌，並且大聲說出定義）。**之後某某老
師帶外國朋友去臺北看 101 大樓**（此時表演盆地地形的那組必須趕快上臺擺出
盆地的樣貌，並且大聲說出定義）。**接下來某某老師帶外國朋友去苗栗三義看
木雕老街，參訪木雕博物館**（此時表演丘陵地形的那組必須趕快上臺擺出丘陵
的樣貌，並且大聲說出定義）。**這時外國朋友想吃一些道地的臺灣小吃，於是
某某老師開車帶著朋友去臺南**（此時表演平原地形的那組必須趕快上臺擺出平
原的樣貌，並且大聲說出定義）。**最後他們還去搭阿里山小火車，上阿里山看
日出**（此時表演山地地形的那組必須趕快上臺擺出山地的樣貌，並且大聲說出
定義）。

　　在演出時，老師要注意的是安排每一組臺上表演所佔的位置，位置必須合
理且符合臺灣地形的相對位置。這樣的教學方式不只是加強學生對臺灣地形的

印象，也在無形中告知了學生臺灣的人文地理和觀光地理的知識。[31] 這學習更容易和自我的生活經驗有所連結。

（二）臺灣傳統民居（四年級上學期）

　　類似的教學方式也可以應用在社會領域四年級的「臺灣傳統民居」課程。在一般的課本中，都會介紹「一條龍」、「單伸手」與「三合院」三種簡易的建築類型名稱，而且還會點出臺灣傳統民居「正身」的所在。然而對於傳統建築中「正身」的概念卻很少加以闡釋，因為忽略了中國人將

圖 6-10　學生以身體詮釋臺灣傳統民居的樣式

住宅「身體化」象徵的事實，[32] 所以也缺少了讓學生用身體理解民居概念的部分。如圖 6-10，教師可以先請一位同學用身體示範「一條龍」、「單伸手」與「三合院」三種簡易的建築類型，然後解釋所謂的「正身」就是身體頭部與軀幹中軸線的部分，「護龍」則有如手臂，之後請每一位學生跟著示範同學做一次。完成了這部分的身體表演，可以使用教授臺灣地形的技巧來讓學生一起共同表演。同樣將學生分成五組，分別表演「一條龍」、「單伸手」、「三合院」、「竹林」與「半月池」。當學生討論好各組的肢體造型後，教師同樣可以編一段旁白請學生加入演出。

　　教師可以利用教師入戲的技巧，一邊說著旁白，一邊與學生一起表演。故事可以這樣設定：在先民渡海開發時期，大陸有三戶人家想要渡海來臺開墾家業。家境最不好的一家人先到了臺灣，他們找了一塊地蓋了「一條龍」的房子

---

31 類似精神的教學方式可參考張中煖，2007：134。用身體動作來呈現臺灣人文地圖或世界人文地圖。
32 關華山，1989。

（此時表演「一條龍」的學生必須趕快上臺擺出「一條龍」的形狀）。後來經濟稍好的那戶人家也到了臺灣，並且找地蓋了「單伸手」的房子（這時表演「單伸手」的學生必須趕快上臺擺出「單伸手」的形狀）。最後，經濟最好的一戶人家看到之前兩家移民成功，於是也動身來臺，並且蓋了一間「三合院」（這時表演「三合院」的學生必須趕快上臺擺出「三合院」的形狀，如圖 6-11）。為了防盜，就在家的後面種上刺「竹林」（此時表演「竹林」的學生迅速在「三合院」後擺出「竹林」形狀）。為了防火和養魚就在門前開設了「半月池」（這時表演「半月池」的學生迅速在「三合院」前擺出「半月池」形狀）。就在三戶人家落地生根後不久，竟然引來賊人的覬覦。小偷首先由房子後方進入，偷了「一條龍」並放火燒了「一條龍」，（此時故師扮演小偷且在牆角放火，而表演「一條龍」的學生演出房子被燒毀的殘破模樣）。接著小偷馬上去偷「單伸手」，一樣也放火燒了它（教師繼續扮演小偷且在「單伸手」小組的牆角放火，而表演「單伸手」的學生也演出房子被燒焦的殘破模樣）。最後當小偷要去偷三合院時，發現旁邊的刺竹林讓小偷難以靠近。而且當小偷要放火時很快就被半月池的水給澆熄了。小偷見三合院防盜設計佳，只好趕快跑了。

圖 6-11　學生利用身體表演出三合院和背後的竹林

經過上述的課程，學生會在無形中了解傳統民居的形狀，也會知道竹林和水池在防盜及防災上的作用。透過故事性的引導和親身的參與，多數學生對教學目標印象也更加深刻鮮明。根據學習金字塔理論（cone of learning），「聽講」的教學，學生吸收只有 5% 的效力，但是「實作」卻有高達 75% 的學習成效。因此善用表演藝術的教學習式來授課，對學生來說一定會是更棒的學習經驗。

TEACHING TIPS

・學生在用身體表現地形或傳統民居、教師在旁指導時，都可以要求他們將
肢體排列安排再兼具【美感】一些。最簡單的方式就是思考利用不同的高、
中、低水平位置來增加層次感。

（三）「紙芝居」與歷史故事[33]

　　一個歷史事件若能夠透過戲劇來傳達，通常會給人更深刻的印象。但對於
教授社會或是歷史科目的教師來說，額外花時間去撰寫劇本或排戲總是不容易
去完成的。為此「紙芝居」故事劇場，就可以適時導入，尤其是在教師缺乏時
間排一場大戲，或是學生過於年幼而表演能力不足時。「紙芝居」故事劇場是
一種獨特的說故事形式，其形式可以有效融合「讀者劇場」和「皮影戲」以及
靜像劇面（freeze frame）等戲劇教學法；而且在製作圖卡教學時，能深刻與視
覺藝術領域教學接軌。在國小中低年級的學生心中，紙芝居故事劇場具有很強
的魅力。當紙芝居的木箱子出現時，常常可以看見孩子眼神裡透露出期待，閃
閃發光的眼睛顯示出童真的想像。當在說故事的活動進行時，孩子們會一瞬間
專心起來並凝視著表演，這是沒有使用過紙芝居教學的教師所不能經驗到的。
然而「紙芝居」是什麼呢？在日文裡，「芝居」這個詞指的是戲劇。日本從平
安時代（794 至 1192 年）中期開始，即有以神道教的宗教儀式為起源的「田
樂」。而日本自古以來就有用「絵解き」（圖解故事）的傳統方法，就如同中
國石窟、佛寺就有經變畫（唐初後在長安的佛寺和敦煌的壁畫皆有豐富壯觀的
經變畫。而經變，全稱佛經變相是將佛經中的故事和內容以繪畫形式表現出
來）。古代藝術家僧侶們依照經典義理，創造出生動活潑而有宗教內涵的藝術
畫面，使信眾們易於理解及宗教實踐，在觀賞經變畫亦如同在讀經，進而達到
宗教信仰弘法的功能。在日本寺廟神社內的表演活動，因為觀眾是坐在草地上

33　邱鈺鈞，2014d。

看表演，草地的日文是「芝」，坐的日文是「居」，漸漸地，「芝居」這個詞就在此一文化脈絡下演變為「戲劇」之意了。所以，紙芝居就是一種用畫在紙上的圖畫來說演故事的表演形式。紙芝居在日本起源於昭和初期，約 1930 年左右，當時世界遭遇經濟大蕭條時期，加上 1929 年電影從默片進入到有聲電影時代，造成默片時代大批「辯士」（解說電影情節的人）失業。為了生存，他們想出了紙芝居表演的方式並且推著腳踏車，成了到處叫賣糖果的小販。紙芝居獨特的魅力成功吸引孩子們來買糖果，也使得這種說故事的方式廣為流傳。而日本政府在第二次世界大戰期間，更曾經利用紙芝居進行大東亞「軍國主義」的政策宣傳。而在二戰後，物資不足、缺乏娛樂的年代裡，紙芝居便成了日本兒童的重要娛樂之一。不過 1953 年後，日本的經濟重新發展起來，加上電視逐漸普及，紙芝居就被取代而衰退了。

　　但是在目前的校園中教師要如何使用紙芝居來協助教學呢？首先要先教會學生自己編出有趣的故事並製作出色的圖畫卡。整體教學關鍵在於：(1)發展和編寫故事；(2)有效地製作圖卡；(3)協助執行故事表演。在編寫故事上，教師可以利用心智地圖的方式來進行。首先進行分組教學，每一組在大海報上工作，先想二至三位「有趣」的歷史人物。例如大家決定要以「鄭成功」為主角，那麼就必須問「鄭成功」是怎麼樣的一個人。形塑角色時可以由角色的食、衣、住、行、育、樂各方面收集資料和設定，最後再利用各種形容詞來為角色的「性格」定調。當完成角色發想後，再給學生另一張海報，再請學生用 5W1H（who, what, when, what, where, & how）來為之前設定的角色安排起、承、轉、合的事件。以鄭成功來說，可以是攻佔安平古堡的過程。另外一個編劇方式是透過視覺創意聯想畫，結合創作性戲劇遊戲，來引導學生如何創作故事和紙芝居圖卡。我們可以配合 still image 戲劇教育習式，訓練學生利用類似電影分鏡的邏輯產出故事。

　　畫家的名畫往往提供了學生想像力發揮的可能。利用名畫背景接續畫法，學生可以很容易創作出故事高潮時的情景。所以教師可以收集關於荷蘭人投降簽約的圖來刺激學生。當最重要的畫面形成時，再利用靜像劇面遊戲中「快轉」

及「倒轉」的手法，即要求學生模仿錄影機「快轉」及「倒轉」的功能，創作出整個故事「起、承、轉、合」的重點四幕。當學生們已經創造出四個畫面，但是文本內容仍嫌過少之時，教師可以有兩個策略進行對學生的刺激。第一種是在演出的四格畫面之中，請學生們安插一個新畫面，也就是由四格畫擴展成八格畫。第二種是拿出一個畫面，請全班學生針對該畫面進行故事接龍。每個人至少要說一句話，要說一大段也行，但後面接續者要能承接之前同學的創意而非另起爐灶。到最後幾個人時，要提醒學生要將故事劇情接到下一個畫面。在同學說故事時，可以進行錄音或錄影，最後在教師的引導下，再次檢視錄音或錄影內容，並經由大家討論後給予劇本定稿。上述兩種編劇方式可以交互運用。尤其是當教師發現學生編劇有困難時，可針對困難點給予適當的引導活動。在編劇之前要提醒學生，有趣的故事應該給別人驚喜的感覺，並且要有一定的可信度；好的故事開頭通常是成功的一半。

在劇本確立後，必須仔細進行圖卡的創作。圖卡的創作應該達到一定的水準或完整度，就像繪本的插畫一般。如此在說故事時，「紙芝居」故事劇場才能發揮其特有的魅力。紙芝居圖卡創作完成後，創作故事表演就有賴於肢體與口說能力之表達；特別是口說能力的訓練其實與讀者劇場十分相似，因此許多讀者劇場應用的技巧也同樣可以應用於「紙芝居」故事劇場。「紙芝居」故事劇場也可以在說故事時適當地運用口技與聲音道具來增添說書人的魅力，倘若教師還有餘力，也可以請學生思考過去已經學過的直笛曲是否能加入伴奏。

所有的準備、訓練都完成後，就可以讓學生們進行展演（如圖6-12）。表演的方式可以是分組後由一個人報告所有組員共同創造的故事，其他人在旁邊以肢體表演輔助；也可以是每個人講述自己的一張圖卡。當每一組都呈現完畢後，若是中高年級教師則可以給每一組新的挑戰

圖 6-12　紙芝居說演呈現

——請學生將原有圖卡表演的次序像撲克牌洗牌一樣重新編碼，然後再依新的圖卡表演次序再一次編出一個合邏輯的故事。「紙芝居」故事劇場不只在表演藝術領域是很好的平臺，在語文教育中也同步訓練了學生「聽、說、讀、寫」四大面向之能力，在社會領域運用時也可以成為專題報告的呈現方式。「紙芝居」木箱子未用於演出時，也會是教室布置中很棒的展示設備，筆者已見到有些教師拿來放品格教育圖卡或是每週一書的介紹，這樣的安排方式會為教室的角落增添許多自主學習的機會。因此目前雖然「紙芝居」在幼兒教育領域中比較受教育培育人員的重視，但在國小中低年級的課程裡，「紙芝居」故事劇場依舊可看見許多發展的潛力，值得喜歡說故事給孩子聽的教師們去試一試喔！

TEACHING TIPS

・學生說故事的能力很需要培養，如何說得像說書人一般引領觀眾如痴如醉，是需要練習的。提醒說故事的人要不斷地和臺下聽眾進行眼光接觸，感覺聽眾的反應，特別是要適時走近觀眾，千萬不要只是定點說故事而已。

・在進行紙芝居故事劇場教學前，可先練習一人一故事劇場，讓學生感受到說故事的迷人和重要。

五、健體領域

（一）健康（分辨食物六大類為例）

　　健體領域包含健康及體育。在國民小學階段三、四年級的健康教育裡，必須和學童介紹食物的種類。根據衛生福利部國民健康署的網站，目前食物分類包含全穀根莖類、豆魚肉蛋類、低脂乳品類、蔬菜類、水果類、油脂與堅果種

子類等六大類。[34] 但如何使學生對食物的分類印象深刻？在表演藝術課裡若運用 Still Image 的習式，不只可以讓學生耳目一新，也能達成教師的教學目標。首先請學生分組，然後利用身體造型演出六大類食物。教學活動可如下：

1. 認識食物

　　學生們可以先圍成圈，用身體表演演出一種非零食甜點與糖類飲料的食物，且要求學生表演的食物不得重複。接著可以進行名字遊戲，讓學生們記住彼此表演的食物。

2. 裝盤照相

　　完成名字遊戲後，老師依照學生提出的食物，將他們按食物的六大類來分組，也就是「五穀根莖類」等各組。之後請各組同學為食物排出一個具有高、中、低水平的畫面，也就是所謂的「裝盤」（圖 6-13）。過程中可以發現學生對豆魚肉蛋類的偏愛遠大過蔬菜類（圖 6-14）。

3. 點餐車

　　找出班上體型過重或過輕的學生當作點餐車的車頭。之後老師說明每日飲食指南的建議，全穀根莖類 3 至 4 碗、豆魚肉蛋類 6 份、低脂乳品類 1.5 杯、蔬菜類 3 至 4 份、水果類 3 至 4 份、油脂 4 至 5 茶匙與堅果種子類一份。請當餐車車頭的同學依照建議規劃自己的三餐，其他同學則留在裝盤區等餐車頭來接

圖 6-13　豆魚肉蛋類「裝盤」，
　　　　　用身體想像表達食物

圖 6-14　蔬菜類「裝盤」，但
　　　　　人數卻遠低於蛋豆魚
　　　　　肉類

---

34 請見衛生福利部國民健康署，2020。

走。由早餐開始，被餐車頭選到的食物，該名表演同學就要出來用雙手搭著餐車頭一起走；下一位被選到的同學則必須搭在之前同學身上，並緊緊跟隨。早餐選完選午餐，午餐選好後選晚餐。而老師可以在黑板上畫出檢核表，協助同學們一起檢核扮演餐車的同學有沒有疏漏的地方。

此外，在健康領域之中許多單元，像是用藥安全與食品安全等，都很適合用教師入戲的技巧來入手。引發學生學習興趣後，再用「專家的外衣」戲劇教學模組，來讓學生有更進一步的討論，[35] 也會有不錯的教學效果。詳細的教學方式與例子可參考《教育戲劇跨領域統整教學》一書。

TEACHING TIPS

- 「裝盤照相」後可以引導學生們發現自己的飲食習慣。例如喜歡蛋豆魚肉的人遠多於其他種類的人數，喜歡水果的同學也比喜歡蔬菜的同學多。
- 如果玩過名字遊戲還是記不住同學們所代表的食物，要進行點餐活動前，同學們可以先發給一張標籤貼紙，將自己所代表的食物名稱寫下後貼在胸前，方便點餐同學點餐。

（二）體育（中國武術為例）[36]

在體育方面，過去長期以來，舞蹈都被歸屬體育教育的一項，其實若是用藝術教學的眼光來看，各種球類運動、田徑運動、水上運動及武術都提供了豐富的身體動作元素可以供教師們編舞。[37] 若以肢體的運動角度來看，舞蹈確實是一種優美的運動，且兼具有肌耐力、柔軟度與爆發力。因此創造性舞蹈教學在我國體育教學中已行之有年。

35　張曉華總校閱、郭香妹策劃，2014：12。
36　邱鈺鈞，2012b。
37　張中煖，2007：128。

本書將介紹英國 Midway Model 創造性舞蹈的教學模式。該種教學法是由Smith-Autard女士所創發，她強調在鼓勵學生創意之時，也要兼顧舞蹈的可看性與整體架構。該教學法中同時要求「技術」、「學生創意」與「審美賞析能力」。過程中除了兒童為中心的創作遊戲外，舞蹈概念與技術之教導及審美也不曾忽略，創意、技術、審美三者環環相扣。[38] Midway Model 巧妙地運用各種律動遊戲，並在同一時間兼顧知識傳遞、技巧磨練、團體合作與想像力的激發。每一次遊戲都是一次小小的考驗，讓學生在能力可及的範圍下去自我尋找問題解決（problem-sloving）之策略。學生在玩遊戲時，可以自然而然學會現代舞的概念，而最後他們會發現所有玩的遊戲，甚至包含暖身都可以精練組合成一支舞。當學生熟悉編舞的模式後，可重新組合教師傳遞的動作元素，開發屬於自己的舞序。

張中煖教授曾在《打通九年一貫舞蹈教學之經脈》中提到創造性舞蹈與其他學科融合的可能性，其著作中特別指出「武舞」非常適合以創作性舞蹈教學法導入。[39] 為了使一般教師容易上手，筆者特別以觀看少林寺《少林：生命之輪》（*Shaolin Wheel of Life*）[40] 舞臺劇為例，讓學生學習影片武術中特有的手部動作來作起頭，進而創作出屬於自己的〈功夫之舞〉。該片中提供的功夫手勢共有龍形、蛇形、虎形、老鷹掌和蠍子式，由於有動物的元素頗能刺激學生想像力。只要結合身體高、中、低不同的水平位置，不論是單腳站或雙腳站都很像中國武術裡的招式。

進行教學前，首先教師要先設定教學目標，思考自己要教授的是現代舞中的哪一個概念，再根據拉邦動作分析的五大元素：身體（body）、時間（time）、空間（space）、動力（dynamic）、關係（relationship）來設計教學活動和遊戲。[41] 對於無經驗的學生與老師，詳細的動作解析可參閱新竹清華大

38　Autard, J., 2002.
39　張中煖，2007：129。
40　Bergese, M., 2003.
41　張中煖，2007：60。

學劉淑英老師所翻譯的《幼兒動作與舞蹈教育》。[42] 為了使學生體會身體的高度、體驗舞臺空間的差異性與不同的視覺效果，〈功夫之舞〉運用了 level 高、中、低律動遊戲來進行活動。進行遊戲時學生伴隨鈴鼓聲探索空間，鼓聲快則動作快，鼓聲慢則動作慢。在鼓聲停時則動作皆停。但學生須觀察其他學員的動作並擺出不同的高中低位置。等 level 律動遊戲熟練後再要求學生加入傳統武術功夫的手勢，這樣的一組動作就成為了一支〈功夫之舞〉可以發展的主題（motif），之後只要再延伸或以不同的形式反覆，一支成熟的舞蹈就有可能被編排出來。而此一教學目標其實源自拉邦動作分析的空間（space）元素。在教學的過程中，空間元素的概念更可以反覆被提起。

為了使〈功夫之舞〉更完全，筆者加入了跟隨遊戲、平衡遊戲和搏鬥舞蹈遊戲 [43] 等活動（圖6-15），多元的遊戲可以讓肢體的變化更多，一支舞蹈就更有可看性，而活動目的更在使學生體會空間路徑（pathway）、動力（dynamic）和關係（relationship）之元

圖 6-15　學生平衡遊戲練習

素。但是舞蹈演出是需要配合著音樂的，音樂的選擇與動作的編排往往是課程教授者的第二個難關。舞蹈動作是否要合於音樂的節拍？這個問題常常困擾著教師們。雖然動作與節拍呼應很自然地就會湧現「舞蹈」的感覺，但現代舞有時為傳達出許多肢體微妙的象徵意義，肢體動作未必與節拍相合。在這一點上，現代舞給了教師們較大的發揮空間，也給初學的學生們較少的壓力。因此，教師們可以利用許多流行音樂的副歌部分來不斷重複主題，而其他動作部分可以用一句或二至三句歌詞來完成之前課堂遊戲所創發出來的動作。最後但也是最

---

42 Davies, M., 2009。
43 戴君安，2003：80。亦可參考本書介紹讀者劇場時提及的功夫大師遊戲。

重要的是，作為教師，必須讓學生們試著重新組合他們舞蹈動作（舞句）順序，並且彼此觀摩與討論。憑藉著學生自己完成舞序，真正編舞的教學才能完成。表 6-3 是筆者在課程中所設計的音樂遇舞蹈架構表，可供讀者參考。

表 6-3　音樂遇舞蹈架構表

功夫之舞（dance framework）	【男兒當自強】音樂與動作指令稿
音樂（music）	動作指令（actions）
前奏	分五批人依序面向觀眾站起來，配合音樂一同吐納五次
傲氣面對萬重浪	全體同學以「高」水平站姿自由配上手勢
熱血像那紅日光	全體同學以「低」水平站姿自由配上手勢
膽似鐵打	全體同學以「中」水平站姿自由配上手勢
骨如精鋼	自由選擇「高中低」水平站姿配上手勢
胸襟百千丈　眼光萬里長	找人：走位各自尋找平衡動作夥伴
我發奮圖強　做好漢	找人：走位各自尋找平衡動作夥伴
做個好漢子　每天要自強	雙人平衡姿勢 1
熱血男兒漢　比太陽更光	雙人平衡姿勢 2
間奏	跟著隊長蛇行繞圓（跟隨遊戲）探索空間路徑
讓海天為我聚能量	全體一起舉手
去開天闢地為我理想去闖	全體排出漸層隊形
看碧波高壯	全體一起轉身
又看碧空廣闊浩氣揚	全體搖手 1
我是男兒當自強	全體搖手 2
昂步挺胸大家作棟樑　做好漢	散開
用我百點熱	雙人之中一人先攻（搏鬥舞蹈遊戲）
耀出千分光	雙人之中另一人後攻（搏鬥舞蹈遊戲）
做個好漢子	全體同學以「高」水平站姿自由配上手勢
熱血熱腸熱	全體同學以「低」水平站姿自由配上手勢
比太陽更光	全體同學以「中」水平站姿自由配上手勢
做個好漢子	自由選擇「高中低」水平站姿配上手勢
熱血熱腸熱	維持低水平站姿，然後一起跳起來喊「煞」
比太陽更光！！	自由選擇「高中低」水平站姿配上手勢並定勢維持

TEACHING TIPS

- 進行搏鬥舞蹈遊戲時，特別要請學生注意安全，萬萬不可真打傷害同學。老師可以說每個人都要讓對方成為武林高手，能閃掉對手的攻擊。重點在感受 acting & reacting 之間的關係。
- 本教案中的平衡遊戲是屬雙人舞動作，兩人藉著依靠或分擔彼此的重心得到穩定的姿勢。學生們可以發揮創意，尋找各種可能性。

六、視覺與音樂藝術

　　國小藝術學習領域在 108 藝術領域課程綱要中，依然延續九年一貫之課程對藝術科目跨科教學有所期待。在藝術領域的新課綱裡，學生學習內容雖然仔細標明音樂、視覺與表演的教材內容，但在學生學習表現的欄位中，卻沒有音樂、視覺與表演的分別差異。會如此安排，就是因為國民小學藝術領域的授課，未來仍以藝術領域統整授課為主。由於當前國小藝術師資的短缺，現場教師們必然對如何兼顧單一科目專業又妥善跨科的教學感到焦慮。其實視覺藝術中有太多元素可以轉化為表演藝術，不論是語文課或是藝術課中的歷史上名畫都常可以拿到課程中進行討論與延伸，例如《表演藝術120節戲劇活動課》中「哇！名畫」就是這樣的單元。此外，中國山水畫中樹木的畫法如「鹿角枝」、「長臂枝」與「蟹爪枝」的認識，都可以用 still image 的方式讓學生更有感覺，就連音樂劇〈Sunday in the Park with George〉也是由法國點描派藝術家秀拉的〈傑克島的星期天下午〉擷取靈感構思而成。為解決現場教師的焦慮，筆者提供三類思考方式，以協助第一線教師發展高品質的跨科教案。

（一）以單一科別作為統整的主軸

　　我們可以思考各類藝術最終的呈現形式，並在現實世界的生活中，找到相

應的藝術實踐作為，進行以終為始的教學解析和課程設計。故以下分別介紹以表演、視覺及音樂藝術為主軸的教學模式（表6-4）。

表6-4　表演藝術、視覺藝術及音樂各自為主軸教學方式

統整的主軸	目前現實世界可相應的藝術形式	概念圖
表演藝術	傳統戲曲 傳統偶劇 舞蹈演出	表演（音樂　視覺）
視覺藝術	服裝走秀 行為藝術 微電影	視覺（表演　音樂）
音樂藝術	音樂專輯的出版 音樂劇	音樂（表演　視覺）

1. 以「表演藝術」為主軸的實踐方式

　　於現實世界的生活中有傳統戲曲、傳統偶劇、舞蹈等表現形式可供教師思考教學設計。若用傳統布袋戲為例，要演出一場優質的布袋戲表演，視覺藝術課程需要教授學生製作手套偶；音樂課程可能需要教會學生文、武場音樂；表演藝術課程則需要教導學生操偶的技術。

2. 以「視覺藝術」為主軸的實踐方式

於現實世界的生活中的實踐方式，有服裝走秀、行為藝術、微電影等表現形式可供教師思考教學設計。若用服裝走秀為例，視覺藝術課程需要教授學生服裝設計與製作；音樂課程可能需要教會設計走秀音樂；表演藝術課程則需要教導學生走秀時的律動感與定格時的表演姿態。相關教學實踐可參考本章節案例「Greateach-KDP 2014 全國創意教學 KDP 國際認證獎」藝文組標竿獎「大忠文創・秀出時尚好品牌」。

3. 以「音樂藝術」為主軸的實踐方式

於現實世界的生活中，有音樂專輯的出版、音樂劇等表現形式可供教師思考教學設計。若以音樂劇為例，音樂課程可以負責歌唱的教學與音樂的創作；視覺課程可以是舞臺與服裝的設計；表演課程則可教授舞蹈表演與舞臺走位等技術。

（二）以三科都有的抽象概念來貫串教案

「美的十大原則」、「線條」、「浪漫」、「極簡」等抽象概念常常在不同藝術形式中有完成不同的定義與展現方法。由這類抽象的概念切入，可加深學生對藝術內在本質的思考。相關教學案例可參考「Best Education-KDP 2015 全國學校經營與教學創新 KDP 國際認證獎」藝文組標竿獎「美感律動、舞力全開」，其教學採用了對比、對稱、平衡、漸層、反覆等概念，經教學活動的安排，可深化學生相關概念之體驗與理解。

（三）以闖關式的大任務，整合各類藝術之教學

密室逃脫是相當不錯的一種整合教學的方式[44]，教師可以設計一個尋寶活動，而學生必須通過音樂關卡、視覺藝術關卡與表演藝術關卡方能取得寶物。

---

[44] 相關教學可參考中央團素養導向示範教案 https://cirn.moe.edu.tw/Upload/Website/1124/Web-Content/ 31829/RFile/31829/77193.pdf

在過程中學生必須學會三科的教學內容，表現出三種藝術的能力。只要闖關的主題設計得宜，三科的教學可以相互輝映，讓學習者有一氣呵成的感受。

我們可以預見未來的藝術教學需要藝術教師團隊與導師組成社群共同努力。社群甚至可跨越單一學校，為了共同的教育理念彼此分享與合作，規劃有品質的表現、鑑賞與實踐課程。在社群發展、教師共備的歷程中，可以讓夥伴們互相補足專業技巧上的缺乏，並且不斷思索如何更貼近學生的生活情境和語言，確實幫助學生找到學習動機與學習成效。以下為筆者透過社群之力發展出的藝術跨科教學，期待拋磚引玉以增進讀者思考。

（一）時尚文創・秀出自我好品牌

面對當前臺灣優質文創產業的需求，教師們需思索如何教導學生生活美感，並且學會設計、行銷自己的產品。所以此一創新教學是以「文化創意產業」為核心，首先利用視覺藝術來作設計製造，當中融合抽象畫的藝術史與實作；再來運用音樂藝術來作設計行銷的廣告音樂，之中結合了律音管教學與奧福打擊樂教學；最後運用創造性舞蹈遊戲中的名字遊戲發展出個人創意走秀，也就是本書第五章介紹的「律動畫面」（rhythm images）來作最後呈現。當然，我們希望孩子學會的不是單純的商業推銷和包裝行為，而是在文創做深刻蘊含藝術質感與人文思索的生活實踐。所以本教案應結合為公益走秀，使孩子們也能在小小年紀知道要為社會公益付出。課程架構如圖 6-16。

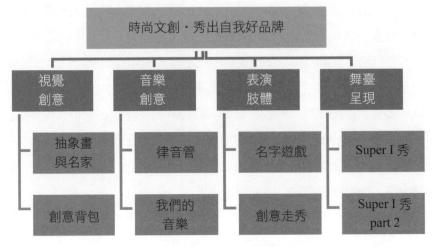

圖 6-16　課程架構圖

1. 視覺創意

　　這個部分是課程的最開始。教師先教授學生三種不同的抽象畫畫法，分別是格子法、下雨潑墨法與畫面分割技法。[45] 簡單地說，格子法是將畫面分成數十個等面積的方塊，在每個大小一致的方塊中，製造不同的顏色、線條或質感，其形式來自藝術家保羅‧克利；而畫面分割法是依據原本寫實創作的線條，將這些線條延伸或解構，其方法源自美國藝術家蒙德里安。最後的下雨潑墨法是效法行動繪畫家傑森‧波洛克，將不同顏色的顏料分別沾在畫筆或牙刷上，以噴灑的方式創作。當這些技法都透過探索實驗後，學生再將自己最有心得的作品轉化在小書包之上（如圖 6-17）。

圖 6-17　學生的視覺創作

---

45 邱鈺鈞，2013b。

2. 音樂創意

　　首先老師先為每位學生準備一組律音管，然後請學生跟著老師的速度來敲擊，老師喊出八拍的速度，之後要求學生敲擊的聲音整齊且速度一致，並藉著這個方式使學生更加專心。接著分組練習，依照老師的速度探索不同長短的律音管在同一個時間敲擊，哪些音的組合會是比較好聽的？藉由探索漸漸引導學生找到簡單的和弦，如 C、F、G、Am 等和弦。學生會發現有些聲音的交疊確實比較好聽，之後再利用這些和弦來創作出八拍的節奏，以 C、F、G、Am、C、F、G、Am 的循環以配合走秀。

3. 肢體表現

　　使用第五章所提到的「**律動畫面**」技法。先進行個人走秀訓練（如圖6-18），之後再進行多人走秀訓練。值得一提的是，在多人走秀時，隊形的變化可以多元，例如：圖形、幾何圖形、阿拉伯數字、數學符號、英文字母等都是可以變化的選擇。46

4. 舞臺呈現

　　將班上分成兩組同學。A 組表演時，B 組配樂；B 組表演時，A 組配樂。A組是以呈現格子法的包包為主，所以 A 組的配樂就是以有規律的和弦音樂來搭配；B 組是以呈現潑墨法的包包為主，因此就可以搭配句白克的無調性音樂，再加上自由敲打的律音管節奏。走秀時的動作風格需要凸顯展示品，但是又需

圖 6-18　學生配合作品走秀

46 可參考蕭文文老師所創的符號編舞法。

要融入音樂與視覺作品的風格。所以在舞臺呈現之前，老師可以先請學生試做一次再進行討論與修正，最後才進入複演。

TEACHING TIPS

• 若學生過於害羞不敢表現出動作，教師可以觀察該生既有或習慣的身體姿態，從這些動作中幫該生設計一個讓他樂於嘗試的動作。又或者訪問學生平常喜歡的運動及娛樂，從他們喜歡的運動和休閒中尋找姿勢。

• 在進行潑灑顏料時，要請學生穿上圍裙或雨衣。桌面上也需要鋪設報紙以維持活動後的整潔。

• 本教案曾獲「Greateach-KDP 2014 全國創意教學 KDP 國際認證獎」標竿獎。全文可見國立藝術教育館網頁 http://ed.arte.gov.tw/ch/Design/content_1.aspx?AE_SNID=375。

（二）美感律動・舞力全開

　　美感律動這一個單元適合高年級學生，可以接續在數學領域的對稱軸單元後持續開展。我們可以選擇「對稱」（symmetrical）、「漸層」（gradated rhythm）、「平衡」（balance）、「對比」（contrast）、「反覆」（pattern）、「統一」（unity）以上六個視覺領域常討論的美感原則，來作為舞蹈的主題以進行肢體的創作。編舞的過程可分為以下三部分：(1)學生認知美感原則之後，依照美感原則來排列隊形；(2)學生認識配樂，並開始思索隊形如何在音樂的拍子中進行轉換；(3)學生配合音樂練習並且精緻自己的動作呈現與默契搭配。

　　首先，老師先介紹「對稱、漸層、平衡、對比、反覆、統一」這幾個概念，並且請學生提出在日常生活中會見到的例證，接著利用投影片呈現收集來的照片加深學生的觀念。在學生對觀念有初步的認識後，將同學分組，每一組約五到六人。請每一組構思自己那一隊獨有的「對稱」隊形、「漸層」隊形、「對

比」隊形（如圖 6-19），以及「反覆」
隊形。在討論到「對比」時，可以不要
侷限在外形上的對比；內在情緒上和聲
音、光線、角色等都可以納入思考。[47]至
於「平衡」的隊形，可以用即興的方式
進行，活動方式很像「集體畫面」的創
造性戲劇手法。先請一人在舞臺上擺出
一個姿勢，高、中、低水平不拘，接下

圖 6-19　對比隊形

來的人必須考慮觀眾所看到的舞臺畫面，在舞臺中選擇一個點做出姿勢與第一
人呼應。其後每個人依序上臺，所擺的姿勢也必須兼顧先前原則，不斷考慮舞
臺上力量的均衡。他們的身體可以連結，也可以選擇不連接，或也可以靠手勢、
表情來做出彼此內在的連結。結構畫面的過程就有如康丁斯基的抽象畫一般，
不斷思考著點線面的關係，而所謂的統一就是大家有著一致性的動作所構成的
和諧畫面。每一隊可以想一個自己隊上的招牌動作一起做，來作為「統一」的
隊形。

　　在配樂上，教師可以思考用民歌〈歡樂年華〉來作配樂。〈歡樂年華〉節
奏不會太快，可以讓學生來得及跟上。在某些隊形可以做出動態的表演，而不
只是組合成一個靜態的隊形，像是組成「漸層」隊形與「反覆」隊形都可以思
考讓學生動起來，又不失去「主題」的方式。舉例來說，學生在做「漸層」隊
形時最喜歡用觀世音菩薩千手千眼之造型，這時也可以讓他們的手臂依序動起
來，就很有漸層的感覺。當學生們所有的動作都準備好，就可以開始配上音樂。
表 6-5 是筆者建議的「美感之舞」舞蹈音樂結構表，可作為教師之參考。

47　Neelands, J., 2010: 104-105.

表 6-5　「美感之舞」舞蹈音樂結構表

| 美感律動・舞力全開（dance framework） ||
音樂歌詞	舞蹈動作
我們都是好朋友	「平衡」原則依序出場
讓我們來牽著手	組成「對稱」隊形
美好時光莫錯過	組成「漸層」隊形
留住歡笑在心頭	讓「漸層」隊形出現動韻律
歡樂年華　一刻不停留	組成「對比」隊形
時光匆匆　哎呀　呀呀呀	組成「反覆」隊形
要把握～	全體散開不要擋住彼此，雙手「統一」在胸前緊握

TEACHING TIPS

- 利用舞蹈來理解美的十大原則是活潑又有效的教學方式，其效果往往比單純的圖片介紹更令學生印象深刻。但表演藝術的美感經驗是不止於外在形式，千萬不可因此而忽略了文本、象徵與身體內在能量所帶來的美感震撼。

- 上完本課之後，教師可以引導學生將一些美感原則與國語文課的修辭法作連結。例如提問：「哪一項修辭也用到了對稱原則呢？」教師可以發現學生是否真正具有思考力。筆者認為對仗修辭很有對稱的味道、排比修辭與類疊修辭比較接近反覆原則、映襯修辭接近對比原則、層遞修辭接近漸層原則。

- 關於美感教育的評量可以關注於情意部分的評量，或者參考姚一葦教授的專書《美的範疇論》。[48]

- 相關教案曾參加「2015 年 Best Education KDP 教案比賽獲得標竿獎」，相關教案全文可見國立藝術教育館網頁 http://1872.arte.gov.tw/teaching_list.aspx? Page=2&type=elementary&kw= 。

- 本單元詳細教學示範可見【網路藝學園】https://elearn.arte.gov.tw/info/1000 0092。

48　姚一葦，1978。

七、綜合領域

　　綜合領域所涵蓋的內容相當廣闊，但是要在教學過程中，讓孩子們深刻體認教學目標，很多時候只有提供身歷其境的戲劇教學才做得到。戲劇教育專家張曉華教授認為：

> 任何有關人的議題皆可納入到戲劇的表演，在「假如我是」的情況下透過學習者親身經歷的實作，就是實作學習其趣味性與實作原則，不但可增進學習內容的認知部分，更可豐富學生對該主題的感性部分。

　　在綜合領域重視生活實踐的原則下，很多議題可用表演藝術教學法來進行。[49] 而 2017 年中，臺南市綜合領域輔導團就已邀請麻豆國小武君怡老師（南飛嚼事一人一故事劇團團長）來為臺南市非專長教師研習課授課。因為實際上武君怡老師在班級的實務教學中已獲得很大的成功。故本書要介紹的是一人一故事劇場在綜合領域的運用，希望老師們也能經歷相同的成功經驗。一人一故事劇場（playback theatre）的演出形式是在主持人引導下，至少由一位觀眾說出事件，由另一位演員即興在他面前表演該事件，一個（指觀眾）願意「說」，一個（指演員）自願「聽」，又進而幫他「演」出來，誠如 Fox [50] 自我描述的一人一故事劇場：

> 我們邀請人們來說任何事情。我們甚至時常邀請他們為了一個故事來到舞臺成為演員。在演員與觀眾之間，有很多交互往返的對話。

49　關於議題融入的方式，請參考張曉華總校閱、郭香妹策劃的《教育戲劇跨領域統整教學》一書。

50　Fox, 1994, p. 2.

　　兩個原本陌生的人「交會」於一地（劇場），那種關係不僅像是朋友間的互動，還有「親人」與「老師」般的主動關懷特質，再加上觀眾在旁打氣，可以想見那時空的「慈愛」氛圍所產生的戲劇治療效果，是以《戲劇、精神療法與精神病》（*Drama, Psychotherapy and Psychosis*）作者 John Casson [51] 與《戲劇即治療》（*Drama as Therapy*）作者 Phil Jones [52] 均肯定一人一故事劇場對戲劇治療師的援助，Casson 將它歸類為有療效的劇場（therapeutic theatre）之一，而 Jones 則將它劃為心理劇的一支。一人一故事劇場能幫助兒童自我肯定、建立認同感並且分享生活經驗的啟發，[53] 對綜合領域促進自我探索與尊重多元文化的核心素養而言相當有助益。此外，它更可以訓練學生口語表達能力，無形中也幫助了語文領域的發展。一人一故事劇場並不難上手，它可應用到的技巧就有本書所介紹的 still image，而在一人一故事劇場中，這種技法又被稱作「一頁頁的故事」（tableau stories）。[54] 雖然一人一故事劇場通常有主持人與樂師的角色，但這些角色一開始都可以由老師先行代替，等學生熟練後，再慢慢將主導權下放。教室內簡單的一人一故事劇場可以如下列步驟進行：

（一）暖身活動

1. 教師先幫全班分組，每組約六至八人。
2. 請每一組先進行「不倒翁」的信任遊戲，以及第二章所提到的隨機報數遊戲，比賽哪一組的默契比較好。
3. 每個人分享一個關於自己、且令自己印象深刻的人生故事，但是不包含「靈異故事」和「限制級故事」（如圖 6-20 和 6-21）。

51　John Casson, 2000, p. 57.
52　Phil Jones, 2007, p. 29.
53　Salas, J., 2007: 163。
54　Salas, J., 2007: 41。

圖 6-20　分享故事　　　圖 6-21　表演他人分享之故事

（二）主要活動

1. 每組先票選一個最精彩的故事，並且該位分享者要站到講臺前來分享。全班再進行第二輪票選，選出班上大部分人都有興趣的最終故事。

2. 請獲選的分享者擔任導演，並請有意願上臺演出的同學舉手。由導演挑選這些舉手的同學，分別負責故事裡的角色。請被選上的同學先上臺演出剛剛導演分享的故事。演出完成後，演員眼睛看著導演，以微微的姿勢向導演致意。[55]

（三）複演與講評

1. 請導演進行動作修正與調整。此處也就是一人一故事劇場中所必須進行的修正（corrections）與轉化（transformations）。[56]

2. 請導演分享看完故事後的感想，之後開放觀眾分享觀看心情。不論是對故事本身或對表演的好壞都可發表意見。

3. 教師以專業的角度說明學生表演的優點和待改進之處。

---

55 Salas, J., 2007: 37.
56 Salas, J., 2007: 38.

- 在同學分享故事時，教師要作一個善於訪問的主持人，當學生陳述不清時，要適時提問讓所有的聆聽者都了解事情的來龍去脈。
- 同學在分享故事的當下，教師不要急著評判對錯，更不可以讓其他聽眾去嘲笑說故事者。要讓分享者能安心分享。
- 學生初次表演時，在走位上一定會有很多錯誤。教師此時不要打斷他們的演出，等到要復演前再提醒他們。這個過程其實就是在教學生導演工作時要注意的事項，給了學生一個很棒的機會練習當導演。

八、科技領域

　　科技領域的實施在十二年國教終將於國中階段正式授課。在藝術課中科技領域的支持，可以讓表演藝術的呈現得到更好的成果。在目前國中小的學習階段中，較容易做的方式是聯合專科老師一同發展主題性課程。以筆者先前創發的教案為例，藝術教師先訂定表演音樂劇為主題，之後由專業師資協助兒童發展表演時所需之道具，讓科技教育無縫接軌於藝術教育之中。這是目前校園中最容易達到的模式。而目前國內許多國中小都已經購入 3D 列印機，新課綱國中八年級生的學習內容更有談到「科學原理在科技產品設計與製作過程的應用」，故本書特別邀請到桃園市建國國小的鄭永峻老師分享更進一步的表藝與科技結合方式。鄭永峻老師利用 3D 列印來製作傳統掌中戲的戲偶頭，這個戲偶頭還可以將學生自己的面容一起置入，可以說是一個頗富趣味、能積極引發學生學習的教學方式。

　　戲偶頭也可以用 3D 列印筆的方式來製作。3D 列印筆的作品成形會比 3D 列印機的輸出更快，但美中不足的是，若要每位學生都有設備，教學成本會很可觀，對於目前公立學校的預算來說，實屬不易。

設計主題：創客嬉（西）遊　　　設計分享者：鄭永峻

課程設計 IDEA

將學生的臉部放置於戲偶中，可將感情投射至戲偶，並可在三度空間中修改自己的臉部造型，也可直接結合現成造型去塑形，製作獨一無二、且將學生創意與自我個性展現的戲偶。

教學步驟 123

步驟分成：(1)掃描臉部模型；(2)尋找模型與臉部結合修改；(3)列印戲偶頭部；(4)上色；(5)完成戲偶，此分享重點放在頭部造型，說明前三項。

（1）掃描臉部模型：

使用微軟 XBOX 體感遊戲機中的 Kinect 加上 Skanect 軟體掃描人物（只掃描臉部即可），掃描完成後檔案匯入 3D 軟體中。

（2）尋找模型與臉部結合修改：

尋找與西遊記相關且可用的模型檔案，範例找的是 Q 版的孫悟空，但不一定要找到西遊記中的人物，只要結合運用就可以了。例如牛魔王只需要牛角，也可以在 3D 軟體中自己畫。

將所需模型檔案匯入 3D 軟體中準備結合。孫悟空留下頭部就可以了。

步驟 1：自己的模型留下臉部，準備結合

步驟 2：臉部與孫悟空頭部調整至適合大小後直接拼裝組合

步驟 3：製作操作戲偶的手指空間

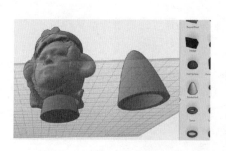

步驟 4：組合　　　　　　步驟 5：完成後匯出檔案

（3）列印戲偶頭部：

　　檔案匯入 3D 印表機中列印，層高 0.2，填充 15%，材質 PLA（玉米製作的環保塑膠材料）。

完成戲偶頭部

TEACHING TIPS

・列印出來的頭像一樣可以用傳統媒材加工，要上色前也需細緻打磨。

・在 3D 軟體中請學生自由發揮創意去組合不同造型，也可以任意裁切或加工。

・學生可自行設計一些道具或飾品給自己的戲偶用。

・組裝偶頭到戲偶身體時可用熱熔膠，或者在設計之初於頸部位置留下幾個針線孔，方便後續縫在戲偶身體上。

九、議題融入 [57]

　　國小新課綱藝術領域強調三科合作，不但需要落實素養導向的教學，更要有效融入重要議題。因此本書對於臺灣國小教師的需求，提出以下課程規劃設

---

[57] 本小節部分內容曾發表於桃園教育電子報第 130 期。

計的建議，如圖 6-22 所示。課程的設計可以用戲劇表演來鋪陳出情境化和脈絡化的學習，用音樂和舞蹈來整合知識、技能與態度，用視覺藝術教學來讓學生學習歷程、方法及策略，最後融合式的學習展現任務加強社會參與的力道。2018年上半年桃園市與臺北市的五位老師們拋磚引玉，以上述之概念率先實施「海洋中的不塑之客」此一教案。

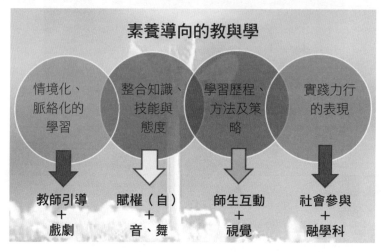

圖 6-22　素養導向的教與學（作者修改自國教院簡報資料）

　　生命源自於海洋，臺灣四面環海，溫暖的黑潮通過，為周圍海域帶來豐沛的生命能量。臺灣除了岸邊有礁岩、沙灘等不同的地貌，海平面下更蘊藏著珍貴的珊瑚礁生態及豐富多樣的海洋生物，然而這一切正因人為破壞而逐漸變調。因此桃園市、臺北市跨縣市團隊的老師們以藝術教育為主軸，設計了「海洋中的不塑之客」教學活動，結合語文、自然、表演藝術、音樂、視覺藝術的學習，希冀藉由跨領域的統整課程使學生認識海洋、感受海洋，並且透過策劃展演活動，讓孩子思考人類行為與海洋生態的關係，引領他們化理念為行動，進行減塑生活，成為浩瀚大海的守護者，讓海洋資源能永續發展。十二年國教課綱強調跨領域主題教學，教學團隊以藝術領域為主軸，規劃一系列教學活動。首先由五年級南一版國語教科書課文切入，以余光中先生的新詩發想，設計「海之

秘密、海之寶藏、海之姿態、海之樂章、海之禮讚、海之迴響」六個接續性的單元課程。本次教學設計的學習重點如表 6-6。

表 6-6　「海洋中的不塑之客」學習重點

學習表現	學習內容
・1-III-3 能學習多元媒材與技法，表現創作主題。 ・1-III-7 能構思表演的創作主題與內容。 ・1-III-8 能嘗試不同創作形式，從事展演活動。 ・2-III-3 能反思與回應表演和生活的關係。 ・2-III-4 能探索樂曲創作背景與生活的關聯，並表達自我觀點，以體認音樂的藝術價值。 ・3-III-5 能透過藝術創作或展演覺察議題，表現人文關懷。	・視 E-III-2 多元的媒材技法與創作表現類型。 ・表 E-III-1 聲音與肢體表達、戲劇元素（主旨、情節、對話、人物、音韻、景觀）與動作元素（身體部位、動作／舞步、空間、動力／時間與關係）之運用。 ・表 E-III-2 主題動作編創、故事表演。 ・音 A-III-1 器樂曲與聲樂曲，如：各國民謠、本土與傳統音樂、古典與流行音樂等，以及樂曲之作曲家、演奏者、傳統藝師與創作背景。 ・表 P-III-1 各類形式的表演藝術活動。 ・表 P-III-4 議題融入表演、故事劇場、舞蹈劇場、社區劇場、兒童劇場。

教學一開始，教師們在國語課程引導學生賞析余光中的兩首現代詩〈你想做人魚嗎〉、〈水母〉，並且搭配自然課程「認識海洋生物」單元，建構學生對於海洋生態環境的先備知識，並且與學生討論人類活動對海洋的影響，例如過度捕撈、塑膠垃圾充斥、海水溫度上升等，讓學生對海洋生態系統及當前所面臨的危機有完整的概念。然後在表演藝術部分，先帶領學生以靜像劇場方式詮釋詩中的意境，再加入動態肢體動作，使之串連起來，並結合音樂課程，讓學生選取不同的古典音樂片段融入表演之中，強化演出時的情緒張力。

　　接下來，在視覺藝術課教導學生利用紙角鋼素材結合紙雕技法，塑造成具有曲線美感的立體海洋生物；使用巴克球素材，創造出各自獨特的珊瑚礁造型，形成海洋世界的意象；教授學生網版印刷讓他們一起製作大幅的掛圖。教師們希望藉由「海洋中的不塑之客」教學活動，擴充學生的美感經驗，並深化對海洋議題的探討。於是在國北實小畢業季中，規劃畢業美展，透過美展欣賞彼此的創作，藉由大型創作培養團隊合作能力，刺激學生們思考還可以採取哪些行動守護海洋。讓孩子帶著守護未來的使命感，邁向人生另一個階段。

　　每一個單元教學活動都包含自發、互動、共好的核心素養教學思維。以表演課為例，此系列課程中在「自發的緣起」階段先認識身體空間暖身活動，步驟如下：

1. 「請學生跟著老師鼓聲做動作。鼓聲快則動作快，鼓聲慢則動作慢。在鼓聲停時則動作皆停。

2. 請學生繼續跟著鼓聲走動，當鼓聲停止時，需要在高、中、低的水平空間規範中選取一個水平空間的靜止動作。不論學生們選取哪一類的動作。其空間水平皆需要與身旁周圍的學生不同。

　　接著是「互動的歷程」，以表演教學技法四格畫面演繹余光中的海洋印象步驟如下：

3. 請學生圍成圈圈坐下，並以「一、二、三、四、五」接續報數，直到輪完全體同學。之後請喊到一的組成同一組，喊到二的成為一組，其他依此類推共組成四組。由看海的生活經驗談起，提供並解釋關於「海洋印象」的新詩，新詩為余光中先生所作〈比夢更神奇〉及〈水母〉兩首組成。

4. 先讓學生經過討論，再利用絕句「起、承、轉、合」的特性要求學生用身體表演出新詩每一段落的意涵。規則是每一幕表演小組的每一位成員都需要出現，而且動作要包含高、中、低三種不同水平空間位置。學生共表演了三幕，也就是三個靜止畫面。

5. 請學生分組自然地表演出來。每唸完一句詩，要立刻表演出代表詩句的動作。唸詩的時間就是轉變和走位的時間。在移動的過程要加上跳躍與旋轉動作。

6. 利用朗誦詩句聲調來當作音樂，鼓勵學生在移動位置時要關照彼此的高、中、低水平空間。非不得已不可相互遮擋或阻擋（block）。

7. 詢問學生經驗中鬆緊帶在舞臺的運用方式。請學生們分組競賽，說出較多運用方式的那組獲勝。

8. 要求學生在構思的舞蹈中加入鬆緊帶共舞。過程中教師可提供簡單的舞蹈架構，以方便學生經驗簡單的現代舞小品創作。學生需利用白色鬆緊帶構築海洋生物受難的意境，最後分組發表同組討論之成果，以實作的方式展示。並接受其他各組的意見回饋。

　　最終是「共好的展現」，課程配合國北實小六年級美展，在學校展場前的操場展演舞蹈。展演時以海洋作品為舞臺背景，配合音樂課和老師一起創作的音樂片段，表演海洋生物無聲的抗議（詳見 https://www.youtube.com/watch? v=HhsXe3dbUmg）。表演結束後，用聯絡簿的小日記空間分享自己在課堂上表演之心得。值得一提的是，學生為了推廣減塑的理念，還主動寫信邀請臺北市長柯文哲來參與學生畢業美展；而柯市長也親身出席，留下減塑宣言。柯市長的到來讓家長會及全校老師們都更重視這個深刻的海洋問題，也為課程的共好部分帶出了高潮。之後該校的社會畢業考中也有了海洋塑膠汙染的考題，可以說一個班級的課程實踐全面影響了一個學校。

　　藝術領域教學並非盲目地改變授課形式，除了讓課程的質地有「自發」、「互動」及「共好」的味道外，更重要的是涵養生活的美學。一個好的藝術跨領域課程，會讓學生感受到生命的美、生活的美、環境的美與社會的美。教師在授課時，一定要問自己能否被自己將要教授的課程感動，經過三思之後，才能去實踐。每一個課程背後的安排邏輯都彷彿有一個**故事線**，而這條故事線必須要能啟發出學生的探究精神，更重要的是要有深刻的美感體驗蘊含其中。這

點也呼應了生命教育議題 E6 的指標：「從日常生活中培養道德感以及美感，練習做出道德判斷以及審美判斷，分辨事實和價值的不同。」

　　只要能感動人，藝術課程的教學實踐是很有影響力的。如果課程所形塑的故事線不足以感動參與的師生，教案只會變成一種教學活動堆砌的複合體而已。當教學淪落至此，孩子們就只會覺得玩了很多的活動，或是做了很多的討論、寫了很多的學習單，如此而已。我們要利用美感和善良來穿透人心、貫串教案。就如同本教案一樣，十二年國教核心素養「共好」美善社會的理想定會在師生的齊心努力下展現光芒！

TEACHING TIPS

・對於議題融入於新課綱的種種問題，可參考國教教育研究院出版之議題融入課程手冊。

・在進行議題融入相關教學時，很容易會有「究竟是藝術科的教學比重強一些比較好、還是深入議題的討論多一些比較好」的疑問。筆者認為十二年國教以學生為中心，所有教學考量都應該沉思學生是否樂於學習為先。因此，應讓實際教學的教師有權依其所面對的學生權衡教學方式。只要學生有意願持續學習，甚至主動要求老師再多給一些，那就是一堂很棒的課程。

第七章
如何運用表藝習式於課程中：活用於統整單元

一、融入式表演課程設計竅門

　　十二年國教強調跨領域課程，但跨領域課程的實踐應該建立在「雙贏」的教學方式上。

　　在國小教育階段，本書列出四個契機是表演藝術教學介入跨域學習的好時機（如圖 7-1 所示），可協助現場教師們規劃不同尺度的跨域教學。以下詳細說明四種契機，以達成表演藝術教學和其他科目教學共好雙贏的理想。

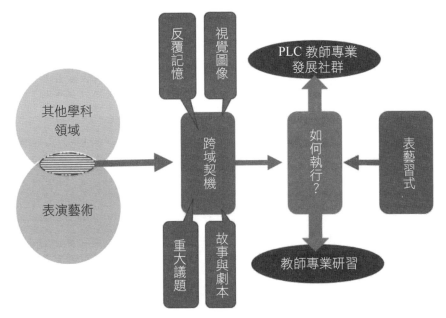

圖 7-1　跨域契機四竅門

（一）領域學習內容包含「反覆記憶」的素材

一個學習目標若要成為學生腦海中長期的記憶，就需要反覆的練習。恰好某些戲劇教育遊戲提供了練習的方式，使學生在遊戲中反覆學習且不感覺到枯燥。例如「名字遊戲」就是如此。「名字遊戲」可以應用在國語成語記憶或是閩南語與英語的名詞記憶。

此外，在英語教學時，許多句子也需要反覆練習來加強學生日後英語的應用能力。這時就需要戲劇活動來表明出英語句子在其使用文化裡正確的語言使用情境。只有再現出正確的語言使用情境，英語句子的學習就能在日後被正確且有效的使用。戲劇活動可以簡單地表演出正確的語言使用情境並配合英文演出。參與戲劇可以精練出片段，若再加上採用競賽的方式，則能促進學生不斷練習。這就是為何現今許多讀者劇場的教學方式受到國內英語文教學所推崇。而在本書中還分享了檢察官遊戲、ABC英語啦啦隊等較簡短的口語反覆訓練遊戲，也是為了加強學生的長期記憶。

（二）領域學習內容含「視覺畫面」

當各科教材中出現了一個很清晰的圖像，特別是一個具象化的意象浮現時，意象劇場（image theatre）的技巧就有了著力的空間。這時我們可以說教材中已內含了一個「視覺畫面」。一個靜止的畫面和圖像，都免不了代表著一種可被詮釋的視野或看法。有了一個圖像作為開始，隨著時間的遷移自然可以發展到另一個圖像。一個圖像又一個圖像的出現，就如同電影一般有了敘事的潛力。例如本書中國語文課裡的唐詩教學，或是數學的幾何形狀教學、英文的字母教學、社會的地形教學、自然的植物教學等都是鮮明的例子。「視覺畫面」的運用可以是圖像的全部亦可以是局部，如何運用？端看老師們要強調的重點，以及希望學生感受到什麼概念。

若是教材中已內含的是一種較抽象的「視覺畫面」，同樣也可以藉學生的肢體轉化再現出來。例如「對稱、漸層、平衡、對比、反覆、統一」這些美的

形式原則，雖然概念上是抽象的，但藉由身體的排列展現可能加強學生的思考能力。當老師們發現教材中有某種畫面非常具有表演的潛力，這時並無需急著利用意象劇場（image theatre）的技巧，反而是要想想過程中學生可以被訓練出怎樣的能力，之後再來妥善安排課程節奏以達成教學目標。

　　畫面的出現一向都是許多學生理解事物的關鍵，也是教師在教學上重要的手段。過去的老師們可能畫黑板、或是在網路上找資料圖片展示給學生看。當老師們在課室中出現了這些時刻，可思考一下這時候學生用身體演一下會不會更有教學效果。如果答案是肯定的，那麼就請老師不要吝惜給學生展演的機會。當然視覺畫面的展現可以不要限制於靜止的畫面，流動的畫面有時十分有趣。例如國語文教師在解釋詞語時，有些詞語就是需要片段的、流動的視覺畫面演出，讓學生更加浸潤在學習的狀態中。

（三）領域學習內容含教育「重大議題」

　　任何議題都要有背景故事才能夠被他人理解，也才能夠被有效地傳達；而述說故事正是戲劇教育的強項。十二年國民教育中，議題教育傾向回歸至各個學習領域，尤其是四項重大議題：人權、性別平等、環境、海洋教育，它們如何與藝術領域相互結合也都列入了新課綱中的附錄說明。議題的教學並不一定要講大道理，學生合作演出情境，再分組討論釐清價值，即可加深學生對該項議題的思辨能力。是以當老師看見重大議題與主課程遭遇時，就可馬上聯想到戲劇教學法介入的可能性。在《教育戲劇跨領域統整教學》[1]一書就有很多議題融入各領域課程的完整教案。戲劇教學法介入的時間不一定要很長，就算是短暫的畫面或一瞬間的眼神、表情亦可有深遠的影響。許多學生都是體驗到戲劇活動虛擬的情境，看到同儕在劇情演出時關鍵的瞬間、可能的反應後，才開始在現實中持續反思、持續改變的。

1　張曉華總校閱、郭香妹策劃，2014：10。

（四）領域學習內容含「故事與劇本」

　　一個好的故事一直是語文課程與表演藝術課程的核心。好的故事不但深具教育意義，故事所引發出的人生實踐力量也是不容小覷的。但深刻地說，幾乎所有社會人類別學科都具有很棒的故事在其領域中，例如在社會領域中，歷史事件皆是以故事來呈現，像是明鄭收復臺灣、蘭陽平原開發史等，這類素材俯拾即是。而在另一些自然科學類別的領域中可以介紹前人疑惑的由來、苦心研究的過程和細心研究的步驟。這些科學史不只本身就是科學概念的介紹，更能讓學生看見先賢們奮鬥不懈的精神。

　　在臺灣國小的國語課本中，有許多課程都可以是改編劇本的好材料，也有許多現成的劇本已經完整的呈現。例如國小中年級國語文課本的編寫，幾乎在中年級以後每年都有一篇劇本在國語課程中。拿到這些劇本後若沒有進行戲劇教學，只是簡要地當作一段文章介紹過去就太可惜了！這時讀者劇場、意象劇場等技術都可拿來實踐，以豐富學生多元的生命體驗。

（五）小結：散招與套路，以套路來對應課程

　　在本書中，前些篇章的介紹可以視為某些基本的必備功夫，它們可以是全部表演藝術教師的一些散招。若我們以中國功夫來比擬，學會了散招並將它們組合成自己熟稔的套路才是真正的長遠之計。同樣地，學會了許多表演藝術教學的習式，也要對應著學生的生活需要、學習需要，來設計在地又適性的表演藝術課程。

　　要用散招組合成一個完整的課程，首先要先考察學生的心性、學生的生活背景、學生真正的生涯需求，在公立學校中也還需思量國家總體課程目標的期待。《孫子：謀攻篇》云：「知己知彼，百戰不殆。」教師們要想設計出能讓學生「自發」學習的課程，這點關鍵不可少。能明白學生後，教師接著需仔細思量學科的特質與美善人生的條件，在心中籌劃教學的核心價值，也就是所謂的上位課程。有了核心價值、教學信念後，善用表藝習式，巧妙地將學科的技

術穿插交織在課程活動中，讓課程一氣呵成、無縫接軌，學習者在學習時自然就如沐春風且全身投入了！此外我們應視自己的每一堂課為一場儀式、一場行為藝術表演，這樣的儀式存在目的是為了「轉化」參與者的心靈。也就是儀式的參與者會因為參與儀式而有心情的轉變。同樣地，一個好的課程與好的教學也能同時「轉化」學生的心靈。對於心靈的轉換，我們應強調的是，讓參與者在過程中發現自己擁有自由的可能。學生常常被許多情緒壓力所綁架，在表演課堂裡，教師可以讓他們享有片刻的心靈自由，不再將自己的情緒黏著於引發壓力的事件上。儀式的觀點可讓教學者對於戲劇與舞蹈教學中的種種教法有不同的體悟，例如每次上課前「暖身」（warming up）的過程，好的暖身活動能有效建立起儀式的氣氛，讓學生可以如被催眠般地進入主要課程。所有新的教學法都需要好的暖身。

目前現場許多新手教師們常常未能掌握自己的教育信念，就盲目地進行戲劇活動。每個活動看似精彩，但彼此之間卻像是斷裂的，找不到教師授課的邏輯。這樣的教學活動一開始很新鮮，久了以後，老師會不知自己為何而教，而學生也不知道自己學到了什麼，慢慢地課堂也會漸漸混亂。每位老師在課堂上所有看似精準的語言布達，其背後一定是有整體的脈絡。不論其教育理念為何、層次高低，教師若缺乏自我深刻的信念，教學便不能算是完整的。

因此，接下來介紹的課程示例可以說是運用散招的一種功夫套路。本書將介紹兩種配合語文科的教學範例，第一種型態適合表演教師個人操作，就是在國語文課本中找題材，直接用在自己的表演課上；第二種是協同教學的型態，教師與語文科授課教師合作，仔細且深入地融入大單元教學中。但真正要能得心應手地操作表演課程，仍要靠之前對前文散招（表藝習式）的深入理解，並實際投入教學演練。畢竟每一位教師本身先天的能力與個性皆不同，對同一類表藝習式也自然會有不同的帶領方式，更何況我們面對的學生每次也都有差異，因此教師教學經驗的累積相當重要。勤於教學，也勤於進行教學反思，絕對是成為優秀專業教師的不二法門。

二、國小藝術科目跨領域與議題融入課程實例

（一）故事鐘教學跨國語文教學範例

領域／科目		藝術	設計者	李其昌、邱鈺鈞
實施年級		國小三年級	總節數	共 1 節，40 分鐘
單元名稱		巨人的花園		
設計依據				
學習重點	學習表現	1-II-4 能感知、探索與表現表演藝術的元素和形式。 2-II-3 能表達參與表演藝術活動的感知，以表達情感。 3-II-5 能透過藝術表現形式，認識與探索群己關係及互動。	核心素養	《總綱》 B3 藝術涵養與美感素養。 C2 人際關係與團隊合作。 《領綱》 藝-E-B3 善用多元感官，察覺感知藝術與生活的關聯，以豐富美感經驗。 藝-E-C2 透過藝術實踐，學習理解他人感受與團隊合作的能力。
	學習內容	表 E-II-1 人聲、動作與空間元素和表現形式。 表 A-II-1 聲音、動作與劇情的基本元素。 表 P-II-4 劇場遊戲、即興活動、角色扮演。		
議題融入	實質內涵	【品德教育】 品 EJU7 關懷行善。 品 E3 溝通合作與和諧人際關係。 【生命教育】 生 E7 發展設身處地、感同身受的同理心及主動去愛的能力，察覺自己從他者接受的各種幫助，培養感恩之心。		

設計依據		
議題融入	實質內涵	【閱讀素養教育】 閱 E14 喜歡與他人討論、分享自己閱讀的文本。 藉由故事鐘的遊戲，將課文大意分享給所有的活動參與者。
	所融入之學習重點	藉由巨人的花園這篇故事，讓學生發現分享的可貴與美好。了解品德核心價值與道德議題；養成知善、樂善與行善的品德素養。
與其他領域／科目的連結		**語文領域** 1-II-3 聽懂適合程度的詩歌、戲劇，並說出聆聽內容的要點。 2-II-1 用清晰語音、適當語速和音量説話。 2-II-3 把握説話的重點與順序，對談時能做適當的回應。 2-II-4 樂於參加討論，提供個人的觀點和意見。
教材內容		康軒版國語三年級課本〈巨人的花園〉課文
教學設備／資源		鈴鼓、康軒版國語三年級課本
學習目標		

學習目標

1. 能觀察環境細節，利用自己的身體表現出想像力與創作力。（1-II-4）（表 E-II-1）
2. 能與他人合作，創構出場景，並待人以禮。（3-II-5）（表 P-II-4）
3. 學習觀看與表演活動的審美態度。（2-II-3）（表 A-II-1）（語文領域：1-II-3）
4. 培養學生對文本表演的個人詮釋思考和表達能力。（2-II-1）（表 A-II-1）（語文領域：2-II-1、2-II-3、2-II-4）

教學活動設計		
教學活動內容及實施方式	時間	評量重點
一、引起動機：你看到了什麼就可以表演什麼（遊戲交心）。 1. 觀察教室周圍的細節，然後閉上眼睛指出老師指定的事物。 2. 玩「口香糖黏哪裡」。由個人逐漸黏出兩人以上的造型。[2] 3. 表演教室的危險。引導學生說出並集體利用想像力演出教室的危險角落或物品。	10 分	學生專注力與合作程度。
二、發展活動：你只會讀故事嗎？ 1. 先詢問學生是否喜歡〈巨人的花園〉的故事。 2. 教師引導讓學生回顧故事。 3. 教師解釋待會將集體改編故事，所以容許出錯。 4. 進行故事接龍。 5. 進行故事鐘：有人講故事，另外一半的人演，相互欣賞。 6. 謝幕。	20 分	學生口語與肢體動作的表現力。
三、綜合討論 1. 身體的肢體可以轉變為其他物品嗎？為什麼可以？想像力可以讓生活變得更有趣，想像力就是超能力，可以創作出許多好看的表演。 2. 故事接龍好接嗎？怎麼故事接龍才好？多閱讀會有幫助嗎？ 3. 有人在表演，你該如何呢？演員與觀眾該如何相互尊重呢？ 4. 對於同學的演出，你喜歡嗎？為什麼喜歡？為什麼不喜歡？ 5. 謝幕讓你覺得有禮貌嗎？你會怎麼對表演者的表演表達感謝呢？ 6. 其他的心得與想法。	10 分	學生之鑑賞力與口語表達。

2　林玫君，2016：64。

教學活動設計					

評量工具與規準

學習構面	項目	評量等級				
		A	B	C	D	E
表現	動作表現（1-II-4）	表演動作和故事的前後劇情一致，且處處充滿創意。	表演動作和故事的前後劇情一致。	表演動作和故事雖前後劇情一致，但緊張、害羞動作小且有局限。	表演動作和故事雖前後劇情因分心而不能連貫。	未達D級。
鑑賞	參與討論表達看法（2-II-3）	能口齒清晰且條理分明地講述表演活動。	能口齒清晰講述表演活動。	只能簡單詞彙講述表演活動。	只能回答是或否，來講述表演活動。	未達D級。
實踐	合作效能（3-II-1）（3-II-5）	能有效率地與他人進行合作。	能大致地與他人進行合作。	能概略地與他人進行合作。	與他人進行合作時需教師積極介入。	未達D級。

教學省思

‧暖身遊戲可以使學生放下心防，自發地進行合作並且開展肢體。

‧進行故事魔杖遊戲時，教師必須適時指導學生動作，讓學生動作不要太害羞或太拘謹。但指導的方式是陪著孩子一起演最好，如此一來學生不會因為覺得自己是被指責的一方而喪失了表演的興趣。

‧綜合討論引導可結合班級加分制度，讓討論更熱烈、更有秩序。

參考資料

林玫君（2016）。《兒童戲劇教育——肢體與聲音口語的創意表現》。臺南市：復文圖書。64 頁。

（二）故事魔杖教學跨國語文教學範例 [3]

1. 故事魔杖遊戲結合語文領域

（1）課程設計動機及理念

　　英國自小學時期，便將戲劇放入語文領域的學習內涵中，藉由戲劇幫助學童理解文本，想像故事與揣摩情節。戲劇在本質上是群體分享故事，主要以口語和肢體作為媒介，戲劇藉由故事的媒介運作，加強了孩子發展理解主題、角色、情節為目標的語文策略面向，同時，在半虛構的世界中，容許孩子運用文字之外的智慧和能力——尤其是視覺和動覺的。

　　本課程位於藝術學習領域之第三學習階段，旨在將戲劇技巧的教學融入於國語文領域中，課程理念如圖 7-2；在共同備課時，即與導師、學校藝文教師一同規劃課程進行的期程，同時，對於文本中期望學童達成的學習目標達成共識，第一、二部分由班導師負責教學，輔導員及學校藝文教師觀課協同，第三部分

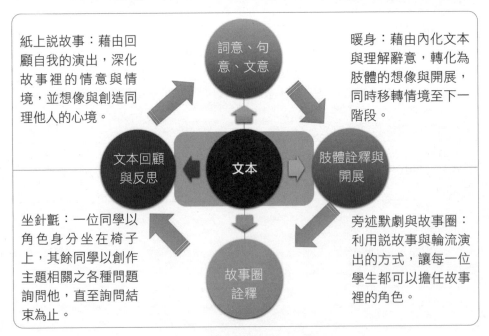

紙上說故事：藉由回顧自我的演出，深化故事裡的情意與情境，並想像與創造同理他人的心境。

暖身：藉由內化文本與理解辭意，轉化為肢體的想像與開展，同時移轉情境至下一階段。

詞意、句意、文意

文本

肢體詮釋與開展

文本回顧與反思

故事圈詮釋

坐針氈：一位同學以角色身分坐在椅子上，其餘同學以創作主題相關之各種問題詢問他，直至詢問結束為止。

旁述默劇與故事圈：利用說故事與輪流演出的方式，讓每一位學生都可以擔任故事裡的角色。

圖 7-2　故事魔杖教學設計理念

3　邱鈺鈞，2015a。

由筆者負責戲劇化的文本內容探究，並公開授課，第四部分則由學校藝文教師授課。教案呈現的主要是藉由「旁述默劇」和「故事魔杖」的遊戲讓孩子增進肢體表達與文學的閱讀理解能力，再以速寫本回顧肢體詮釋的表現，給予文本反思與深入思考文本中情意的蘊涵（圖 7-3）。

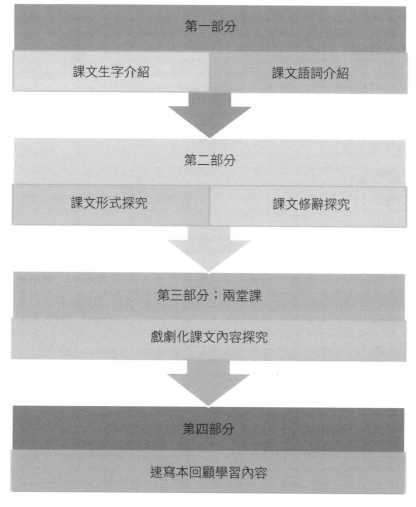

圖 7-3　故事魔杖教學課程進度圖

本單元屬於整體語文課中第三部分「課文深究」部分。

其活動設計與進行方式如圖 7-4 所示：

圖 7-4　課文深究流程

（2）教學單元案例

領域／科目	藝術		設計者	邱鈺鈞、陳韻如
實施年級	六年級		總節數	共 2 節，80 分鐘
單元名稱	故事魔杖遊戲之「機智過人」			
設計依據				
學習重點	學習表現	1-III-4 能感知、探索與表現表演藝術的元素、技巧。 2-III-7 能理解與詮釋表演藝術的構成要素，並表達意見。 3-III-5 能透過藝術創作或展演覺察議題，表現人文關懷。	核心素養	《總綱》 A1 身心素質與自我精進。 B3 藝術涵養與美感素養。 C2 人際關係與團隊合作。

設計依據				
學習重點	學習內容	表 E-III-1 聲音與肢體表達、戲劇元素（主旨、情節、對話、人物、音韻、景觀）與動作元素（身體部位、動作／舞步、空間、動力／時間與關係）之運用。 表 A-III-1 家庭與社區的文化背景和歷史故事。 表 P-III-4 議題融入表演、故事劇場、舞蹈劇場、社區劇場、兒童劇場。	核心素養	《領綱》 藝-E-A1 參與藝術活動，探索生活美感。 藝-E-B3 善用多元感官，察覺感知藝術與生活的關聯，以豐富美感經驗。 藝-E-C2 透過藝術實踐，學習理解他人感受與團隊合作的能力。
議題融入	實質內涵	【品德教育】 品 E3 溝通合作與和諧人際關係。 品 EJU5 謙遜包容。品 EJU7 關懷行善。品 E6 同理分享。 【生命教育】 生 E6 從日常生活中培養道德感以及美感，練習做出道德判斷以及審美判斷，分辨事實和價值的不同。 【閱讀素養教育】 閱 E14 喜歡與他人討論、分享自己閱讀的文本。		
	所融入之學習重點	【品德教育】 藉由故事文本了解到善用自己的言語，言語應該用來幫助人解人危難，而非用在嘲笑和挖苦他人。 【生命教育】 藉著課文示範，思考如何堅持價值，展現出語言的美感。 【閱讀素養教育】 藉由故事魔杖的遊戲，再次將課文理解、分享他人一次。		

設計依據	
與其他領域／科目的連結	**語文領域** 2-III-2 從聽聞內容進行判斷和提問，並做合理的應對。 2-III-3 靈活運用詞句和說話技巧，豐富表達內容。 2-III-4 運用語調、表情和肢體等變化輔助口語表達。
教材內容	國小語文科南一版國語六上第八課〈機智過人〉
教學設備／資源	鈴鼓、國語課本、指揮棒（可有各種形式）、分鏡版
學習目標	

1. 能透過肢體暖身活動感知、探索與表現表演藝術的元素、技巧。（1-III-4）（表 E-III-1）
2. 能透過故事魔杖活動詮釋表演藝術的構成要素，並透過坐針氈遊戲表達對文本之意見。（2-III-7）（表 A-III-1）（語文領域：2-III-2、2-III-3、2-III-4）
3. 能於表演中覺察語言使用的美感、展現人文關懷。（3-III-5）（表 P-III-4）
　【品德教育】【生命教育】【閱讀素養教育】

教學活動設計		
教學活動內容及實施方式	時間	評量重點
第一節　【合作默契訓練與肢體開發】 一、暖身活動（跟著音樂走路）： 　　（暖身）請學生跟著老師鼓聲做動作。鼓聲快則動作快，鼓聲慢則動作慢。在鼓聲停時則動作皆停。此外老師還會在其中加入「跳」或「轉圈」的指令。	5分	學生有無跟上教師指令。
二、請學生繼續跟著鼓聲走動，當鼓聲停止時，需要在高、中、低的水平空間規範中選取一個水平空間的靜止動作。不論學生們選取哪一類的動作，其空間水平皆需要與身旁周圍的學生不同。	5分	學生有無跟上教師指令。

教學活動設計		
教學活動內容及實施方式	時間	評量重點
三、請學生再次依照鼓聲節奏來走路，這次要發揮想像力。在律動時，若教師喊「紳士」，學生則必須模仿紳士走路的姿態與動作。同樣的若教師喊「國王」，學生則必須模仿國王走路的姿態；若教師喊「馬夫」，學生則必須模仿馬夫走路的姿態和神情。過程裡學生必須記得之前高、中、低的訓練，不斷運用各種不同的水平空間。	10 分	學生想像力與表情姿態。 學生對語詞情境的認知。
四、緊接著在相同遊戲規則下，老師會喊出一些第八課課文裡情緒性的形容詞。如：「得意的笑」和「哈哈大笑」；「神氣」和「嘲笑」；「驚訝」、「緊張」、「啞口無言」、「驚嚇」和「忐忑不安」；「羞愧」和「神色慌張」等。請學生一聽到形容詞就自然地表演出來。	10 分	學生想像力與表情姿態。 學生對語詞情境的認知。
五、請學生圍成圈圈坐下，再依著老師的指令閉上雙眼，放鬆並發揮想像力。過程中老師要鼓勵學生運用想像力、大膽地演出來。接著老師可以說一個裁縫店裡一件剛剛完成的童裝故事，請學生扮演那件童裝。童裝會經歷一連串的冒險，故事的轉折會訓練出表演動作質感。	10 分	學生專注力與個人表演力。
第二節　【以故事魔杖規則演出課文】		
一、教師先建立出舞臺表演區。請同學們皆到觀眾區坐好。之後講解「故事魔杖」的遊戲規則。那就是老師會隨機點數位學生上臺表演老師口述的故事。但當老師的魔法棒一揮，所有學生就必須回到原位。	5 分	學生有無配合教師指令。

教學活動設計		
教學活動內容及實施方式	時間	評量重點
二、老師開始進行故事魔杖的遊戲。將國語第八課的三個小故事全部進行完畢。每個短篇故事預計進行五分鐘，每個故事由十二位同學分批來演出。務必使每位同學至少上臺演出一次。	15分	學生有無配合教師指令。 學生個人表演力和合作態度。
三、請全體同學一起舉手票選三個故事演出時的最佳演員。每個故事可票選四位，並請選上的同學上臺，依照自願選取角色，若意願上有爭執則以猜拳優勝者先挑選角色。教師需以最快的速度協助學生們在接下來的三個故事表演中確認自己的角色。	5分	學生有無配合教師指令。
四、請各組依照課文次序，完成短篇故事的演出。演出的方式如同之前所做的「故事魔杖」模式。只是教師將不再換人演出角色，而是讓學生演出一氣呵成。 【學生進行故事魔杖的遊戲展演】	10分	學生有無配合教師指令。 學生個人表演力和合作態度。 學生在扮演觀眾時的觀看態度。
五、老師在每一個故事的演出中選擇一位同學來進行坐針氈的遊戲。第一個故事選傲慢的青年；第二個故事選擇晏子；第三個故事選擇馬夫。	3分	學生對文本的詮釋力與口語表達力。

教學活動設計		
教學活動內容及實施方式	時間	評量重點
【學生進行坐針氈的遊戲】		
六、請同學發表看過今天演出的心得。若有時間請學生回復桌椅。	2 分	學生的口語表達力與共好態度。

評量工具與規準

學習構面	項目	評量等級				
		A	B	C	D	E
表現	動作表現（1-III-4）	肢體動作能完整配合課文情境，表演時能注意表演的畫面結構並表演出角色內在情緒。	肢體動作能大多配合課文情境，表演時能注意表演的畫面結構並表演出角色內在情緒。	肢體動作能部分配合課文情境，表演時能注意表演的畫面結構並表演出角色內在情緒。	肢體動作僅少部分配合課文情境，表演時能注意表演的畫面結構並表演出角色內在情緒。	未達 D 級。
鑑賞	以表演思考詮釋文本（2-III-7）	對文本情境的掌握透徹，並可在坐針氈遊戲中有創新的發問和回答。	在坐針氈遊戲中有完整的發問和回答。	在坐針氈遊戲中只有簡單的發問和回答。	在坐針氈遊戲中只有用點頭與搖頭來回答。	未達 D 級。
實踐	學習他人合作表演之能力（3-III-5）	表演時能完整注意其他人的表演節奏與位置，並相互映稱。	表演時能大概注意其他人的表演節奏與位置，並相互映稱。	表演時能僅部分注意其他人的表演節奏與位置，並相互映稱。	表演時很少注意其他人的表演節奏與位置，並相互映稱。	未達 D 級。

教學活動設計

教學省思

‧故事魔杖的教學法要能夠完全成功，其關卡在於學生是否有得到充分的暖身。而教學者又要如何確定學生暖身足夠了呢？一個老師要觀察學生是否已經玩開、有沒有微微流汗、有沒有輕鬆又自然的站姿、有沒有帶著專注又閃耀的眼神？如果上述的條件都具足，這時候再切入故事魔杖的教學法，才會有水到渠成的感覺。

‧暖身時，要求學生扮演之「角色」與「情緒」都必須與課程的文本有關。如此的安排可讓學生充分探索「角色」與「情緒」的各種表演可能性與自身的限制，並且為最後整體的呈現預作準備。

‧本教案教師會選擇裁縫店的故事來進行旁述默劇練習，是因為文本中有相應的場景。教師故事的設計可以協助學生建立更多的背景知識，藉由此設計出的故事了解場景背後所開展出的社會文化脈絡，所以也是一種有趣的延伸閱讀手法。

‧老師進行故事魔杖遊戲需適切分組，務使每位學生都能有表演的機會。若發現學生有能力不到時，可以揮動魔棒為其解危。點到之學生，要利用前一堂課之訓練，上臺演出表情與動作。

‧當學生表演完後，老師應對學生的優缺點做簡單講評，特別是其演出優異與吸引人之處！

‧坐針氈的遊戲很適合在故事魔杖之後進行，尤其故事魔杖讓學生好像真的經歷文本情境演出了一次，所以此時的問與答會更為精采，學生的提問層次也會更高。

參考資料

1. 林玫君（2016）。《兒童戲劇教育──肢體與聲音口語的創意表現》。臺南市：復文圖書。156 頁。
2. David Farmer（2015）。嗖！通過戲劇帶來故事。取自 http://dramaresource.com/whoosh-bringing-stories-alive-through-drama/

附錄

1. jame nono（2012 年 8 月 27 日）。蕭伯納的回答【youtube 影音資料】。取自 https://youtu.be/4gtJPBVRuNA
2. 本次教學之影音資料：https://www.youtube.com/watch?v=fisTgabkelk

（三）故事魔杖教學結合重大議題範例

1. 故事魔杖結合能源議題

領域／科目	藝術	設計者	桃園市大忠國小邱鈺鈞老師 桃園市大成國小邱逸君老師
實施年級	四年級	總節數	共 2 節，80 分鐘
地點	嘉義縣鹿滿國小	學生人數	14 人
單元名稱	家電變變變～		

設計依據			
學習 重點	學習 表現	1-II-4 能感知、探索與表現表演藝術的元素和形式。 1-II-7 能創作簡短的表演。 2-II-3 能表達參與表演藝術活動的感知，以表達情感。 3-II-5 能透過藝術表現形式，認識與探索群己關係及互動。	核心 素養	《總綱》 A 自主行動 A1 身心素質與自我精進。 B 溝通互動 B3 藝術涵養與美感素養。 C 社會參與 C2 人際關係與團隊合作。 《領綱》 藝-E-A1 參與藝術活動，探索生活美感。 藝-E-B3 善用多元感官，察覺感知藝術與生活的關聯，以豐富美感經驗。 藝-E-C2 透過藝術實踐，學習理解他人感受與團隊合作的能力。 自-E-C1 培養愛護自然、珍愛生命、惜取資源的關懷心與行動力。
	學習 內容	表 E-II-1 人聲、動作與空間元素和表現形式。 表 E-II-2 開始、中間與結束的舞蹈或戲劇小品。 表 E-II-3 聲音、動作與各種媒材的組合。 表 A-II-1 聲音、動作與劇情的基本元素。 表 P-II-1 展演分工與呈現、劇場禮儀。 表 P-II-4 劇場遊戲、即興活動、角色扮演。		

設計依據		
議題融入	實質內涵	【環境教育】 環 E15 覺知能資源過度利用會導致環境汙染與資源耗竭的問題。 環 E17 養成日常生活節約用水、用電、物質的行為，減少資源的消耗。 【能源教育】 能 E1 認識並了解能源與日常生活的關連。 能 E2 了解節約能源的重要。 能 E4 了解能源的日常應用。 能 E8 於家庭、校園生活實踐節能減碳的行動。
	所融入之學習重點	訓練學生的觀察力和反應力，能融入故事情境，並與同學分工、規劃、合作，表現出情境的轉換。
與其他領域／科目的連結		**自然領域** po-II-1 能從日常經驗、學習活動、自然環境，進行觀察，進而能察覺問題。 po-II-2 能依據觀察、蒐集資料、閱讀、思考、討論等，提出問題。 pc-II-2 能利用簡單形式的口語、文字、或圖畫等，表達探究之過程、發現。 INf-II-1 日常生活中常見的科技產品。 INa-II-8 日常生活中常用的能源。 INg-II-1 自然環境中有許多資源。人類生存與生活需依賴自然環境中的各種資源，但自然資源都是有限的，需要珍惜使用。 INg-II-2 地球資源永續可結合日常生活中低碳與節水方法做起。 INg-II-3 可利用垃圾減量、資源回收、節約能源等方法來保護環境。

設計依據	
教材內容	1. 聲音效果：利用人聲製造電器用品音效。 2. 動作素材：肢體、空間探索。 3. 即興活動：運用肢體、聲音、空間等素材表現家電用品的運作。 4. 故事魔杖遊戲：教師擔任敘述者，引導學生演出。 5. 網站資源：臺電公司網站兒童版 http://kids.taipower.com.tw/。
教學設備／ 資源	資訊設備、音訊播放器

學習目標
1. 藉由生活中出現的各式家電聲音之模擬，發現聲音表達的多樣性和可能性。（1-II-4、E-II-1）
2. 學習與同學合作，運用肢體創意表現出家電用品的運作模式。（1-II-7、E-II-3）
3. 藉著演出劇本歸納討論生活中節約用電的方法。（2-II-3、A-II-1）（po-II-2、INg-II-1、INg-II-2、INg-II-3）
4. 訓練學生融入故事情境。並嘗試與同學分工、規劃合作，表現出情境的轉換。（3-II-5、表 P-II-1、表 P-II-4）
5. 能認識生活中各式家電的運作方式及功能。（1-II-7、E-II-3）（po-II-1、INf-II-1、INa-II-8）
6. 透過觀看表演體會家電用品帶給人類生活的便利。（INf-II-1）（3-II-5、表 P-II-1、表 P-II-4）
7. 透過討論體會節約用電的重要性與做法。（3-II-5、表 P-II-1）（INg-II-1、INg-II-2、INg-II-3）

教學活動設計		
教學活動內容及實施方式	時間	評量重點
第一節 一、暖身活動： （一）肢體、空間探索 　　請學生在教室空間中散開，教師敲鼓，學生依鼓聲快慢節奏移動，在移動過程不能碰到別人的身體，當鼓聲停止時，需要在高、中、低的水平空間規範中選取一個水平空間的靜止動作。不論學生們選取哪一類的動作，其空間水平皆須與身旁周圍的學生不同。	20分鐘	・能模擬出不同電器的聲音。 ・能在移動中呈現不同的水平空間。

教學活動設計		
教學活動內容及實施方式	時間	評量重點
（二）想像練習（聲音效果） 　　　請學生在教室中圍成半圓形坐下。引導學生把自己想像成家中的某一種電器用品，每個人依序輪流發出電器啟動時的運轉聲或按鍵聲，聲音儘量不要和前面的人重複，全班猜測他表現的是哪一種電器用品。 二、主題活動： （一）創意肢體表現 　　　請學生利用肢體表演、模仿各式家電。 　■教師發出指令要每一位同學變身成一座【檯燈】，檯燈要有開關，教師依序到學生身邊做出開燈動作。人體家電開啟時皆要有聲響的表演。 　■教師敲鼓繼續走、走、停流程，鼓聲停，發出指令要兩位同學一組，合作變成一個【鬧鐘】，學生兩人一組發出鬧鐘聲，教師依序到學生身邊做出按停鬧鐘動作。 　■繼續走、走、停流程，教師鼓聲停，發出指令要三位同學一組，合作變成【電風扇】，電風扇要有開關，教師依序到學生身邊做出打開電扇動作。 　■繼續走、走、停程序，教師鼓聲停，發出指令要五位同學一組變成【電視機】，教師依序到學生身邊打開電視，收看不同的節目。 　■繼續走、走、停程序，教師鼓聲停，發出指令要七位同學一組變成【電冰箱】，教師依序到學生身邊打開電視，收看不同的節目。並利用此七人來分大組。	20分鐘	‧能運用肢體動作創意表現。 ‧能與人分工合作。

教學活動設計		
教學活動內容及實施方式	時間	評量重點
第二節 （二）肢體再暖身 　　請學生在教室空間中散開等距離走動，教師敲鼓，學生依鼓聲快慢節奏移動，在移動過程不能碰到別人的身體，當鼓聲停止時，需要在高、中、低的水平空間規範中選取一個水平空間的靜止動作。不論學生們選取哪一類的動作，其空間水平皆需要與身旁周圍的學生不同。鼓聲停時教師給予指令如「身體一個地方和一個人黏在一起」、「身體兩個地方和兩個人黏在一起」等。	10 分鐘	・能融入故事情境，配合眾人演出。
（三）分大組作團隊身體雕塑 　　教師請學生用上一節課七人一組的方式圍小圈坐好，並請兩組團隊挑戰用身體組合一組電動按摩椅。身體的組成需具備有低、中、高三種水平的姿態，呈現時還要演出開關與聲音。學生完成後，於教室舞臺分別展演，相互觀摩。	10 分鐘	
（四）運用「故事魔杖」模式 　　教師請學生回到半圓形坐下，準備講述故事。教師隨機點數位學生上臺表演教師口述的故事，但當教師的魔法棒一揮，所有學生就必須回到原位。 　　教師開始講述： ■夏日晚上，疲憊的父親工作回到家中（請一人扮演主角），打開門進入客廳，先開燈（一人扮演檯燈），發現很熱，接著開電風扇（三人扮演電風扇），又去打開冷氣（四人扮演冷氣）。（臺上同學退場）	10 分鐘	

教學活動設計		
教學活動內容及實施方式	時間	評量重點
■接著來到廚房打開電冰箱，尋找飲料食物（七人扮演電冰箱），使用烤箱烤麵包（三人扮演烤箱）。（臺上同學退場） ■回到客廳，小朋友打開電視（五人扮演電視），開始播報新聞（下指令請兩人呈現主播訪問電廠廠長），這時突然停電了！（臺上同學退場）		
三、總結活動： （一）停電了！怎麼辦？ 　教師帶領學生分組討論，將結果寫在小海報上發表： ■停電會造成哪些不便？ ■檢討剛剛家庭劇中主人翁的能源使用方式，請學生發表在日常生活中能夠落實的節能方法。 （二）電力小學堂 　教師打開電腦，進入臺電網站兒童版＞電力小學堂＞節電小撇步，讓學生學習正確的節電知識（特別關注節能標章的介紹）。	10分鐘	・能覺知當前能源不足的困境。 ・能說出在日常生活中落實的節能方法。

・羅列評量工具、規準，如學習單、檢核表或同儕互評表等

學習構面	項目	評量等級				
		A	B	C	D	E
表現	能模擬出不同電器的聲音。（1-II-3）	能準確又有自信地發出電器運轉時的聲音。	能準確發出電器的聲音。	僅能模擬出一種不同電器的聲音，但音量太小。	僅能發出一種不清晰的聲音。	未達D級。

學習構面	項目	評量等級				
		A	B	C	D	E
表現	能在移動中呈現不同的水平空間。（1-II-3）	肢體動作能在行進時完整表演出高、中、低三種水平空間。	肢體動作能在行進時表演出高、中、低其中兩種水平空間。	肢體動作能在行進時表演出高、中、低其中一種水平空間。	無法理解水平空間的意義，肢體動作在行進時毫無變化。	未達D級。
	能運用肢體動作創意表現。（1-II-7）	能運用肢體動作表現出獨特創意之家電造型。	能運用肢體動作表現出稍具創意之家電造型。	能運用肢體動作表現出家電之造型。	肢體動作呆板、造型動作太小。無法確定是否為家電。	未達D級。
鑑賞	藉著演出劇本歸納討論生活中節約用電的方法。（2-II-3）	能藉由表演啟發，以及和同儕討論，可列出五項以上自己實踐節電方式。	能藉由表演啟發，以及和同儕討論，可列出二至五項自己實踐節電方式。	能藉由表演啟發，以及和同儕討論，可列出二項自己實踐節電方式。	對節電的重要沒有認同。與同組同學缺乏討論。	未達D級。
實踐	能融入故事情境，配合眾人演出。（3-II-5）	能巧妙融入故事情境，配合故事魔杖遊戲和眾人演出，說出有利情境發展的臺詞或做出精彩的聲音表演。	能融入故事情境，配合故事魔杖遊戲和眾人演出，說出配合情境的臺詞或做出合宜的聲音表演。	能融入故事情境，配合故事魔杖遊戲和眾人演出，但無臺詞或聲音表演。	雖知故事情境，但表演時太過害羞。	未達D級。

教學活動設計

教學活動設計						
學習構面	項目	評量等級				
		A	B	C	D	E
實踐	於課堂任務中能與人分工、合作。（3-II-5）（藝-EC-2）	能有效率與他人合作。	能與他人合作。	少與他人合作。	雖與他人合作，但對自己已答應配合的事項卻一再反覆。	未達D級。
自發	能積極且熱情地投入表演活動。（藝-E-A1）	能妥善完成課堂上的表演且展現積極投入活動的熱情。	能妥善完成課堂上的表演。	消極配合教師所安排的表演活動。	少部分配合教師所安排的表演活動。	未達D級。
互動	善用多感官，察覺感知藝術與生活的關聯，以豐富美感經驗。（藝-E-B3）	能運用肢體動作表現出造型優美之家電。	能運用肢體動作表現出稍具美感之家電造型。	能運用肢體動作表現出家電之造型。	肢體動作呆板、造型動作太小。	未達D級。

教學活動設計

·實作評量小組評分表（需配合班級人數來仔細設計，下表依鹿滿國小四年級公開課教學而準備）

評量項目	第一組（7 人）	第二組（7 人）
表現 30% （1-II-3） （1-II-7）		
鑑賞 10% （2-II-3）		
實踐與共好 30% （3-II-5） （藝-E-C2）		
自發 20% （藝-E-A1）		
互動 10% （藝-E-B3）		
總分／等第		

·上表配合實作評量的執行方式，而評量規準需向學生說明。暫定 A 等第為 90 分以上，B 等第為 75 至 89 分，C 等第為 60 至 74 分，D 等第為 45 至 59 分。

教學反思

　　本次教學在暖身活動中以摹仿電器音效開啟學生對這堂課的想像，再加上依鼓聲移動拓展學生的肢體向度。因為加上要有低、中、高空間變化的指令，並說明移動或停頓時都不能碰到別人，可以發現本來只有單純跑、走的學生，動作中衍生出蹲、趴、跪、滾、扭轉、跳躍、旋轉等元素，大大豐富了他們的肢體語彙。

　　在創意肢體活動中，藉由不斷打散重新分組的過程，讓學生必須放下彼此間的身體界限，練習在短時間內和不同人溝通、分工、合作，即興演出。此時個性活潑的學生就成為很棒的領導者，往往能帶領小組成員激發創意，原本個性內斂、害羞的學生，也能放下對演出的恐懼，融入其中，而暖身活動中所發展出的聲音、肢體元素，就成了最好的演出材料。

教學活動設計

　　此時學生暖身已經暖夠了，對上臺表演躍躍欲試，接下來進入故事魔杖模式就非常順利，而且演出者一上臺很快就能各就各位，相互引導，配合情境表現。最後結尾帶領學生思考能源使用的現狀，大部分學生都對「815 大停電」印象深刻，紛紛發表停電時感受到的慌張、恐懼、無奈，此時不難看出現代人對 3C 產品的依賴，除了覺得「好熱」、「好黑」，最多學生反映：「電腦、電視、網路都不能用，好無聊。」

　　可見得，表演藝術課能直接喚起學生的生命經驗，有了直接且深刻的生命經驗，未來才能有動力，採取行動改善所身處的社會。上表演課，就是教師和學生一起進行自我探索及挑戰。活動過程中更能看見個人特質的真實面向，彼此碰撞所產生的火花、夥伴間超越語言的默契，為十二年國教精神「自發」、「互動」、「共好」下了最好的註解。

　　另外在評量方面，國立中正大學的林永豐教授曾表示，核心素養導向的教學課程並不是每一堂課都需完全連結到三面九項的每一個向度，而且在進行核心素養教學活動時，所選取的指標也應該有高度的相關。本次評量規劃所選取之評量向度也是依此原則進行。另外，教師從自發 20%的成績中，撥出 10%在課堂白板上進行個別同學之評分。當學生自發專注而有好表現時，就可在這 10 分鐘進行加分，此舉對班級管理也產生了不錯的效果。故學生最後拿到的成績，是加總學生個人表現與分組表現。這樣的安排也避免了小組中貢獻多的同學最後竟和貢獻少的同學拿到同分的質疑。

參考資料
1. 臺電公司網站兒童版，http://kids.taipower.com.tw/。
2. Whoosh! Bringing Stories Alive through Drama, https://dramaresource.com/whoosh-bringing-stories-alive-through-drama/.

三、結語

　　教師的工作是面對活生生的「人」，「人」的心是統整的、是跨域的，一秒鐘可思、可想、可做千百種事物，因此，所有的教育都應該使人更像一個人，擁有健全的人格並且幸福地活著。

　　表演藝術課程在國民基本教育裡，因其強調實踐的特性，對學習的重要性不言可喻，再者，當學生被競爭與考試升學的壓力箝制著透不過氣之時，表演藝術課程的情境，不但可以讓學生在「虛實」之間喘口氣，也可以常常在新角色的實踐中「重新開機」發現自己的新價值。

　　人的價值與情感於未來社會，對比之於 AI 人工智慧或機器人的挑戰，絕對是關鍵能力。藉表演藝術能讓人運用「情感」感動他人，或被人感動，這是學生職涯發展中，於人際與社會中經常面對的場面。透過表演藝術的學習可以學會如何感人的表達，透過表演課程的活動，可以讓學生經驗感動時刻將如何表現。上述一切都能使學生得到更健全的身心發展！

　　在臺灣，表演藝術進入課程已經超過二十年，但因為沒有像英文當初進入國小課程具有專長老師的保障，所以仍然沒有聘任表藝老師，大多小學甚至連一位表演藝術專長老師皆無。作者在無奈之餘，看到許多現場老師習慣使用民間出版社所編撰的教科書，或是播放影片，或是公然被借課，不遵守課綱規定不僅影響學生受教權，也讓學生在應付 PISA 測驗時，成績難以提升，甚是可惜。

　　再者，現場教師在使用教科書時，常因對表演藝術教學法的不熟悉及害怕，讓實際表演課的實施總是不到位。故本書的內容可使教師們再一次思索自己的教學和課程設計，想想自己的教學型態及教科書規劃之間應如何互補、如何再增進學生的學科知能，又如何符合任教學校的地區文化與學生特質。如此深入探討後的教學，就可以讓教學時時刻刻保持創新活力，同時又兼具課程綱要的完整架構。

　　誠摯希望諸位讀者已初步了解表演藝術的特質就是跨域融合，十二年國教的跨領域理念，基本是與表演藝術的特質不謀而合，強調學生自主學習、溝通互動及社會參與。是以，在重視跨領域教學與重視互動體驗的新時代環境中，不會表演藝術教法是相當可惜的。本書提供了表演藝術與其他領域統整性教學的示例，不難發現表演藝術教學提供了孩子們許多議題探究、美感知覺與發揮創造力的機會，對當前核心素養的落實絕對有積極的貢獻。

　　希望老師您閱讀完本書後有起心動念，讓您的課程也加入表演藝術的元素，為孩子們的未來增添美好的幸福與希望，鼓勵師生從假定中學習真經驗，讓學與用之間無落差！

參考文獻

中文部分

Ackroyd, J., & Boulton, J.（2006）。兒童愛演戲（陳書悉譯）。臺北市：遠流。
　　（原著出版於 2001）

Aristotle（1986）。詩學箋註（姚一葦譯）。臺北市：國立編譯館。（原著出版
　　於 1909-1957）

Bennathan, J.（2005）。少年愛演戲（張幼玫譯）。臺北市：遠流。（原著出版
　　於 2000）

Billington, M.（1989）。表演的藝術（蔡美玲譯）。臺北市：桂冠。（原著出版
　　於 1984）

Davies, M.（2009）。幼兒動作與舞蹈教育（劉淑英譯）。臺北市：心理。（原
　　著出版於 2003）

Dixon, N., Davies, A., & Politano, C.（2007）。讀者劇場（張文龍譯）。臺北
　　市：成長文教基金會。

Heinig, R. B.（2001）。即興表演家喻戶曉的故事：戲劇與語文教學的融合（陳
　　仁富譯）。臺北市：心理。（原著出版於 1992）

Iacoboni, M.（2009）。天生愛學樣：發現鏡像神經元（洪蘭譯）。臺北市：遠
　　流。（原著出版於 2009）

Jennings, S.（2013）。創作性戲劇在團體工作的應用（張曉華等譯）。臺北市：
　　心理。（原著出版於 1992）

Khan, S.（2013）。可汗學院的教育奇蹟：兩億人的家教課，跟比爾‧蓋茲的孩
　　子一起學習（王亦穹譯）。臺北市：圓神。（原著出版於 2012）

Koehler-Pentacoff, E.（2003）。上課好好玩：兒童戲胞啟發與遊戲。（陳晞如
　　譯）。臺北市：櫻桃出版，書林經銷。（原著出版於 1989）

Landy, R. J.（1998）。戲劇治療（李百麟、吳士宏、吳芝儀、洪光遠、曾蕙瑜
　　譯）。臺北市：心理。（原著出版於 1994）

Lin, J.（2012）。**魔術師林謙念力轉吸管**。取自https://www.youtube.com/watch?
　　v=Ky3GpyFMF1s

Neelands, J.（2010）。**透視戲劇：戲劇教學實作指南**（陳仁富、黃國倫譯，呂
　　彥蓉校閱）。臺北市：心理。（原著出版於 1984）

Neelands, J., & Goode, T.（2005）。**建構戲劇：戲劇教學策略 70 式**（舒志義、
　　李慧心譯）。臺北市：成長基金會。（原著出版於 2000）

O'Toole, J., & Dunn, J.（2005）。**假戲真做，做中學**（劉純芬譯）。臺北市：成
　　長基金會。（原著出版於 2002）

O'Tool, J., Burton, B., & Plunkett, A.（2007）。**酷凌行動應用戲劇手法──處理
　　校園霸凌與衝突**（林玫君、歐怡雯譯）。臺北市：心理。（原著出版於
　　2005）

Overby, L. Y., Post, B. C., & Newman, D.（2008）。**舞蹈與統整性課程設計**（程
　　宜莉、詹雅涵譯，劉淑英總校閱）。臺北市：華騰文化。（原著出版於
　　2005）

Plato（2003）。會飲篇（王曉明，譯）。**柏拉圖全集**。臺北：左岸文化。（原
　　著出版約於西元前 385）

Runco, M. A.（2008）。**創造立當代理論與議題**（邱皓正等譯）。臺北市：心
　　理。（原著出版於 2007）

Salas, J.（2007）。**即興真實人生：一人一故事劇場中的個人故事**（李志強、林
　　世坤、林淑琳譯）。臺北市：心理。（原著出版於 1996）

Salisbury, B. T.（1994）。**創造性兒童戲劇入門**（林玫君譯）。臺北市：心理。
　　（原著出版於 1986）

Spolin, V.（1998）。**戲劇遊戲指導手冊**（區曼玲譯）。臺北市：書林。（原著
　　出版於 1986）

Stanislavsky, C.（1961）。**演員自我修養（下卷）**（鄭雪來譯）。北京市，中
　　國：中國電影出版社。（原著出版於 1951）

Vivi 老師（2015）。**圖解數學一點通**。臺北市：如何。

Wills, B. S.（2010）。**創造性兒童戲劇進階**（林玫君、林珮如譯）。臺北市：心理。（1996）

Winston, J., & Tandy, M.（2008）。**開始玩戲劇 4-11 歲**（陳韻文、張鐙尹譯）。臺北市：心理。（原著出版於 2001）

中央研究院植物研究所（2004）。**葉序**。取自 http://taiwanplants.ndap.org.tw/leaf06.htm

王娟（2001）。**肢體密碼——戲劇輔導手冊**。臺北市：幼獅。

幼福編輯部（2014）。**大家來唱 ABC 英文童謠**（67 頁）。新北市：幼福文化。

白詩瑜（2014）。放下高薪、改變教育的傻子。**天下雜誌**，554 期。

自由時報（2016）。阿蓮國中班親會首演偶戲家長捧場座無虛席。取自 http://news.ltn.com.tw/news/life/breakingnews/1836637

何祐寧（2010 年 12 月 16 日）。霸凌潛伏期預防。**自由時報**，自由言論版。

吳素君（2008）。中國舞蹈發展的過程。平衍（編），**舞蹈欣賞**（115-152 頁）。臺北市：三民。

吳清燁總編輯（2010）。**校園戲劇全攻略**。高雄市：高市教育局。

吳靜吉（2007）。大 C、小 C 與迷你 C。**今周刊 569**，**18**。取自 https://reurl.cc/WLXEpk

吳韻儀（2013）。你的企業需要哪一種創新？**天下雜誌**，**533**，160。

李其昌（2004）。表演藝術之研習發展與教學策略。**研習資訊**，**21**（5），77-84。

李其昌（2011）。幼教「系」「園」戲劇合作：瓦德的故事戲劇化方法。**美育**，**182**，4-13。

李其昌（2012a）。表演藝術教育中的導演方法。**百年永藝：臺灣第二屆國民中小學藝術教育年會**，臺北市。

李其昌（2012b）。就在教室演童劇。陳瓊花（編），**100 學年度藝術與人文學習領域輔導群教學知能專輯**（2）評量與教學（73-78 頁）。臺北市：國立臺灣師範大學。

李其昌（2015a）。探究「教師如導演」以增進校內觀課之歷程。趙惠玲

（編），當代藝術教育研究新視野──第一屆藝術教育研究國際學術研討
會論文集（21-46頁）。新北市：華藝。

李其昌（2015b）。國際教育現況：**PISA** 測驗中的五個表藝素養。103 學年度國
民中小學九年一貫課程推動工作。取自 https://cirn.moe.edu.tw/Upload/Web-
site/1124/WebContent/32094/RFile/32094/80818.pdf

李其昌（2016）。跨領域美感課程之實施方式與教學策略。趙惠玲（編），**薈
美融藝：跨領域美感課程之理論與實務**（33-54頁）。新北市：華藝。

李宗芹（2002）。**非常愛跳舞──創造性舞蹈的心體驗**。臺北市：心靈工坊。

李國修著，黃致凱編（2014）。**李國修編導演教室**。臺北市：平安文化。

林秀娟（2011）。**說演故事在閱讀上的應用**。臺北市：秀威資訊。

林玫君（2016）。**兒童戲劇教育──肢體與聲音口語的創意表現**。臺南市：復
文圖書。

林倖妃、李雪莉（2014）教出不怕失敗的一代。**天下雜誌，561**，149。

邱鈺鈞（2008）。WHY!!孟克為什麼要吶喊？。**桃園教育電子報，29**。取自
http://e-news.smes.tyc.edu.tw/Module/Pages/News_View.php?ID=873&type=new-
spage

邱鈺鈞（2012a）。Freeze Frame 戲劇教育法與閱讀。**桃園教育電子報，66**。取
自 http://e-news.smes.tyc.edu.tw/Module/Pages/News_View.php?ID=3418&type=
newspage

邱鈺鈞（2012b）。創造性舞蹈教學法 Midway Model。**桃園教育電子報，70**。
取自 http://e-news.smes.tyc.edu.tw/Module/Pages/News_View.php?ID=3616&
type=newspage

邱鈺鈞（2013a）自信 Catwalk──學生走秀訓練。**桃園教育電子報，73**。取自
http://e-news.smes.tyc.edu.tw/Module/Pages/News_View.php?ID=3795&type=
newspage

邱鈺鈞（2013b）。兒童「抽象畫」教學實例與方法。**桃園教育電子報，77**。取
自 http://e-news.smes.tyc.edu.tw/Module/Pages/News_View.php?ID=4140&type=

newspage

邱鈺鈞（2014a）。發現「教師入戲」的魅力與潛力。桃園教育電子報，**87**。取
　　自 http://163.30.157.20/Module/Pages/News_View.php?ID=4908&type=newspage

邱鈺鈞（2014b）。「名字遊戲」在表演藝術教學中的應用。桃園教育電子報，
　　88。取自 http://e-news.smes.tyc.edu.tw/Module/Pages/News_View.php?ID=4948
　　&type=newspage

邱鈺鈞（2014c）。表演藝術應用於班級經營之實務。桃園教育電子報，**89**。取
　　自 http://e-news.smes.tyc.edu.tw/Module/Pages/News_View.php?ID=4986&type=
　　newspage

邱鈺鈞（2014d）。「紙芝居」日式故事劇場：美術、文學與戲劇教育的結合。
　　桃園教育電子報，82。取自 http://e-news.smes.tyc.edu.tw/Module/Pages/News_
　　View.php?ID=4328&type=newspage

邱鈺鈞（2015a）。「故事圈」戲劇教學法與閱讀教育。桃園教育電子報，**100**。
　　取自 http://e-news.smes.tyc.edu.tw/Module/Pages/News_View.php?ID=5455&
　　type=newspage

邱鈺鈞（2015b）。創意讀者劇場之「狐假虎威」。桃園教育電子報，**92**。取自
　　http://e-news.smes.tyc.edu.tw/Module/Pages/News_View.php?ID=5138&type=
　　newspage

邱鈺鈞（2016a）。「合作力」養成遊戲～表演藝術課程中的合作力訓練。桃園
　　教育電子報，101。取自 http://e-news.smes.tyc.edu.tw/Module/Pages/News_
　　View.php?ID=5505&type=newspage

邱鈺鈞（2016b）。十二年國教總綱對國小教務工作的挑戰。新北市教育季刊，
　　21。取自 https://reurl.cc/0OxDLM

邱鈺鈞（2016c）。聲音真有趣～～「標點符號」和「朗讀聲調」之聲音戲劇遊
　　戲。桃園教育電子報，**102**。取自 http://e-news.smes.tyc.edu.tw/Module/Pag-
　　es/News_View.php?ID=5516&type=newspage

姚一葦（1978）。美的範疇論。臺北市：臺灣開明書店。

洪曉芬（2005）。**名師養成：表演式教學**。臺北市：橙智教育集團。

胡寶林（1994）。**戲劇與行為表現力**。臺北市：遠流。

容淑華（2013）。**另類教育：教育劇場實踐**。臺北市：國立臺北藝術大學。

涂家屏、曾齡儀、孫成傑、盧貞穎（2006）。國小英語戲劇指導錦囊。新北市：康軒。

康軒文教事業（2014）。國小國語六上第十一課，三版。新北市：康軒。

張中煖（2007）。打通九年一貫舞蹈教學之經脈。臺北市：國立臺北藝術大學。

張英珉、呂登貴（2016）。自由式（字遊式）：給初學者的編劇遊戲。臺北市：五南。

張曉華（2004）。**教育戲劇理論與發展**。臺北市：心理。

張曉華（2007）。**創作性戲劇教學原理與實作**，增修二版。臺北市：成長文教基金會。

張曉華（2009）。導論。丘永福（編），藝術生活：表演藝術（9-26 頁）。臺北市：臺灣藝術教育館。

張曉華、郭香妹、康瑛倫、陳俊憲、陳惠芬、陳鳳桂、張雪莉（2008）。**表演藝術 120 節戲劇活動課：九年一貫藝術與人文領域表演藝術教學現場執教手冊**（150 頁）。臺北市：書林。

張曉華總校閱（2014）。**教育戲劇跨領域統整教學**（郭香妹策劃）（10-11 頁）。臺北市：心理。

張麗玉、羅家玉（2015）。**遊戲童年：扮戲×看戲×陪孩子玩出潛實力**（150 頁）。臺北市：日月文化。

教育部（2014）。十二年國民基本教育課程綱要：總綱。臺北市：教育部。

教育部（2018）。十二年國民基本教育課程綱要：藝術領域。臺北市：教育部。

教育部（2020）。**藝術領域課綱公播版簡報**。取自http://www.naer.edu.tw/ezfiles/0/1000/img/67/379162261.pptx

許瓌玲（2012）。**語文戲劇化教學**。臺北市：秀威資訊。

陳子瑜（2013）。**呼啦圈團體遊戲**。取自https://www.youtube.com/watch?v=O

YuIRy_6UzA

陳英叡（2002）淺談表演藝術課的聲音情感表達課程——結構訓練實務導向。
　　桃園教育電子報，**75**。取自http://e-news.smes.tyc.edu.tw/Module/Pages/New_
　　View-php? ID=4003

陳雅慧（2012）。英國創意、文化與教育中心執行長專訪：學校要培養發明工
　　作的人。親子天下雜誌，**34**。

陳義翔等（2011）。**社區劇場的實踐之道**。臺北市：新銳文創。

陳瓊花（1995）。**藝術概論**。臺北市：三民。

陳懿凡（2012）。**搞怪派對必備化妝術**。新北市：和平國際出版。

彭震球（1991）。**創作性教學之實踐**。臺北市：五南。

黃金桂（2009）。**舞蹈教學**。臺北市：五南。

黃俊芳（2014）。**兒童戲劇教學實務**。臺北市：新銳文創。

黃錦墩（2012）。**陪孩子遇見美好的自己‧兒童‧遊戲‧敘事治療**。臺北市：
　　張老師。

曾明生（2006）。舞動介係詞。**愛學網**。取自https://stv.moe.edu.tw/co_video_
　　content.php?p=787&chap=2

葛琦霞（2004）。**表演藝術大公開**。臺北市：天衛文化。

詩經（2015）。毛詩序。取自http://www.chinapage.com/poem/shijing/gb/1.htm

廖順約（2005 年 9 月 15 日）。**9/14 殺手遊戲創造緊張的感覺**【部落格文字資
　　料】。取自http://blog.yam.com/newcool/article/5256060

廖順約（2006）。**表演藝術教材教法**。臺北市：心理。

臺灣 PISA 國家研究中心（2020）。**PISA 2021 創意思考**。取自https://pisa.irels.
　　ntnu.edu.tw/files/PISA%202021%E5%89%B5%E6%84%8F%E6%80%9D%
　　E8%80%83%E7%AF%84%E4%BE%8B%E8%A9%A6%E9%A1%8C.pdf

臺灣好新聞（2019 年 11 月 10 日）。**臺灣鐵道之美～花漾舊鐵道：大里光正國
　　中校慶創意進場**。取自https://n.yam.com/Article/20191110548437

趙自強、徐琬瑩（2002a）。**戲法學校中級篇**。臺北市：幼獅。

趙自強、徐琬瑩（2002b）。**戲法學校初級篇**。臺北市：幼獅。

趙自強、徐琬瑩（2002c）。**戲法學校基礎篇**。臺北市：幼獅。

趙自強、徐琬瑩（2004）。**戲法學校高級篇**。臺北市：幼獅。

衛生福利部國民健康署（2020）。**健康久久網站**。取自http://health99.hpa.gov.tw/educZone/edu_detail.aspx?CatId=21733

鄧凱元（2017）。跨領域教學，才能教出下一個賈伯斯。**天下雜誌，617**，107。

鄭明憲（2014年11月）。從評量重建藝術教育的美感視域。亞太美感教育研討會發表之論文，國家教育研究院。

戴君安（2003）。**遊戲舞蹈教學研究**。未出版，臺南市。

總統府（2015年12月30日）。**藝術教育法**。華總（一）義字第10400151431號令。（《藝術教育法》首頒布於1997年3月12日）。

曠文琪（2007）。快樂學習　加速腦神經連結，**商業週刊，999**。

關華山（1989）。**民居與社會·文化**。臺北市：明文。

英文部分

Autard, J. (2002). *The art of dance in education* (2nd ed.). London, UK: A. & C. Black.

Barblett, L. (2010). Why play-based learning? *Every Child, 16*. Retrieved from http://www.earlychildhoodaustralia.org.au/our-publications/every-child-magazine/every-child-index/every-child-vol-16-3-2010/play-based-learning-free-article/

Bergese, M. (2003). *Shaolin wheel of life* (DVD). Retrieved from https://www.youtube.com/watch?v=Tloi-LVs5SU

Brecht, B. (1992). *Brecht on theatre: The development of an aesthetic*. New York, NY: Hill and Wang.

Flaxman (1880). The Murder of Agamemnon. Retrieved from https://www.meister-drucke.uk/fine-art-prints/Flaxman/770535/The-Murder-of-Agamemnon,-1880.html

Li, C. C. (2006). Drama education in the classroom "space": The different theories of

Plato and Aristotle. *Research in Arts Education, 12*, 85-111.

Li, C. C. (2007). *Brecht's epic theatre in drama education* (Ph. D.), The Australian National University, Canberra.

Mearns, H. (1958). *Creative power: The education of youth in the creative arts.* New York, NY: Dove.

Muffin Songs (2011). Muffin Songs - Come And Join The Game | nursery rhymes & children songs. Retrieved from https://www.youtube.com/watch?v=w02Jo2qDWDE

OECD (2019). PISA 2021 Creative Thinking Framework (3rd draft). Retrieved from https://pisa.irels.ntnu.edu.tw/files/PISA % 202021-creative % 20thinking-framework.pdf

PISA 2015: Draft collaborative problem solving framework. (2013). Retrieved from http://www.oecd.org/pisa/pisaproducts/Draft%20PISA%202015%20Collaborative%20Problem%20Solving%20Framework%20.pdf

Plato. (1974). *The republic* (D. Lee, Trans. 2 ed.). Harmondsworth: Penguin.

Townsend, T., & Bates, R. (2007). Teacher education in a new millennium: Pressures and possibilities. In T. Townsend & R. Bates (Eds.), *Handbook of teacher education.* Dordrecht, The Netherlands: Springer.

中英文關鍵字

action 動作

audience design 受眾設計

canon 卡農

catwalk 走秀

character 人物

collective drawing 集體繪畫

communication and interaction 溝通互動

cone of learning 學習金字塔理論

conventions 習式

creative dance 創造性舞蹈

creative drama 創作性戲劇

drama in education 教育戲劇

duet 雙人舞

fiction represented 假定性的扮演

filling roles 融入角色

freeze frame 靜像劇面

hot-sitting 坐針氈、焦點人物

image theatre 意象劇場

key competences 核心素養能力

level exploration 水平位置遊戲

living through 身歷其境

machine creation 機器創造家

make believe 辦家家酒

mantle of expert 專家的外衣

mataxis 介於兩端之間

mind map 心智地圖

mirror game 鏡子遊戲

name game 名字遊戲

narrated mime 旁白默劇

playback theatre 一人一故事劇場

poetics of the oppressed 被壓迫者詩學

professional learning community 教師專業學習社群

readers theatre 讀者劇場

rhythm images 律動畫面

role 身分

sculpture 靜止雕像

seeking the common good 共好

social participation 社會參與

spontaneity 自主行動

stage reading 讀劇

still image 定像

story clock 故事鐘

story cube 故事骰子

story whoosh 故事魔杖

storytelling theater 說故事劇場

symmetry roles 角色對稱

tableau stories 一頁頁的故事

tableau 靜像

taking the initiative 自發

teacher in role 教師入戲

television channels 換個頻道吧

therapeutic theatre 有療效的劇場

thought-tracking 思路追蹤

warming up 暖身

感謝名單

桃園市八德區大忠國民小學退休校長　鄭添壽校長

桃園市八德區大忠國民小學　謝雅莉校長

桃園市八德區大忠國民小學　陳佳慧老師

桃園市八德區大忠國民小學　簡安茹老師

桃園市八德區大忠國民小學　吳國永老師

桃園市八德區大忠國小全體師生

桃園市桃園區建國國民小學　鄭永峻老師

桃園市八德區大成國民小學　邱逸君老師

桃園市桃園區慈文國民小學　陳韻如主任

臺北市松山區健康國民小學　陳怡錩老師

臺北市文山區興華國民小學　方美霞老師

國立科學工業園區實驗高級中學國小部　饒詠婷老師

國立臺灣藝術大學藝術與人文教學研究所　吳芳姿碩士生

附錄

附錄一　在職表演藝術授課老師的進修之道

1. 教育部全國教師進修網

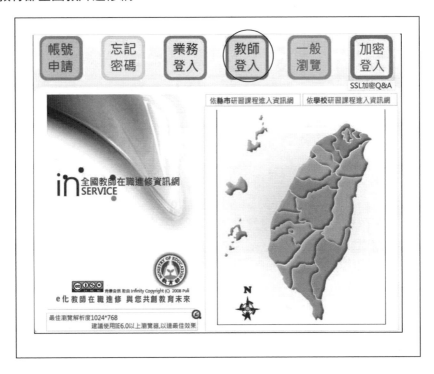

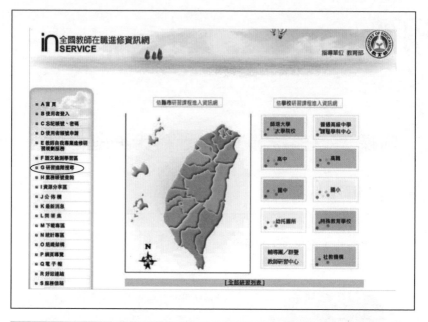

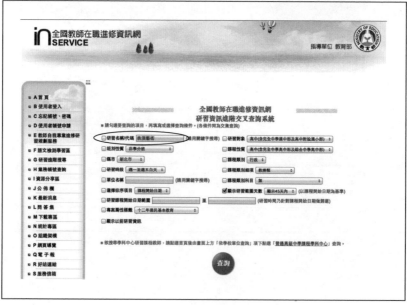

2. 大專院校的進修課程

　　不論是臺北藝術大學或臺灣藝術大學的推廣進修部，都有定期的表演藝術教學推廣課程。

3. 大專院校的進修學位

　　(1) 臺灣藝術大學表演藝術教學在職專班

　　(2) 臺南大學戲劇創作與應用學系碩士班

　　(3) 國立臺灣師範大學表演藝術研究所

　　(4) 臺北藝術大學藝術與人文教育研究所

　　(5) 臺灣藝術大學藝術與人文教學研究所

4. 各地文化局、文化創意園區與表演藝術團體辦理之工作坊

5. 各縣市藝術領域國教輔導團與自發性教師專業學習社群所辦理之工作坊

　　自發性教師專業學習社群多半需自費分擔講師與場地費用，但也有全義工是付出的。想要接觸這些積極的第一線教師們，可於臉書社群上尋找相關社群。

6. 國家教育研究院網站（十二年國教課綱課程手冊定稿及公播版簡報）

　　藝術領域課程手冊（2019／01 定稿版）

　　https://reurl.cc/3NZEzR

　　藝術領域課綱公播版簡報

　　https://reurl.cc/5oEWAG

附錄二　課表編排及呈現

（一）107 學年度課表前課表樣式

6　年　9　班　　　　　　教師姓名：廖○○老師

星期 節次與時間		一	二	三	四	五
	7:50～8:00	整潔 活動	整潔 活動	整潔 活動	整潔 活動	整潔 活動
	8:00～8:20	兒童 朝會	晨讀	兒童 朝會	晨讀	晨讀
	8:20～8:40	導師時間				
1	8:45～9:25	數學	數學	健康	數學	自然
2	9:35～10:15	語文	體育	表演 藝術	體育	自然
	10:15～10:30	課間活動時間				
3	10:30～11:10	英語 （補救）	社會	電腦	語文	數學
4	11:20～12:00	視覺 藝術	本土 語言	數學	語文	語文
	12:00～13:10	午餐及午休				
5	13:10～13:50	語文	自然	教 師 進 修	音樂	社會
6	14:00～14:40	社會	自然		英語	硬筆
	14:40～14:55	整潔活動			整潔活動	
7	14:55～15:35	綜合	語文		綜合	綜合
	15:35～16:00	教師課程研發時間				

（二）本書建議十二年國教國小排課樣式

高年級樣式 A　　　　　教師姓名：

星期 節次與時間		一	二	三	四	五
	7:50～8:00	整潔活動	整潔活動	整潔活動	整潔活動	整潔活動
	8:00～8:20	兒童朝會	晨讀	兒童朝會	晨讀	晨讀
	8:20～8:40	導師時間				
1	8:45～9:25	數學	數學	健體	數學	自然
2	9:35～10:15	語文	健體	藝術（表演）	健體	自然
	10:15～10:30	課間活動時間				
3	10:30～11:10	英語	社會	校訂課程	語文	數學
4	11:20～12:00	藝術（視覺）	本土新住民語言	數學	校訂課程	語文
	12:00～13:10	午餐及午休				
5	13:10～13:50	語文	自然	教師進修	藝術（音樂）	社會
6	14:00～14:40	社會	校訂課程		英語	校訂課程
	14:40～14:55	整潔活動			整潔活動	
7	14:55～15:35	校訂課程	語文		綜合	綜合
	15:35～16:00	教師課程研發時間				

高年級樣式 B　　　　　　　教師姓名：

星期 節次與時間		一	二	三	四	五
	7:50～8:00	整潔 活動	整潔 活動	整潔 活動	整潔 活動	整潔 活動
	8:00～8:20	兒童 朝會	晨讀	兒童 朝會	晨讀	晨讀
	8:20～8:40	導師時間				
1	8:45～9:25	數學	數學	健體	數學	自然
2	9:35～10:15	語文	健體	英語	健體	自然
	10:15～10:30	課間活動時間				
3	10:30～11:10	藝術 （視覺）	社會	校訂 課程	語文	數學
4	11:20～12:00	藝術 （表演）	本土 新住民 語言	數學	校訂 課程	語文
	12:00～13:10	午餐及午休				
5	13:10～13:50	語文	自然	教 師 進 修	藝術 （音樂）	社會
6	14:00～14:40	社會	校訂 課程		英語	校訂 課程
	14:40～14:55	整潔活動			整潔活動	
7	14:55～15:35	校訂 課程	語文		綜合	綜合
	15:35～16:00	教師課程研發時間				

高年級樣式 C　　　　　教師姓名：

節次與時間 ＼ 星期	一	二	三	四	五
7:50～8:00	整潔活動	整潔活動	整潔活動	整潔活動	整潔活動
8:00～8:20	兒童朝會	晨讀	兒童朝會	晨讀	晨讀
8:20～8:40	導師時間				
1　8:45～9:25	數學	數學	健體	數學	自然
2　9:35～10:15	語文	健體	英語	健體	自然
10:15～10:30	課間活動時間				
3　10:30～11:10	英語	社會	校訂課程	語文	數學
4　11:20～12:00	藝術（視覺）	本土新住民語言	數學	校訂課程	語文
12:00～13:10	午餐及午休				
5　13:10～13:50	語文	自然	教師進修	藝術（音樂）	社會
6　14:00～14:40	社會	校訂課程		藝術（表演）	校訂課程
14:40～14:55	整潔活動			整潔活動	
7　14:55～15:35	校訂課程	語文		綜合	綜合
15:35～16:00	教師課程研發時間				

高年級樣式 D　　　　　　　教師姓名：

節次與時間	星期	一	二	三	四	五
	7:50～8:00	整潔活動	整潔活動	整潔活動	整潔活動	整潔活動
	8:00～8:20	兒童朝會	晨讀	兒童朝會	晨讀	晨讀
	8:20～8:40	導師時間				
1	8:45～9:25	數學	數學	健體	數學	自然
2	9:35～10:15	語文	健體	英語	健體	自然
	10:15～10:30	課間活動時間				
3	10:30～11:10	英語	社會	校訂課程	語文	數學
4	11:20～12:00	綜合	本土新住民語言	數學	校訂課程	語文
	12:00～13:10	午餐及午休				
5	13:10～13:50	語文	自然	教師進修	藝術（音樂）	社會
6	14:00～14:40	社會	校訂課程		藝術（視覺）	校訂課程
	14:40～14:55	整潔活動			整潔活動	
7	14:55～15:35	校訂課程	語文		藝術（表演）	綜合
	15:35～16:00	教師課程研發時間				

中年級樣式 A　　　　　　教師姓名：

節次與時間	星期	一	二	三	四	五
	7:50～8:05	整潔活動	整潔活動	整潔活動	整潔活動	整潔活動
	8:05～8:20	兒童朝會	晨讀	兒童朝會	晨讀	晨讀
	8:20～8:40	導師時間				
1	8:45～9:25	校訂課程	本土新住民語言	語文	語文	數學
2	9:35～10:15	語文	語文	數學	健體	語文
	10:15～10:30	課間活動時間				
3	10:30～11:10	英語	數學	校訂課程	健體	自然
4	11:20～12:00	數學	社會	社會	綜合活動	社會
	12:00～13:10	午餐及午休				
5	13:10～13:50	藝術（音樂）	健體	教師進修	校訂課程	
6	14:00～14:40	藝術（視覺）	自然		校訂課程	
	14:40～14:55	整潔活動			整潔活動	
7	14:55～15:35	藝術（表演）	自然		綜合活動	
	15:35～16:00	教師課程研發時間				

中年級樣式 B　　　　　　　教師姓名：

節次與時間 星期	一	二	三	四	五
7:50～8:05	整潔活動	整潔活動	整潔活動	整潔活動	整潔活動
8:00～8:20	兒童朝會	晨讀	兒童朝會	晨讀	晨讀
8:20～8:40	導師時間				
1　8:45～9:25	校訂課程	本土新住民語言	語文	語文	數學
2　9:35～10:15	語文	語文	數學	健體	語文
10:15～10:30	課間活動時間				
3　10:30～11:10	英語	數學	校訂課程	健體	自然
4　11:20～12:00	數學	社會	藝術（視覺）	綜合活動	社會
12:00～13:10	午餐及午休				
5　13:10～13:50	藝術（音樂）	健體	教師進修	校訂課程	
6　14:00～14:40	社會	自然		藝術（表演）	
14:40～14:55	整潔活動			整潔活動	
7　14:55～15:35	校訂課程	自然		綜合活動	
15:35～16:00	教師課程研發時間				

中年級樣式 C　　　　　教師姓名：

節次與時間 ＼ 星期		一	二	三	四	五
	7:50～8:05	整潔活動	整潔活動	整潔活動	整潔活動	整潔活動
	8:05～8:20	兒童朝會	晨讀	兒童朝會	晨讀	晨讀
	8:20～8:40	導師時間				
1	8:45～9:25	校訂課程	本土新住民語言	語文	語文	數學
2	9:35～10:15	語文	語文	數學	健體	語文
	10:15～10:30	課間活動時間				
3	10:30～11:10	英語	數學	校訂課程	健體	自然
4	11:20～12:00	數學	社會	社會	綜合活動	社會
	12:00～13:10	午餐及午休				
5	13:10～13:50	藝術（音樂）	健體	教師進修	校訂課程	
6	14:00～14:40	藝術（表演）	自然		藝術（視覺）	
	14:40～14:55	整潔活動			整潔活動	
7	14:55～15:35	校訂課程	自然		綜合活動	
	15:35～16:00	教師課程研發時間				

中年級樣式 D　　　　　　　　教師姓名：

星期 節次與時間		一	二	三	四	五
	7:50～8:05	整潔 活動	整潔 活動	整潔 活動	整潔 活動	整潔 活動
	8:05～8:20	兒童 朝會	晨讀	兒童 朝會	晨讀	晨讀
	8:20～8:40	導師時間				
1	8:45～9:25	校訂 課程	本土 新住民 語言	語文	語文	數學
2	9:35～10:15	語文	語文	數學	健體	語文
	10:15～10:30	課間活動時間				
3	10:30～11:10	英語	數學	校訂 課程	健體	自然
4	11:20～12:00	數學	社會	社會	綜合 活動	社會
	12:00～13:10	午餐及午休				
5	13:10～13:50	藝術 （視覺）	健體	教 師 進 修	校訂 課程	
6	14:00～14:40	藝術 （表演）	自然		藝術 （音樂）	
	14:40～14:55	整潔活動			整潔活動	
7	14:55～15:35	校訂 課程	自然		綜合 活動	
	15:35～16:00	教師課程研發時間				

附錄三　「藝術領域」課綱

（「藝術領綱」全文 QRCode。以下節錄國小階段，便於撰寫教學方案。）

・核心素養

　　藝術領域「核心素養」強調藝術學習不以知識及技能為限，而應關注藝術學習與生活、文化的結合，透過表現、鑑賞與實踐，彰顯學習者的全人發展。

　　下表係依循《總綱》各教育階段核心素養之具體內涵，結合藝術領域之基本理念與課程目標後，在藝術領域內的具體展現。藝術領域核心素養同時做為課程發展之主軸，以裨益各教育階段間的連貫以及各領域／科目間的統整。

總綱核心素養面向	總綱核心素養項目	總綱核心素養項目說明	藝術領域核心素養具體內涵		
			國民小學教育（E）	國民中學教育（J）	普通型高級中等學校教育（S-U）
A 自主 行動	A1 身心素質 與 自我精進	具備身心健全發展的素質，擁有合宜的人性觀與自我觀，同時透過選擇、分析與運用新知，有效規劃生涯發展，探尋生命意義，並不斷自我精進，追求至善。	藝-E-A1 參與藝術活動，探索生活美感。	藝-J-A1 參與藝術活動，增進美感知能。	藝 S-U-A1 參與藝術活動，以提升生活美感及生命價值。
	A2 系統思考 與 解決問題	具備問題理解、思辨分析、推理批判的系統思考與後設思考素養，並能行動與反思，以有效處理及解決生活、生命問題。	藝-E-A2 認識設計思考，理解藝術實踐的意義。	藝-J-A2 嘗試設計思考，探索藝術實踐解決問題的途徑。	藝 S-U-A2 運用設計與批判性思考，以藝術實踐解決問題。

總綱 核心素養 面向	總綱 核心素養 項目	總綱 核心素養 項目說明	藝術領域核心素養具體內涵		
			國民小學 教育 （E）	國民中學 教育 （J）	普通型高級 中等學校教 育（S-U）
A 自主 行動	A3 規劃執行 與 創新應變	具備規劃及執行計畫的能力，並試探與發展多元專業知能、充實生活經驗，發揮創新精神，以因應社會變遷、增進個人的彈性適應力。	**藝-E-A3** 學習規劃藝術活動，豐富生活經驗。	**藝-J-A3** 嘗試規劃與執行藝術活動，因應情境需求發揮創意。	**藝 S-U-A3** 發揮創新精神，並具備規劃、執行與省思藝術展演能力，以因應社會變化。
B 溝通 互動	B1 符號運用 與 溝通表達	具備理解及使用語言、文字、數理、肢體及藝術等各種符號進行表達、溝通及互動的能力，並能了解與同理他人，應用在日常生活及工作上。	**藝-E-B1** 理解藝術符號，以表達情意觀點。	**藝-J-B1** 應用藝術符號，以表達觀點與風格。	**藝 S-U-B1** 活用藝術符號表達情意觀點和風格，並藉以做為溝通之道。
	B2 科技資訊 與 媒體素養	具備善用科技、資訊與各類媒體之能力，培養相關倫理及媒體識讀的素養，俾能分析、思辨、批判人與科技、資訊及媒體之關係。	**藝-E-B2** 識讀科技資訊與媒體的特質及其與藝術的關係。	**藝-J-B2** 思辨科技資訊、媒體與藝術的關係，進行創作與鑑賞。	**藝 S-U-B2** 運用多媒體與資訊科技進行創作思辨、批判與溝通。
	B3 藝術涵養 與 美感素養	具備藝術感知、創作與鑑賞能力，體會藝術文化之美，透過生活美學的省思，豐富美感體驗，培養對美善的人事物，進行賞析、建構與分享的態度與能力。	**藝-E-B3** 善用多元感官，察覺感知藝術與生活的關聯，以豐富美感經驗。	**藝-J-B3** 善用多元感官，探索理解藝術與生活的關聯，以展現美感意識。	**藝 S-U-B3** 善用多元感官，體驗與鑑賞藝術文化與生活。

總綱核心素養面向	總綱核心素養項目	總綱核心素養項目說明	藝術領域核心素養具體內涵		
			國民小學教育（E）	國民中學教育（J）	普通型高級中等學校教育（S-U）
C 社會參與	C1 道德實踐與公民意識	具備道德實踐的素養，從個人小我到社會公民，循序漸進，養成社會責任感及公民意識，主動關注公共議題並積極參與社會活動，關懷自然生態與人類永續發展，而展現知善、樂善與行善的品德。	**藝-E-C1** 識別藝術活動中的社會議題。	**藝-J-C1** 探討藝術活動中社會議題的意義。	**藝 S-U-C1** 養成以藝術活動關注社會議題的意識及責任。
	C2 人際關係與團隊合作	具備友善的人際情懷及與他人建立良好的互動關係，並發展與人溝通協調、包容異己、社會參與及服務等團隊合作的素養。	**藝-E-C2** 透過藝術實踐，學習理解他人感受與團隊合作的能力。	**藝-J-C2** 透過藝術實踐，建立利他與合群的知能，培養團隊合作與溝通協調的能力。	**藝 S-U-C2** 透過藝術實踐，發展適切的人際互動，增進團隊合作與溝通協調的能力。
	C3 多元文化與國際理解	具備自我文化認同的信念，並尊重與欣賞多元文化，積極關心全球議題及國際情勢，且能順應時代脈動與社會需要，發展國際理解、多元文化價值觀與世界和平的胸懷。	**藝-E-C3** 體驗在地及全球藝術與文化的多元性。	**藝-J-C3** 理解在地及全球藝術與文化的多元與差異。	**藝 S-U-C3** 探索在地及全球藝術與文化的多元與趨勢。

· 學習重點

一、說明

1. 學習重點作用：學習重點係結合本領域基本理念、課程目標與核心素養發展而來，包含「學習表現」與「學習內容」，用以引導課程設計、教材研發、教科用書編審、教學與學習評量的實施。

2. 領域課程架構：以表現、鑑賞與實踐三個學習構面組織藝術領域的課程架構；依此架構建立本領域各科目的關鍵內涵，進而引導發展學習表現與學習內容。

3. 「藝術領域學習重點與核心素養呼應表參考示例」（詳參〔附錄四〕）乃為使學習重點與核心素養能夠相互呼應，且透過學習重點落實本領域核心素養，並引導跨領域／跨科目的課程設計，增進課程發展的嚴謹度。

4. 「議題融入藝術領域課程綱要說明」（詳參〔附錄五〕）乃為豐富本領域的學習，促進核心素養的涵育，使各項議題可與藝術領域的學習重點適當結合。

5. 編碼方式

   (1) 科目縮寫：「音」音樂、「視」視覺藝術、「表」表演藝術。第五學習階段必修科目「音」音樂、「美」美術、「藝」藝術生活；加深加廣選修「演」表演創作、「多」多媒體音樂、「設」基本設計、「新」新媒體藝術。

   (2) 學習表現與學習內容包含三項編碼類別。說明如下：

學習重點	學習構面（第1碼）	學習階段（第2碼）	流水號（第3碼）
學習表現	表現1、鑑賞2、實踐3	II、III、IV、V	1.2.3……
學習內容	表現E、鑑賞A、實踐P	II、III、IV、V	1.2.3……

6. 第五學習階段部定必修音樂、美術、藝術生活之學習內容附「＊」標記者，表示每科目超過2學分時建議增加之內容。

二、各教育階段領域內各科學習重點

（一）國民小學

學習階段	學習構面	關鍵內涵	學習表現	學習內容
第二學習階段：三、四年級	表現	歌唱演奏	**1-II-1** 能透過聽唱、聽奏及讀譜，建立與展現歌唱及演奏的基本技巧。	**音 E-II-1** 多元形式歌曲，如：獨唱、齊唱等。基礎歌唱技巧，如：聲音探索、姿勢等。
		視覺探索	**1-II-2** 能探索視覺元素，並表達自我感受與想像。	**音 E-II-2** 簡易節奏樂器、曲調樂器的基礎演奏技巧。 **音 E-II-3** 讀譜方式，如：五線譜、唱名法、拍號等。
		媒介技能	**1-II-3** 能試探媒材特性與技法，進行創作。	**音 E-II-4** 音樂元素，如：節奏、力度、速度等。
		表演元素	**1-II-4** 能感知、探索與表現表演藝術的元素和形式。	**音 E-II-5** 簡易即興，如：肢體即興、節奏即興、曲調即興等。
		創作展現	**1-II-5** 能依據引導，感知與探索音樂元素，嘗試簡易的即興，展現對創作的興趣。 **1-II-6** 能使用視覺元素與想像力，豐富創作主題。 **1-II-7** 能創作簡短的表演。 **1-II-8** 能結合不同的媒材，以表演的形式表達想法。	**視 E-II-1** 色彩感知、造形與空間的探索。 **視 E-II-2** 媒材、技法及工具知能。 **視 E-II-3** 點線面創作體驗、平面與立體創作、聯想創作。 **表 E-II-1** 人聲、動作與空間元素和表現形式。

學習階段	學習構面	關鍵內涵	學習表現	學習內容
第二學習階段：三、四年級	表現	創作展現		**表 E-II-2** 開始、中間與結束的舞蹈或戲劇小品。 **表 E-II-3** 聲音、動作與各種媒材的組合。
	鑑賞	審美感知	**2-II-1** 能使用音樂語彙、肢體等多元方式，回應聆聽的感受。 **2-II-2** 能發現生活中的視覺元素，並表達自己的情感。 **2-II-3** 能表達參與表演藝術活動的感知，以表達情感。	**音 A-II-1** 器樂曲與聲樂曲，如：獨奏曲、臺灣歌謠、藝術歌曲，以及樂曲之創作背景或歌詞內涵。 **音 A-II-2** 相關音樂語彙，如節奏、力度、速度等描述音樂元素之音樂術語，或相關之一般性用語。 **音 A-II-3** 肢體動作、語文表述、繪畫、表演等回應方式。
		審美理解	**2-II-4** 能認識與描述樂曲創作背景，體會音樂與生活的關聯。 **2-II-5** 能觀察生活物件與藝術作品，並珍視自己與他人的創作。 **2-II-6** 能認識國內不同型態的表演藝術。 **2-II-7** 能描述自己和他人作品的特徵。	**視 A-II-1** 視覺元素、生活之美、視覺聯想。 **視 A-II-2** 自然物與人造物、藝術作品與藝術家。 **視 A-II-3** 民俗活動。 **表 A-II-1** 聲音、動作與劇情的基本元素。

學習階段	學習構面	關鍵內涵	學習表現	學習內容
第二學習階段：三、四年級	鑑賞	審美理解		**表 A-II-2** 國內表演藝術團體與代表人物。 **表 A-II-3** 生活事件與動作歷程。
	實踐	藝術參與	**3-II-1** 能樂於參與各類藝術活動，探索自己的藝術興趣與能力，並展現欣賞禮儀。 **3-II-2** 能觀察並體會藝術與生活的關係。	**音 P-II-1** 音樂活動、音樂會禮儀。 **音 P-II-2** 音樂與生活。 **視 P-II-1** 在地及各族群藝文活動、參觀禮儀。
		生活應用	**3-II-3** 能為不同對象、空間或情境，選擇音樂、色彩、布置、場景等，以豐富美感經驗。 **3-II-4** 能透過物件蒐集或藝術創作，美化生活環境。 **3-II-5** 能透過藝術表現形式，認識與探索群己關係及互動。	**視 P-II-2** 藝術蒐藏、生活實作、環境布置。 **表 P-II-1** 展演分工與呈現、劇場禮儀。 **表 P-II-2** 各類形式的表演藝術活動。 **表 P-II-3** 廣播、影視與舞臺等媒介。 **表 P-II-4** 劇場遊戲、即興活動、角色扮演。

學習階段	學習構面	關鍵內涵	學習表現	學習內容
第三學習階段：五、六年級	表現	歌唱演奏	**1-III-1** 能透過聽唱、聽奏及讀譜，進行歌唱及演奏，以表達情感。	**音 E-III-1** 多元形式歌曲，如：輪唱、合唱等。基礎歌唱技巧，如：呼吸、共鳴等。
		視覺探索	**1-III-2** 能使用視覺元素和構成要素，探索創作歷程。	**音 E-III-2** 樂器的分類、基礎演奏技巧，以及獨奏、齊奏與合奏等演奏形式。
		媒介技能	**1-III-3** 能學習多元媒材與技法，表現創作主題。	**音 E-III-3** 音樂元素，如：曲調、調式等。 **音 E-III-4** 音樂符號與讀譜方式，如：音樂術語、唱名法等。記譜法，如：圖形譜、簡譜、五線譜等。
		表演元素	**1-III-4** 能感知、探索與表現表演藝術的元素、技巧。	
		創作展現	**1-III-5** 能探索並使用音樂元素，進行簡易創作，表達自我的思想與情感。 **1-III-6** 能學習設計思考，進行創意發想和實作。 **1-III-7** 能構思表演的創作主題與內容。 **1-III-8** 能嘗試不同創作形式，從事展演活動。	**音 E-III-5** 簡易創作，如：節奏創作、曲調創作、曲式創作等。 **視 E-III-1** 視覺元素、色彩與構成要素的辨識與溝通。 **視 E-III-2** 多元的媒材技法與創作表現類型。 **視 E-III-3** 設計思考與實作。

學習階段	學習構面	關鍵內涵	學習表現	學習內容
第三學習階段：五、六年級	表現	創作展現		**表 E-III-1** 聲音與肢體表達、戲劇元素（主旨、情節、對話、人物、音韻、景觀）與動作元素（身體部位、動作／舞步、空間、動力／時間與關係）之運用。 **表 E-III-2** 主題動作編創、故事表演。 **表 E-III-3** 動作素材、視覺圖像和聲音效果等整合呈現。
	鑑賞	審美感知	**2-III-1** 能使用適當的音樂語彙，描述各類音樂作品及唱奏表現，以分享美感經驗。 **2-III-2** 能發現藝術作品中的構成要素與形式原理，並表達自己的想法。 **2-III-3** 能反思與回應表演和生活的關係。	**音 A-III-1** 器樂曲與聲樂曲，如：各國民謠、本土與傳統音樂、古典與流行音樂等，以及樂曲之作曲家、演奏者、傳統藝師與創作背景。 **音 A-III-2** 相關音樂語彙，如曲調、調式等描述音樂元素之音樂術語，或相關之一般性用語。 **音 A-III-3** 音樂美感原則，如：反覆、對比等。

學習階段	學習構面	關鍵內涵	學習表現	學習內容
第三學習階段：五、六年級	鑑賞	審美理解	**2-III-4** 能探索樂曲創作背景與生活的關聯，並表達自我觀點，以體認音樂的藝術價值。 **2-III-5** 能表達對生活物件及藝術作品的看法，並欣賞不同的藝術與文化。 **2-III-6** 能區分表演藝術類型與特色。 **2-III-7** 能理解與詮釋表演藝術的構成要素，並表達意見。	**視 A-III-1** 藝術語彙、形式原理與視覺美感。 **視 A-III-2** 生活物品、藝術作品與流行文化的特質。 **視 A-III-3** 民俗藝術。 **表 A-III-1** 家庭與社區的文化背景和歷史故事。 **表 A-III-2** 國內外表演藝術團體與代表人物。 **表 A-III-3** 創作類別、形式、內容、技巧和元素的組合。
	實踐	藝術參與	**3-III-1** 能參與、記錄各類藝術活動，進而覺察在地及全球藝術文化。 **3-III-2** 能了解藝術展演流程，並表現尊重、協調、溝通等能力。	**音 P-III-1** 音樂相關藝文活動。 **音 P-III-2** 音樂與群體活動。 **視 P-III-1** 在地及全球藝文展演、藝術檔案。 **視 P-III-2** 生活設計、公共藝術、環境藝術。

學習階段	學習構面	關鍵內涵	學習表現	學習內容
第三學習階段：五、六年級	實踐	生活應用	**3-III-3** 能應用各種媒體蒐集藝文資訊與展演內容。 **3-III-4** 能與他人合作規劃藝術創作或展演，並扼要說明其中的美感。 **3-III-5** 能透過藝術創作或展演覺察議題，表現人文關懷。	**表 P-III-1** 各類形式的表演藝術活動。 **表 P-III-2** 表演團隊職掌、表演內容、時程與空間規劃。 **表 P-III-3** 展演訊息、評論、影音資料。 **表 P-III-4** 議題融入表演、故事劇場、舞蹈劇場、社區劇場、兒童劇場。

・實施要點

一、課程發展

　　藝術領域之課程發展應整合社會資源以及文化資產，著重領域內不同科目教師之協作，以凝聚藝術教育共同圖像，進行彈性、累進、多元、創新的課程設計。依據藝術領域特性以及教育趨勢，課程發展應注意下列原則：

　　1. 素養導向：課程應確保學生藝術學習之核心素養，規劃時應培養學生整合藝術學習的興趣和知能，並將藝術運用於生活情境、生涯發展與職涯探索等。

　　2. 漸進發展：課程規劃應具順序性和連貫性，顧及學生身心發展與藝術認知成長，循序漸進加深、加廣，以持續累積其藝術知能，強化美感經驗。延續第一學習階段的生活課程，第二學習階段主要為充實藝術的基本認知；第三學習階段強調藝術知能之應用；第四學習階段逐漸培養議題思考與建構價值觀；第五學習階段則兼衡社會公民的藝術素養以及專業藝術職涯之發展。

3. 衝接連貫：課程應連結學生過去、現在和未來的藝術學習經驗，強化各教育階段藝術學習的縱向連貫。同時，應由師生共構學校本位的藝術課程，橫向連結其他領域／科目，進而外擴至社區或學區，發展在地之特色課程。

4. 統整原則：在領域課程架構下，課程可採跨科目、跨領域之主題、專題或現象導向的設計。課程發展應參考〔原領綱之「附錄二：議題適切融入領域課程綱要」〕，適時融入性別平等、人權、環境、海洋教育等相關議題。在國民小學階段，以領域教學為原則；在國民中學階段，在領域課程架構下，得依學校實際條件，彈性採取領域或分科教學；高級中等學校教育階段，在領域課程架構下，以分科教學為原則，並透過跨領域／科目專題或實作及探索等課程，強化跨領域／科目的藝術課程。此外，普通型高級中等學校加深加廣選修課程皆屬於跨領域／科目專題實作，亦可作為校訂必修與多元選修開設參考。

5. 均衡組合：學校規劃藝術課程時應衡酌領域總節數／學分數，提供適當且均衡學習量的教材。同時，各學習階段藝術領域各科目之學習內容應能均質均量，在減少每週授課科目原則下進行課程組合，領域學習總節數／學分數應予維持，不得減少，以達成藝術教育之總體目標。

6. 多元適性：學校應視學生性向與學習需要，在第五學習階段開設必、選修藝術學習之多元課程，以提供具藝術興趣與性向的學生修習。同時，各級學校應組織藝術領域教師社群，如「藝術領域教學研究會」，活化藝術教學與精進學生學習，並依據學校教育願景，發展多元適性的學校本位藝術領域特色課程，鼓勵教師進行課程實驗與創新，並分享課程實踐成果。

二、教材編選

藝術教材取自於生活，也應用於生活；除了教科用書外，亦包含各種形式教學資源，如圖書、物件、數位影音教材等。教師可研發與彙編多元適切的素養導向教材，以累積教學資源。

（一）研發與應用

1. 共通原則

- 各學習階段教材均包含表現、鑑賞與實踐等三大學習構面，強調藝術與美感的基本概念、原理原則與生活應用。教材編選時應依關鍵內涵，選取適切重要之藝術詞彙，整合單項或多項學習表現與學習內容，以轉化發展為素養導向的教材。

- 輔助教材與教具應符合課程綱要之基本理念、課程目標、領域核心素養、學習重點，採取素養導向的教學與學習策略設計之。

- 為增進藝術領域學習的豐富性，以及在地關懷與國際視野，教材編選應結合相關議題，教師應適時增補各類議題，如可納入性別平等、人權、環境、海洋教育等素材，尤其學習重點中有關「人文關懷」部分，可與議題做適當之結合。

- 教材編選時，在學習內容選材上，應避免傳遞特定的性別、族群等刻板印象，尊重各族群文化表現，並針對文化習俗所潛藏之偏見、歧視，宜加以檢視與批判。

- 教材編選應連結其他領域／科目，重視臺灣在地藝術與各族群藝術，兼顧傳統藝術文化資產與當代藝術文化，兼及在地特性及學校特色，活用不同形態文化資產，引導學生體驗藝術與文化。

- 各教育階段教材每學期至少一個單元採取跨科目、跨領域之主題、議題、專題或現象導向的統整設計；教材發展應重視藝術與社會文化、藝術與生活環境之統整，強調藝術領域內科目間與跨領域／科目之科際整合，培養學生以藝術解決問題之能力，並注意各學習階段課程的連貫與銜接。

- 教材之編輯宜求清晰易懂，所用文字與插圖，應考量美感，以及學生身心發展及需求。

- 各學習階段應依學習內容選取適切重要之藝術詞彙，使學生能深入了解、表達溝通與實踐應用在藝術文化與生活情境中。

- 為協助教師理解本領綱，相關名詞補充說明請參考《十二年國民基本教育

國民中小學暨普通型高級中等學校藝術領域課程手冊》。

2. 區域／學校特色教材研發

- 地方政府與學校可以考量區域特色，以及學生的能力、需要、興趣、生活經驗、族群背景、文化特質、人力與物力資源等條件，調整或發展區域或學校本位的藝術教材。

- 教師應視學生需求與社區特色，自編或選擇多元而適切的教學資源，豐富學生藝術學習經驗。

（二）各科目教材之編選原則

1. 音樂

- 音樂教材中之音樂概念編排，應依學習階段循序漸進、由淺入深，如音樂元素，包括：力度、速度、音色、節奏、曲調、和聲、織度、曲式等；創作技法，包括：模仿、反覆、對比、頑固音型、持續低音等。

- 教材應含括各樂種與曲式、各時代與風格之代表作品，重視臺灣在地音樂與各族群音樂，並自學生生活經驗取材，與當代議題或跨領域／科目相結合。普通型高級中等學校教育階段選材，除延續國民中學外，更強調廣納多元風格，同時鼓勵學生作品之發表與欣賞，展現個人或團體之音樂學習成果，並能接觸音樂工作者，了解音樂在社會的角色與功能。

- 歌曲之編選應配合單元主題或內容，歌詞（含譯詞與填詞）宜符合學生之身心發展，應選擇音域適合的歌曲，歌曲音域宜顧及個人聲音之差異、時期變化及適用性不同，並打破性別刻板印象；欣賞教材，宜重視音樂與歷史、社會及人文背景之連結，並適時配合譜例或圖文解說。

- 樂器教學可依學生興趣、學校與地方特色選擇，提供多元學習與豐富美感經驗的機會；亦可配合簡易樂器之製作，建立學生對樂器與藝術文化的認識。

2. 視覺藝術／美術

- 教材編選應與學生之生活經驗連結，透過真實體驗循序漸進，引導學生學習媒材、技法、構成要素、形式原理、符號概念與藝術鑑賞等知能，並鼓

勵學生創意表現與多元思考。

・教材編選能適時引導學生參與當代藝術世界，接觸不同藝術工作者，理解藝術對個體及社會的意義與價值。

3. 表演藝術

・表演藝術教材涵括當代與傳統表演知識、聲音與身體表達、表演藝術元素的認識與實作、創作原則與方法、呈現展演、美感體驗與鑑賞等範疇。

・戲劇、舞蹈、劇場、影視媒體等表演藝術教材應取材自生活，在實作中解構、重組，體會他人想法與感受，表現個人創意與多元思考。

・教材應積極結合當代議題或其他領域／科目，擷取合宜的素材為教材教具，引導學生即興感受、想像、思考，進而探索、表現、實踐。

・教材宜融入劇場藝術家、工作職掌與製作流程；可邀請藝術家到校，或進行校外參訪，探訪藝術家的工作。

4. 藝術生活

・教材之編選應著重在藝術對生活的意義與價值。

・教材中所需之作品實例，應兼顧硬體文化資產（如建築、寺廟、古蹟等）與軟體文化資產（如音樂、戲劇等）等，並可因應地區、學校與學生之特性及需求而擇用。

・各類教材之賞析、實作或展演宜由淺入深，結合電腦科技應用。教材之選擇應兼顧地區特性及學生特質，選取代表性藝術家，介紹其作品及其與生活的相關性。

三、教學實施

藝術領域教學以引導學生藝術探究、自主學習、互動對話與實踐參與為主軸，以學生為學習中心，應用多元、靈活、彈性的教學方法、教材教具、多元樂器等，培養藝術核心素養。除了領域教學外，可統整年段與其他領域／科目，搭配彈性學習課程、社團活動、團體活動等課程，運用多元方式教學，並在舉例或引導反思上，得導入性別平等、人權、環境、海洋教育等議題之價值觀點，以豐富教學的內容。

1. 建立學習情境：教師應營造適合該學習階段的藝術學習情境，運用案例、角色扮演、意象引導與軟硬體設備，引發學習動機和安排學習歷程，鼓勵學生主動學習，引導察覺、感知、嘗試、探索、實作、思考價值態度，並負起學習責任。

2. 發展基礎技能：教師可以提供良好示範，提示重要技能，並依據教材性質斟酌採用講解、示範、問答、發表、討論、遊戲、實作、展演、合作學習等教學方法，發展藝術基礎技能。

3. 培養美感態度：教學時應啟發學生多元感官體驗與學習，引導表現、鑑賞與實踐的能力，養成對美的感受與知覺，並能表現於各種空間與場域。

4. 促進師生互動：教師能以積極、開放、熱忱的態度引導學生自主學習、溝通互動與社會參與；尊重學生的詮釋、原創、獨特表現或解決問題的方式，並能正向回饋學生合宜的表現。

5. 實踐平等價值：應引領學生破除當今社會在本領域相關職業上常見之性別區隔與職業階級歧視。強調在本領域生涯發展與職業探索方面，依循自身興趣與所長，自主探索與職涯發展。

四、教學資源

1. 建置學習場域：學校應逐年依教學實際需求建置與充實藝術領域專科教室、相關藝文展演空間、圖書教具等；如為新建校舍，宜設計多功能藝教館。

2. 充實教學資源：學校應有計畫性擴充並維護相關軟硬體設施，積極充實相關圖書、視聽資料、電子書等各種教學媒材，支持學生自主學習。

3. 整合各項資源：教師宜設計各類教具，提供教學使用；妥善利用社區資源或民間資源、社會文化資產、自然資源及相關創意產業，並結合各式場館空間和經費等進行校外學習體驗，拓展學生藝術視野，提供學生觀摩學習的機會。

4. 善用網路平臺：教師可連結或建構藝術領域教學之網路平臺，提供學生自主學習及相互觀摩的機會。

五、學習評量

　　藝術領域學習評量重視學習的歷程與情境，將藝術知識、表現過程與完成作品整合於生活實踐中。因此，於真實情境中評量藝術學習更為重要。教師規劃學習評量時應考量以下原則：

1. 關注素養：學習評量應能協助學生發展本領域之核心素養。因此，評量規準與方法應重視自發、互動與共好的學習歷程表現、整合應用、興趣啟發，以及情境化實踐等。

2. 多元方法：基於現代藝術活動多樣化與媒材多元的特質，學習評量應採多元方法，除了學生自我評定，亦可採用同儕互評、學習歷程檔案評量、實作評量、學習心得紀錄或報告、作品集、示範、展演、軼事紀錄、鑑賞等。此外，強調質與量的多元呈現，包括時機的多元、情境的多元或評量策略的多元等。

3. 學習支持：學習評量應能適時、明確、持續不斷地提供學生了解藝術學習狀況。教師可以與學生共同討論評量規準，運用學習日誌、晤談、分組合作評量以及觀察法等，了解學習狀況，並且提供回饋以協助學生提升學習策略與興趣。

附錄四　藝術領域學習重點與核心素養呼應表參考示例

藝術領域／科目學習重點		藝術領域核心素養
學習表現	學習內容	
3-II-1 能樂於參與各類藝術活動，探索自己的藝術興趣與能力，並展現欣賞禮儀。 **3-II-3** 能為不同對象、空間或情境，選擇音樂、色彩、布置、場景等，以豐富美感經驗。 **3-III-1** 能參與、記錄各類藝術活動，進而覺察在地及全球藝術文化。	**音 P-II-1** 音樂活動、音樂會禮儀。 **音 P-II-2** 音樂與生活。 **音 P-III-1** 音樂相關藝文活動。 **音 P-III-2** 音樂與群體活動。 **視 A-III-2** 生活物品、藝術作品與流行文化的特質。 **視 P-III-1** 在地及全球藝文展演、藝術檔案。 **表 P-II-2** 各類形式的表演藝術活動。 **表 P-III-1** 各類形式的表演藝術活動。	**藝-E-A1** 參與藝術活動，探索生活美感。
1-II-7 能創作簡短的表演。 **1-III-6** 能學習設計思考，進行創意發想和實作。 **1-III-7** 能構思表演的創作主題與內容。	**音 A-III-1** 器樂曲與聲樂曲，如：各國民謠、本土與傳統音樂、古典與流行音樂等，以及樂曲之作曲家、演奏者、傳統藝師與創作背景。 **音 A-III-2** 相關音樂語彙，如曲調、調式等描述音樂元素之音樂術語，或相關之一般性用語。	**藝-E-A2** 認識設計思考，理解藝術實踐的意義。

藝術領域／科目學習重點		藝術領域核心素養
學習表現	學習內容	
2-III-1 能使用適當的音樂語彙，描述各類音樂作品及唱奏表現，以分享美感經驗。 **2-III-4** 能探索樂曲創作背景與生活的關聯，並表達自我觀點，以體認音樂的藝術價值。	**視 E-III-3** 設計思考與實作。 **表 E-II-2** 開始、中間與結束的舞蹈或戲劇小品。 **表 E-II-3** 聲音、動作與各種媒材的組合。 **表 E-III-2** 主題動作編創、故事表演。	
3-II-1 能樂於參與各類藝術活動，探索自己的藝術興趣與能力，並展現欣賞禮儀。 **1-III-6** 能學習設計思考，進行創意發想和實作。 **3-III-2** 能了解藝術展演流程，並表現尊重、協調、溝通等能力。 **3-III-4** 能與他人合作規劃藝術創作或展演，並扼要說明其中的美感。	**音 P-III-1** 音樂相關藝文活動。 **音 P-III-2** 音樂與群體活動。 **視 E-III-3** 設計思考與實作。 **表 P-II-1** 展演分工與呈現、劇場禮儀。 **表 P-III-2** 表演團隊職掌、表演內容、時程與空間規劃。	**藝-E-A3** 學習規劃藝術活動，豐富生活經驗。
1-II-1 能透過聽唱、聽奏及讀譜，建立與展現歌唱及演奏的基本技巧。 **1-II-3** 能試探媒材特性與技法，進行創作。 **1-II-4** 能感知、探索與表現表演藝術的元素和形式。	**音 E-II-1** 多元形式歌曲，如：獨唱、齊唱等。基礎歌唱技巧，如：聲音探索、姿勢等。 **音 E-II-2** 簡易節奏樂器、曲調樂器的基礎演奏技巧。 **音 E-II-4** 音樂元素，如：節奏、力度、速度等。	**藝-E-B1** 理解藝術符號，以表達情意觀點。

藝術領域／科目學習重點		藝術領域核心素養
學習表現	學習內容	
1-II-5 能依據引導，感知與探索音樂元素，嘗試簡易的即興，展現對創作的興趣。 **1-II-8** 能結合不同的媒材，以表演的形式表達想法。 **2-II-1** 能使用音樂語彙、肢體等多元方式，回應聆聽的感受。 **1-III-1** 能透過聽唱、聽奏及讀譜，進行歌唱及演奏，以表達情感。 **1-III-3** 能學習多元媒材與技法，表現創作主題。 **1-III-4** 能感知、探索與表現表演藝術的元素、技巧。 **1-III-5** 能探索並使用音樂元素，進行簡易創作，表達自我的思想與情感。 **1-III-8** 能嘗試不同創作形式，從事展演活動。 **2-III-2** 能發現藝術作品中的構成要素與形式原理，並表達自己的想法。 **2-III-7** 能理解與詮釋表演藝術的構成要素，並表達意見。	**音 E-II-5** 簡易即興，如：肢體即興、節奏即興、曲調即興等。 **音 A-II-2** 相關音樂語彙，如節奏、力度、速度等描述音樂元素之音樂術語，或相關之一般性用語。 **音 A-II-3** 肢體動作、語文表述、繪畫、表演等回應方式。 **音 E-III-4** 音樂符號與讀譜方式，如：音樂術語、唱名法等。記譜法，如：圖形譜、簡譜、五線譜等。 **音 E-III-5** 簡易創作，如：節奏創作、曲調創作、曲式創作等。 **視 E-II-2** 媒材、技法及工具知能。 **視 E-III-2** 多元的媒材技法與創作表現類型。 **視 A-III-1** 藝術語彙、形式原理與視覺美感。 **表 E-II-1** 人聲、動作與空間元素和表現形式。 **表 E-II-3** 聲音、動作與各種媒材的組合。	

藝術領域／科目學習重點		藝術領域核心素養
學習表現	學習內容	
	表 E-III-1 聲音與肢體表達、戲劇元素（主旨、情節、對話、人物、音韻、景觀）與動作元素（身體部位、動作／舞步、空間、動力／時間與關係）之運用。 **表 E-III-3** 動作素材、視覺圖像和聲音效果等整合呈現。 **表 A-III-3** 創作類別、形式、內容、技巧和元素的組合。	
1-II-3 能試探媒材特性與技法，進行創作。 **1-III-3** 能學習多元媒材與技法，表現創作主題。 **3-III-3** 能應用各種媒體蒐集藝文資訊與展演內容。	**視 E-III-2** 多元的媒材技法與創作表現類型。 **視 P-III-2** 生活設計、公共藝術、環境藝術。 **表 P-II-3** 廣播、影視與舞臺等媒介。 **表 P-III-3** 展演訊息、評論、影音資料。	**藝-E-B2** 識讀科技資訊與媒體的特質及其與藝術的關係。
2-II-2 能發現生活中的視覺元素，並表達自己的情感。 **2-II-3** 能表達參與表演藝術活動的感知，以表達情感。 **2-II-4** 能認識與描述樂曲創作背景，體會音樂與生活的關聯。	**音 A-II-1** 器樂曲與聲樂曲，如：獨奏曲、臺灣歌謠、藝術歌曲，以及樂曲之創作背景或歌詞內涵。 **音 A-II-2** 相關音樂語彙，如節奏、力度、速度等描述音樂元素之音樂術語，或相關之一般性用語。	**藝-E-B3** 善用多元感官，察覺感知藝術與生活的關聯，以豐富美感經驗。

藝術領域／科目學習重點		藝術領域核心素養
學習表現	學習內容	
2-III-2 能發現藝術作品中的構成要素與形式原理，並表達自己的想法。 **2-III-3** 能反思與回應表演和生活的關係。	**視 E-II-1** 色彩感知、造形與空間的探索。 **視 A-III-2** 生活物品、藝術作品與流行文化的特質。 **表 A-II-1** 聲音、動作與劇情的基本元素。 **表 A-III-1** 家庭與社區的文化背景和歷史故事。	**藝-E-B3** 善用多元感官，察覺感知藝術與生活的關聯，以豐富美感經驗。
2-III-4 能探索樂曲創作背景與生活的關聯，並表達自我觀點，以體認音樂的藝術價值。 **3-III-1** 能參與、記錄各類藝術活動，進而覺察在地及全球藝術文化。 **3-III-5** 能透過藝術創作或展演覺察議題，表現人文關懷。	**音 A-III-1** 器樂曲與聲樂曲，如：各國民謠、本土與傳統音樂、古典與流行音樂等，以及樂曲之作曲家、演奏者、傳統藝師與創作背景。 **音 P-III-1** 音樂相關藝文活動。 **音 P-III-2** 音樂與群體活動。 **視 P-III-1** 在地及全球藝文展演、藝術檔案。 **表 P-III-4** 議題融入表演、故事劇場、舞蹈劇場、社區劇場、兒童劇場。	**藝-E-C1** 識別藝術活動中的社會議題。

藝術領域／科目學習重點		藝術領域核心素養
學習表現	學習內容	
2-II-7 能描述自己和他人作品的特徵。 **3-II-5** 能透過藝術表現形式，認識與探索群己關係及互動。 **3-III-2** 能了解藝術展演流程，並表現尊重、協調、溝通等能力。 **3-III-4** 能與他人合作規劃藝術創作或展演，並扼要說明其中的美感。	**音 P-III-1** 音樂相關藝文活動。 **音 P-III-2** 音樂與群體活動。 **表 A-II-3** 生活事件與動作歷程。 **表 P-II-1** 展演分工與呈現、劇場禮儀。 **表 P-II-4** 劇場遊戲、即興活動、角色扮演。 **表 P-III-2** 表演團隊職掌、表演內容、時程與空間規劃。	**藝-E-C2** 透過藝術實踐，學習理解他人感受與團隊合作的能力。
3-II-1 能樂於參與各類藝術活動，探索自己的藝術興趣與能力，並展現欣賞禮儀。 **2-III-3** 能反思與回應表演和生活的關係。 **2-III-5** 能表達對生活物件及藝術作品的看法，並欣賞不同的藝術與文化。 **2-III-6** 能區分表演藝術類型與特色。 **3-III-1** 能參與、記錄各類藝術活動，進而覺察在地及全球藝術文化。	**音 P-III-1** 音樂相關藝文活動。 **音 P-III-2** 音樂與群體活動。 **視 P-II-1** 在地及各族群藝文活動、參觀禮儀。 **表 A-III-1** 家庭與社區的文化背景和歷史故事。 **表 A-III-2** 國內外表演藝術團體與代表人物。	**藝-E-C3** 體驗在地及全球藝術與文化的多元性。

附錄五　議題融入藝術領域課程綱要說明

一、前言

　　「議題」係基於社會發展需要、普遍受到關注，且期待學生應有所理解與行動的一些課題，其攸關現代生活、人類發展與社會價值，具時代性與前瞻性，且常具高度討論性與跨學門性質。十二年國民基本教育本乎總綱「自發」、「互動」及「共好」之基本理念，為與社會脈動、生活情境緊密連結，以議題教育培養學生批判思考及解決問題的能力，提升學生面對議題的責任感與行動力，並能追求尊重多元、同理關懷、公平正義與永續發展等核心價值。

　　依《總綱》「實施要點」規定，各領域課程設計應適切融入性別平等、人權、環境、海洋、品德、生命、法治、科技、資訊、能源、安全、防災、家庭教育、生涯規劃、多元文化、閱讀素養、戶外教育、國際教育、原住民族教育等議題。各領域／科目可發揮課程與教學之創意與特色，依需求適時融入，不受限於上述議題。同時隨著社會的變遷與時代的推移，議題內涵亦會發生改變或產生新議題，故學校宜對議題具備高度敏覺性，因應環境之變化，活化與深化議題內涵，並依學生的身心發展，適齡、適性地設計具創新、前瞻與統整之課程計畫。

　　為促進議題教育功能之發揮，各領域／科目「課程綱要」已進行《總綱》所列議題之適切轉化與統整融入。學校、教師及教材研發、出版與審查等相關教育人員應依循各領域／科目「課程綱要」內容，並參考本說明，落實議題融入課程與教學之責任。學校亦可於彈性學習課程／時間及校訂課程中據以規劃相關議題，將議題的精神與價值適切融入學校組織規章、獎懲制度及相關活動，以形塑校園文化，提升學生學習成果。

　　議題教育的實施包含正式與非正式課程，學校課程的發展與教材編選應以學生經驗為中心，選取生活化教材。在掌握議題之基本理念與不同教育階段之實質內涵下，連結領域／科目內容，以問題覺知、知識理解、技能習得及實踐行動等不同層次循序引導學生學習，發展教材並編輯教學手冊。教師教學時，

除涵蓋於領域／科目之教材內容外，可透過領域／科目內容之連結、延伸、統整與轉化，進行議題之融入，亦可將人物、典範、習俗或節慶等加入教材，或採隨機教學，並於作業、作品、展演、參觀、社團與團體活動中，以多元方式融入議題。經由討論、對話、批判與反思，使教室成為知識建構與發展的學習社群，增進議題學習之品質。

　　各該教育主管機關應提供資源以落實議題融入教育，有關《總綱》所列各項議題之完整內涵說明與融入方式等，可參閱「議題融入說明手冊」與十二年國民基本教育課程綱要各領域／科目之課程手冊。

二、議題學習目標

　　為使各領域／科目課程能適切進行議題融入，並落實教育相關法律及國家政策綱領，以下臚列十九項議題之學習目標，提供學校及教師於相關課程或議題教學時進行適切融入，以與領域／科目課程作結合。

議題	學習目標
性別平等教育[1]	理解性別的多樣性，覺察性別不平等的存在事實與社會文化中的性別權力關係；建立性別平等的價值信念，落實尊重與包容多元性別差異；付諸行動消除性別偏見與歧視，維護性別人格尊嚴與性別地位實質平等。
人權教育[2]	了解人權存在的事實、基本概念與價值；發展對人權的價值信念；增強對人權的感受與評價；養成尊重人權的行為及參與實踐人權的行動。
環境教育[3]	認識與理解人類生存與發展所面對的環境危機與挑戰；探究氣候變遷、資源耗竭與生物多樣性消失，以及社會不正義和環境不正義；思考個人發展、國家發展與人類發展的意義；執行綠色、簡樸與永續的生活行動。
海洋教育[4]	體驗海洋休閒與重視戲水安全的親海行為；了解海洋社會與感受海洋文化的愛海情懷；探究海洋科學與永續海洋資源的知海素養。
科技教育[5]	具備科技哲學觀與科技文化的素養；激發持續學習科技及科技設計的興趣；培養科技知識與產品使用的技能。

議題	學習目標
能源教育[6]	增進能源基本概念;發展正確能源價值觀;養成節約能源的思維、習慣和態度。
家庭教育[7]	具備探究家庭發展、家庭與社會互動關係及家庭資源管理的知能;提升積極參與家庭活動的責任感與態度;激發創造家人互動共好的意識與責任,提升家庭生活品質。
原住民族教育[8]	認識原住民族歷史文化與價值觀;增進跨族群的相互了解與尊重;涵養族群共榮與平等信念。
品德教育	增進道德發展知能;了解品德核心價值與道德議題;養成知善、樂善與行善的品德素養。
生命教育	培養探索生命根本課題的知能;提升價值思辨的能力與情意;增進知行合一的修養。
法治教育	理解法律與法治的意義;習得法律實體與程序的基本知能;追求人權保障與公平正義的價值。
資訊教育	增進善用資訊解決問題與運算思維能力;預備生活與職涯知能;養成資訊社會應有的態度與責任。
安全教育	建立安全意識;提升對環境的敏感度、警覺性與判斷力;防範事故傷害發生以確保生命安全。
防災教育	認識天然災害成因;養成災害風險管理與災害防救能力;強化防救行動之責任、態度與實踐力。
生涯規劃教育	了解個人特質、興趣與工作環境;養成生涯規劃知能;發展洞察趨勢的敏感度與應變的行動力。
多元文化教育	認識文化的豐富與多樣性;養成尊重差異與追求實質平等的跨文化素養;維護多元文化價值。
閱讀素養教育	養成運用文本思考、解決問題與建構知識的能力;涵育樂於閱讀態度;開展多元閱讀素養。
戶外教育	強化與環境的連接感,養成友善環境的態度;發展社會覺知與互動的技能,培養尊重與關懷他人的情操;開啟學生的視野,涵養健康的身心。
國際教育	養成參與國際活動的知能;激發跨文化的觀察力與反思力;發展國家主體的國際意識與責任感。
八項議題所涉之教育相關法律及國家政策綱領如下: 註1:性別平等教育之教育相關法律或國家政策綱領有:《性別平等教育法》、《性別平等政策綱領》、《消除對婦女一切形式歧視公約施行法》等。	

註 2：人權教育之教育相關法律或國家政策綱領有：《公民與政治權利國際公約及
經濟社會文化權利國際公約施行法》、《兒童權利公約施行法》、《身心障
礙者權利公約施行法》等。

註 3：環境教育之教育相關法律或國家政策綱領有：《環境教育法》、《國家環境
教育綱領》等。

註 4：海洋教育之教育相關法律或政策綱領有：《國家海洋政策綱領》等。

註 5：科技教育之教育相關法律或政策綱領有：《科學技術基本法》等。

註 6：能源教育之教育相關法律或政策綱領有：《能源發展綱領》等。

註 7：家庭教育之教育相關法律或政策綱領有：《家庭教育法》等。

註 8：原住民族教育之教育相關法律或政策綱領有：《原住民族基本法》、《原住
民族教育法》、《原住民族語言發展法》等。

（十九項議題之詳細學習主題與實質內涵，請參考《議題融入說明手冊》
定稿版，目前最新版為 2020 年 10 月。）

（《議題融入說明手冊》）

國家圖書館出版品預行編目（CIP）資料

表演藝術在十二年國教課程之應用：創新教學及跨域實
踐 / 李其昌，邱鈺鈞作. -- 初版.
-- 新北市：心理出版社股份有限公司，2021.05
面；公分. --（戲劇教育系列；41514）
ISBN 978-986-191-990-4（平裝）

1. 藝術教育　2. 小學教學

523.37　　　　　　　　　　　　　　110003181

戲劇教育系列 41514

表演藝術在十二年國教課程之應用：創新教學及跨域實踐

作　　者：李其昌、邱鈺鈞
執行編輯：高碧嶸
總 編 輯：林敬堯
發 行 人：洪有義
出 版 者：心理出版社股份有限公司
地　　址：231026 新北市新店區光明街 288 號 7 樓
電　　話：(02) 29150566
傳　　真：(02) 29152928
郵撥帳號：19293172　心理出版社股份有限公司
網　　址：https://www.psy.com.tw
電子信箱：psychoco@ms15.hinet.net
排 版 者：辰皓國際出版製作有限公司
印 刷 者：辰皓國際出版製作有限公司
初版一刷：2021 年 5 月
Ｉ Ｓ Ｂ Ｎ：978-986-191-990-4
定　　價：新台幣 330 元